MARIA VOCE
IM LICHT DER LIEBE

D1720943

Maria Voce

Im Licht der Liebe

Über die Spiritualität von Chiara Lubich

Vorwort von Andrea Riccardi

VERLAG NEUE STADT
MÜNCHEN · ZÜRICH · WIEN

Aus der Schriftenreihe der Fokolar-Bewegung

Titel der italienischen Originalausgabe:
Maria Voce, Luce che avvolge il mondo. Riflessioni sulla
spiritualità di Chiara Lubich,
© 2020, Città Nuova Editrice, Via Pieve Torina, 55, 00156 Roma

Übertragungen aus dem Italienischen: Peter Forst, Gudrun Griesmayr,
Herbert Lauenroth, Stefan Liesenfeld und Joachim Schwind

Klimaneutral gedruckt. Weil jeder Beitrag zählt.

Mehr Bäume.Weniger CO$_2$

2020, 1. Auflage
© Alle Rechte der deutschsprachigen Ausgabe
bei Verlag Neue Stadt GmbH, München
Umschlaggestaltung und Satz: Neue-Stadt-Grafik
Druck: cpi – Clausen & Bosse, Leck
ISBN 978-3-7346-1250-3   www.neuestadt.com

Inhalt

Andrea Riccardi

Vorwort

Dieses Buch von Maria Voce zeigt, wie das lebenslange Anliegen von Chiara Lubich nach ihrem Tod im Jahr 2008 im Leben der Fokolar-Bewegung gewachsen und gereift ist. Dieses „aus dem Evangelium entstandene Volk" – so Enzo Maria Fondi und Michele Zanzucchi – hat am Vermächtnis seiner Gründerin festgehalten, nicht als einer Ansammlung von Ideen, sondern in Verbindung mit einer lebendigen Gemeinschaft, der Fokolar-Bewegung von heute. Maria Voce, die Chiara als Präsidentin der Bewegung nachfolgte, schreibt: „Wir befassen uns ... gemeinsam mit etwas Bekanntem, das wir zusammen mit Chiara bereits prophetisch geschaut haben. Zugleich betreten wir unerforschtes Gebiet, das es noch zu entdecken gilt ..."

Das ist der Sinn der in diesem Band versammelten Beiträge: etwas bereits Bekanntes erneut einzuholen (wie etwa Chiaras Reden, Botschaften und Gedanken seit 1943), aber auch in ein erneuertes – zeitgemäßes – Verständnis ihrer Lehre einzutreten, denn die Welt, in der wir heute leben, ist anders und ihre Fragen sind neu. Maria Voce befragt aus ihrer Verantwortung als Präsidentin heraus die Botschaft Lubichs im Licht der Gegenwart und des letzten Jahrzehnts im Leben der Fokolar-Bewegung. Sie tut dies mit jener persönlichen Bescheidenheit und Hartnäckigkeit, die sie auszeichnen.

Tatsächlich wollte Maria Voce nie Chiaras Stil und Persönlichkeit „kopieren": Sie unterschied sich in Form und Herangehensweise mit großer Demut, aber sie arbeitete auch hartnäckig daran, die Botschaft Lubichs neu zu erschließen in der Überzeugung, dass ihr Werk sich der Zukunft öffnen muss. So sollten wir dieses Buch, das wir in Händen halten, lesen. Heute, gut zwölf Jahre nach Chiaras Tod, können wir sagen, dass mit Maria Voce nicht nur eine treue, sondern auch eine mutige Interpretin der Gründerin zur Präsidentin gewählt wurde. Wir müssen ihr unseren Dank dafür aussprechen, dass sie sich einer nicht einfachen Aufgabe ebenso klarsichtig wie gelassen gestellt hat. Hätte sie nach einer starken und charismatischen Persönlichkeit wie Chiara eine Bühne für sich selbst gesucht, dann hätte sie sich deutlich von Chiara abgrenzen können. Hätte ihr der Mut gefehlt, dann hätte sie einfach wiederholen können, was Chiara bereits gesagt hatte.

Doch Maria Voce wollte nicht einfach Bekanntes wiederholen, sondern neue Aspekte zu Tage fördern. Sie begriff Chiaras Botschaft und Charisma neu – in einer Kirche und in einer Welt, die sich verändert haben. Denn spirituelle Bewegungen wachsen in der tiefen Spannung zwischen der Treue zum Ursprung und zum Charisma, dann aber auch in der Deutung des Lebens und der Geschichte von morgen.

Ich erinnere mich, dass ich vor vielen Jahren zusammen mit Chiara an einem Treffen teilnahm, bei dem ein Kardinal – etwas unbedarft und nicht allzu taktvoll – äußerte, dass die

Wahrheit einer Bewegung wohl erst beim Tod ihres Gründers offenbar werde. Nach der Sitzung meinte Chiara, die damals schon in fortgeschrittenem Alter war, dass diese Einlassung des Kardinals ja nun nicht gerade sehr freundlich gewesen sei. Wir haben damals herzhaft gelacht. Sie fügte hinzu, dass die Authentizität einer Bewegung und jeder christlichen Gemeinschaft Tag für Tag an der Liebe abzulesen sei. „Daran werden alle erkennen, dass ihr meine Jünger seid, wenn ihr einander liebt" (Johannes 13,35). Für Chiara war diese Aussage des Johannesevangeliums immer grundlegend. Ich erinnerte sie an diese Worte, und so endete unser Gespräch mit diesem leicht ironischen, aber auch unbedingt ernsten Verweis auf die Nächstenliebe als grundlegendes Merkmal christlicher Wahrhaftigkeit.

Die Wahrhaftigkeit einer Bewegung zeigt sich jeden Tag und in jeder Zeit an der Liebe zu allen, zu den Armen und zu denen, die ihr angehören. Maria Voce schreibt: „Dank der göttlichen Gnade erahnt Chiara unmittelbar, dass die Liebe Gottes nicht nur sie selbst betrifft, sondern alle erreicht. Dieser gemeinschaftliche Aspekt der Liebe Gottes ist ein Spezifikum unserer Spiritualität und des Verständnisses von Gott als Liebe, das darin zum Ausdruck kommt. Dies zeichnet sich vom ersten Augenblick an ab."

In dieser Intuition gründete von Anfang an Chiaras Leidenschaft, alles mit allen zu teilen: Dass sie das Evangeliums der Liebe gefunden hatte, davon waren all ihre Beziehungen, Begegnungen und Freundschaften, waren all ihre Schriften geprägt. Die Botschaft des Evangeliums durchzieht ein Geflecht von freundschaftlichen und geschwisterlichen Beziehungen.

Diese Leidenschaft – dieses „Feuer", wie sie selbst vielleicht sagen würde –, half ihr, die Schüchternheit einer jungen Frau in einer männlich dominierten Kirche und einer konfliktträchtigen Gesellschaft wie der des Zweiten Weltkriegs und des Kalten Krieges zu überwinden. Chiaras langes Leben besteht aus einer Fülle von Begegnungen mit verschiedenen Menschen und ihren Lebenswirklichkeiten.

Chiara führte zeit ihres Lebens die Bewegung mit prophetischem Gespür durch die Geschichte. Diese Zeitgenossenschaft hat ihre Sprache nie verflachen lassen, doch achtete Chiara stets auf die „Zeichen der Zeit", von denen Johannes XXIII. und das Zweite Vatikanische Konzil sprachen. Das zeigte sich etwa in der immer gründlichen Vorbereitung auf die religiöse, kirchliche und gesellschaftliche Situation jener Länder, denen sie ihren Besuch abstattete.

Man versteht die Bedeutung des Charismas der Einheit, das in den dramatischen Jahren des Zweiten Weltkrieges entstanden war und in der Zeit des „Kalten Krieges", der Europa und die Welt teilte, Verbreitung fand. Dieses Charisma verfügt auch heute noch über beträchtliche Attraktivität in unserer Welt, in der die Finanz-, Waren- und Datenströme Ausdruck einer wirtschaftlichen „Globalisierung" sind, der eine „Globalisierung" des Geistes und des Dialogs zu entsprechen hätte.

Der orthodoxe Patriarch von Konstantinopel, Athenagoras, der eine tiefe Wertschätzung für Chiara besaß, schrieb im Jahr 1968: „Weh uns, wenn die Völker eines Tages die Einheit außerhalb der Strukturen und ohne die Mitwirkung der Kirche erlangten. Daher darf diese Einheit kein Ergebnis von politischen Verhandlungen sein ... Sie wird allein von jenen bewirkt, die für Liebe und Frieden kämpfen."[1] Der Patriarch hatte geahnt, dass sich die Welt in einigen Aspekten allmählich vereinheitlichen würde, fürchtete aber diese Vereinigung der Welt ohne die Einheit der Christen; denn diese wäre der Sauerteig für eine umfassendere geistliche Einheit auf dem Weg des Dialogs und der Liebe.

Obwohl sie einer anderen Kultur angehörte, empfand Chiara ähnlich wie der greise Patriarch: Neues Leben entsteht nur durch den Einsatz für Liebe und Frieden. So entwickelte Chiara die „Dialoge" zwischen den Kirchen, aber auch zwischen Religionen, Kulturen und verschiedenen Lebenswelten. Die Einheit folgt nicht in erster Linie einem politischen Plan oder einer sozialen Aktion: „Es geht ... darum, neuen Eifer zu entfachen und ausgerichtet auf das ‚Ut omnes ...'[2] dieses Feuer der Liebe in der Welt zu schüren", schreibt Maria Voce. Und sie fährt fort: „Durch die Liebe zum Nächsten entstanden die offenen Gruppierungen; durch die Liebe zum Nächsten kam es auch zu unseren ‚Dialogen' und den ‚Aktivitäten mit Breitenwirkung'."

Der Gedanke der Einheit trägt und prägt die Strukturen der Fokolar-Bewegung und macht sie so zu einer Gemeinschaft mit einer Vision für die Welt, in der die ethnischen und nationalen Grenzen, jeglicher Provinzialismus und Egoismus überwunden werden. Das Leben der Einheit bringt nicht Frauen und Män-

---

1   Das Zitat stammt aus einer Publikation von Andrea Riccardi über die Begegnung von Patriarch Athenagoras mit dem französischen Theologen Olivier Clement im Jahr 1968: *Il professore e il patriarca. Umanesimo spirituale tra nazionalismi e globalizzazione*, Jaca Book 2018. Eine französische Übersetzung erschien 2020 bei du Cerf.

2   Gemeint ist die von Jesus erbetene Einheit, nach Johannes 17,21/Vulgata: „... *ut omnes unum sint*" – „... *dass alle eins seien*".

ner hervor, die ihrer Umgebung entwurzelt sind, sondern verankert sie in der konkreten Realität „vor Ort" und stattet sie dabei zugleich mit einer großen Offenheit für den umfassenden Horizont weltweiter Geschwisterlichkeit aus. Das ist der Beitrag, den die Fokolar-Bewegung oft und in verschiedenen Situationen leisten kann: daran zu erinnern, dass die Welt, die es zu lieben gilt, immer größer ist.

In gewisser Weise war Chiaras Intuition, die die Bewegung strukturierte und orientierte, vorausschauend im Blick auf die damalige Welt, die viel nationaler, kleinteiliger war. In gewisser Weise bereitete sich ihr Charisma so darauf vor, der globalen Welt eine innere Mitte zu geben, und zwar nicht von oben herab, sondern durch die Verwurzelung der Fokolarinnen und Fokolare an so vielen Orten der Welt, wo sie eine lebendige Solidar- und Glaubensgemeinschaft bilden und bezeugen.

Die Geschichte der Bewegung ist noch nicht auserzählt. Sie hat Zukunft. In der Geschichte eines Charismas gibt es Kontinuität und also Zukunft; Zukunft, die zum Wohl der Welt, im Dienst der Kirche und der Einheit der gesamten Menschheit gestaltet und verwirklicht werden will. Aus diesem Grund möchte Maria Voce die Botschaft Chiaras mit einer selbstbewussten Offenheit für das unwägbare Morgen, das sich nur erahnen lässt, erneut lesen und nicht nur wiederholen.

Papst Gregor der Große, der in herausfordernden Zeiten lebte, lehrte die Römer: „*Divina eloquia cum legente crescunt*" – „Das Wort Gottes wächst mit denen, die es lesen." Und er erläuterte: „In dem Maß, in dem jeder Heilige persönlich wächst und reift, in dem Maß wächst und reift auch die Heilige Schrift in ihm." Das Wort Gottes wächst also mit den Jüngerinnen und Jüngern, die es lesen. Und zugleich wachsen auch diese, geistlich und menschlich. Die Zukunft eröffnet diese Perspektive einer umfassenden Reifung, bei der das Wort Gottes in den Herzen „wächst".

Die Fokolar-Bewegung wächst in der Erkenntnis Gottes und in der Liebe zu den Menschen, indem sie immer wieder neu aus dem Evangelium geboren wird und das Wort Gottes liest. Maria Voce zitiert den großen russischen Theologen Pavel Evdokimov: „Das Wort des Lebens ist keine statische Doktrin, sondern lebendiger Ort der (göttlichen) Gegenwart." Der Kamaldulenser-Mönch Benedetto Calati, der sich auf die Lehren Gregor des Großen versteht, brachte diese Einsicht in folgender Weise zum Ausdruck: „Diese Dynamik spiegelt sich in der gesamten kirchlichen Gemeinschaft wider, die ihre prophetische Rolle im gemeinschaftlichen Verstehen und im Wachstum des Wortes übernimmt." Die Fokolare haben immer das Wort „gelesen", es galt ihnen ja als das „Wort des Lebens".

Maria Voce hat in diesen Jahren, nach Chiaras Tod, zusammen mit der Bewegung das spirituelle und menschliche Wachstum interpretiert, von dem diese Schriften zeugen. Wir müssen ihr dankbar sein für ihren mutigen und zugleich demütigen Dienst, der die Fokolar-Bewegung in die Zukunft geführt hat. Chiara war eine leidenschaftliche Wegbereiterin der Zukunft, hochsensibel für die Zeichen der Zeit. Sie hat es verstanden, in der Fokolar-Bewegung vielfältige Wege zu eröffnen und die Einheit zu bewahren. Mit dem Charisma Chiaras in die Zukunft zu gehen, bedeutet Treue zu ihrem „Ideal" und Kühnheit der Liebe; etwas von dieser Zukunft hat wohl bereits begonnen.

Dieser Weg, dieser Aufbruch in die Zukunft ist immer auch das Werk gläubiger Frauen und Männer, vor allem aber ist sie ein Geschenk Gottes. Daran erinnert Maria Voce auf einer dieser Seiten. Deshalb sind Gebet und Anrufung entscheidend. Die Eucharistie gleiche „einer ‚Audienz', die Gott selbst gewährt", schrieb einst Chiara, als ihr niemand in der Kirche Audienz gewährte; Worte, in denen Aussagen des heiligen Johannes Chrysostomus aufscheinen.

Ich möchte mit einem Zitat aus der Geschichte der armenischen Märtyrer schließen, der meinen Wunsch für und mein Vertrauen in die zukünftige Entwicklung der Fokolar-Bewegung zum Ausdruck bringt: „Wir erkennen das Heilige Evangelium als unseren Vater und die katholische und apostolische Kirche als unsere Mutter an. Niemand wird uns von ihr trennen, möge er auch in unredlicher Absicht diese oder jene Hindernisse in den Weg legen."

Andrea Riccardi

Jesús Morán

Zur Einführung

Maria Voce ist – nach der Gründerin Chiara Lubich (22.1.1920–14.3.2008) – die erste Präsidentin der Fokolar-Bewegung. Gewählt im Juli 2008 und bestätigt im September 2014, hat sie mit Weisheit und Weitsicht diese Aufgabe wahrgenommen, mit der die Generalversammlung als das höchste beschlussfassende Gremium in der Fokolar-Bewegung sie betraut hatte. Persönlich bin ich Maria Voce sehr verbunden: In den ersten sechs Jahren war ich einer ihrer Berater – für den Bereich „Weisheit und Bildung" –, während ich später als „Kopräsident" mit ihr die Verantwortung für die gesamte Bewegung innehatte.

Maria Voce ist nie der Versuchung erlegen, ihre Vorgängerin nachzuahmen. Stattdessen setzte sie auf die enge Beziehung und Absprache mit ihren Mitarbeiterinnen und Mitarbeitern; hier fand sie die inspirierende Quelle für alle Entscheidungen, die die weitere Entwicklung der Bewegung prägen sollten. Persönlich kann ich bezeugen, wie sehr Maria Voce (die unter uns eigentlich nur „Emmaus" genannt wird) aus einer „schöpferischen Treue" gelebt hat, jener grundlegenden Haltung, die alle

Söhne und Töchter dem ursprünglichen Charisma, der Generation ihrer geistlichen Väter und Mütter schulden – zumal, wenn sie mit Leitungsaufgaben betraut sind.

In dieser Haltung hat sich Maria Voce gleich zu Beginn ihrer ersten Amtszeit dem zugewandt, was sich als *Relecture* bezeichnen ließe: als erneutes Lesen der Spiritualität der Gemeinschaft im Licht von heute. Sie folgte dabei jenen Aspekten, an denen Chiara diese Spiritualität über Jahre immer wieder neu ausgefaltet und unermüdlich erläutert hatte. Diese *Relecture* der geistlichen Grundlagen und Lebenslinien hätte ohne die Haltung einer „schöpferischen Treue" ihren eigentlichen – für den weiteren Fortbestand, das „Überleben" des Werkes unverzichtbaren – Zweck verfehlt: das unverkürzte Verständnis des Gründungscharismas.

„Schöpferische Treue" bedeutet also in dieser „Zeit nach Chiara" (die wir vielleicht besser als „Zeit mit Chiara" bezeichnen) die Rückkehr zu den Quelltexten der Spiritualität, die es im Licht der Gegenwart, der bedrängenden Fragen und Probleme so vieler Menschen unserer Zeit neu zu befragen gilt.

In den zwölf Jahren ihrer Amtszeit hat Maria Voce die zwölf grundlegenden Aspekte einer „Spiritualität der Gemeinschaft" systematisch und fortlaufend behandelt: Sie stellen gewissermaßen das Leitmotiv ihrer Präsidentschaft dar. Ihre Ausführungen sind einem ebenso einfachen wie eleganten Stil verpflichtet, sie verzichtet auf Beschönigungen oder komplizierte Gedankengänge. Vielmehr geht es Maria Voce in der ihr eigenen unverwechselbaren Sprache darum, den Leserinnen und Lesern die Augen zu öffnen für die eigentliche „Vision", die Chiaras Leben und Lehre zugrunde liegt; sie lädt ein, das Charisma neu in den Blick zu nehmen und in ihm die eigentliche

Quelle zu erkennen, ohne die es keine Fokolar-Bewegung gäbe. So sensibilisiert Maria Voce ihre Leserschaft neu für die nicht nur geistliche, sondern auch kulturelle Reichweite und „Nachhaltigkeit" eines Charismas, das immer neu ausgesagt und zur Sprache gebracht werden muss; eines Charismas, dessen „Klangfülle" noch längst nicht erschöpft ist. Vielmehr findet es gerade in den bedrängenden Fragen unserer Zeit seine besondere „Resonanz" und Aktualität; Fragen, die sich gerade auch viele Menschen aus der Fokolar-Bewegung stellen, weil sie mit gravierenden Problemen in Kirche(n) und Gesellschaft konfrontiert sind.

„Diese Aufgabe vertraut Chiara Lubich uns auch heute an: weiterhin seine Arme in der Welt zu sein, um jede Einsamkeit in Liebe umzuwandeln und dazu beizutragen, dass sich das Vermächtnis Jesu auf Erden verwirklicht" (s. unten S. 85).

„Was erwartet Gott also von den Angehörigen der Fokolar-Bewegung? Er lädt sie ein, im eigenen Umfeld zu wirken, die Nächsten vor Ort für die Einheit zu gewinnen, aber stets mit der Offenheit für alle anderen. Das würde genügen, sagte Chiara damals. Sie betonte auch ausdrücklich, dass Gott von uns vor allem eines möchte: dass wir uns *einsmachen* – mit den Nächsten neben uns; mit denen, die unser Leben teilen oder die wir Tag für Tag kennenlernen, und sei es nur durch die Kommunikationsmittel. Wir sind also aufgerufen, jeden Augenblick unseres Lebens die Einheit zu leben, Tag für Tag, so wie es am Anfang war" (s. unten S. 143).

„Täglich sind wir über die Massenmedien mit tragischen Bildern konfrontiert: Boote voller Flüchtlinge; ganze Bevölkerungsgruppen, die aus Hunger oder Kriegsangst ihre Heimat verlassen; von Menschenhand zerstörte Städte; die mutwillige

Vernichtung antiker Kulturgüter; fundamentalistische Weltanschauungen und Gewalttaten auf praktisch allen Ebenen. Hinzu kommt – heute mehr denn je – ein Phänomen, das Benedikt XVI. als ‚kulturelle Nacht' bezeichnet hat ... In diese „Nacht" hinein, die die leidende Menschheit um uns herum zu umfangen scheint, hält uns Chiara erneut Jesus als Vorbild vor Augen, der laut hinausschreit: ‚Mein Gott, mein Gott, warum hast du mich verlassen?'" (s. unten S. 168f).

In diesen Ausführungen finden sich immer wieder Verweise auf das Lehramt der letzten Päpste[3], verschiedene theologische Stimmen aus den christlichen Traditionen sowie Wortmeldungen von Intellektuellen und Vertretern aus Politik und Gesellschaft; sie machen die besonderen Fragen und Anliegen einer Gegenwart deutlich, die naturgemäß in den früheren Einlassungen bei Chiara noch keinen Widerhall finden konnten. Maria Voce reagiert auf eine andere Zeit, aber auch sie tut es aus einer tiefen Verwurzelung im Charisma heraus. Daran mag man die Sensibilität für das immer neue Wirken des Geistes in Gegenwart und Geschichte erkennen: Schließlich ist – mit Papst Franziskus gesagt – ein Charisma „keine Flasche destillierten Wassers". Jedes Charisma muss also eine kritische Zeitgenossenschaft entwickeln, jene „schöpferische Treue" bezeugen, auf die in den Worten Jesu im Johannesevangelium angespielt wird, wenn vom „Paraklet" (Bezeichnung für den Heiligen Geist als „Tröster") die Rede ist: „Er (der Geist) wird mich verherrlichen; denn er wird von dem, was mein ist, nehmen und es euch verkünden" (Johannes 16,14). Der Geist also ist immer neu und bleibt sich gerade darin treu.

---

3 Die vorliegenden Vorträge von Maria Voce fielen in das Pontifikat von Papst Benedikt XVI. und dann in das von Papst Franziskus (Anm. d. Red.).

Ihre Lebendigkeit verdanken diese Texte von Maria Voce sicherlich auch der Erfahrung einer tiefen persönlichen Beziehung zu Chiara Lubich, in deren Sekretariat die Autorin über viele Jahre tätig war. Für die beherzte und erfrischende Auslegung einzelner Aspekte in den Schriften Chiaras, namentlich der sogenannten „Paradisi", ist wohl die Zugehörigkeit von Maria Voce zum interdisziplinären Studienzentrum der Fokolar-Bewegung, der *Scuola Abba*, prägend. Auffällig ist auch die Unerschrockenheit, mit der die Präsidentin die verschiedenen Krisenmomente, die Schwierigkeiten und Schwächen der Fokolar-Bewegung in dieser besonderen Zeit benannt hat, um zugleich allen mehr Mitverantwortung und Solidarität ans Herz zu legen. In besonderer Weise geht sie dabei auf die individuellen bzw. strukturellen Begrenztheiten und Defizite der Fokolar-Bewegung ein, die rückläufigen Mitgliederzahlen, die Schwierigkeiten, angemessene Antworten auf die Herausforderungen unserer Zeit zu geben, die nachlassende Strahl- und Zeugniskraft einer Lebensform, die in der unbedingten ganzheitlichen Hingabe an Gott gründet.

Doch lässt sie sich bei allem Realismus niemals entmutigen. Denn sie ist der festen Überzeugung, dass wir uns erst auf diese Weise – durch die Erfahrung unserer Unzulänglichkeit – der eigentlichen Größe des Charismas bewusst werden, das Gott Chiara Lubich anvertraut hat. Erst im Bewusstsein unserer Schwäche, im Vertrauen auf die Gnade und den Ruf Gottes können wir die konkret-welthafte Aus-Gestaltung dieses Charismas angehen. So resümiert Maria Voce ihre Ausführungen zur Bedeutung der „gegenseitigen Liebe" für eine „Spiritualität der Gemeinschaft": „Mir scheint, dass zurzeit er selbst uns vorwärtsdrängt. Wir sollen die Aussaat auf neue Felder ausdehnen, ohne Angst, dass die Kräfte abnehmen oder Erreichtes aufgegeben werden muss. Vielmehr sollen wir freudig die immer neuen Horizonte und das Aufblühen unzähliger lebendiger Zellen der Kirche in der Welt wahrnehmen, wo immer zwei oder mehr Menschen bereit sind, einander auf diese Weise gegenseitig zu lieben. So werden wir fähig, den Menschen so zu begegnen, dass sie – wie Papst Franziskus sagt – Gott begegnen" (s. unten S. 115f).

Dieses Buch ist ein weiteres Geschenk der Autorin an all jene, die sich mit den grundlegenden Aspekten einer Spiritualität vertraut machen wollen, die im Charisma der Einheit gründet. Jeder dieser Aspekte ist unverzichtbar für diesen Durchgang, der hier versucht wird und der in seiner Dynamik der geistlichen Erfahrung von Chiara Lubich folgt. So ist es auch keine wirkliche Überraschung, dass der Blick auf Maria – als besondere Gestalt, der die Bewegung ihren eigentlichen Namen (als „Opus Mariae", also: „Werk Mariens") verdankt – gegen Ende dieser Seiten zu finden ist, nachdem zuvor die Bedachtnahme auf Christus im Geheimnis seiner Gottverlassenheit ihren Platz in der Mitte des Buches gefunden hat: als Weg oder Schlüssel zu einem Leben in Einheit.

All diese Aspekte verweisen schließlich auf einen letzten Fluchtpunkt, in dem sie zusammenfließen: Jesus in der Mitte, dessen geheimnisvolle Gegenwart, so Maria Voce, vielleicht „der größte Schatz" überhaupt ist, „den wir der Welt anbieten können" (s. unten S. 235).

Jesús Morán

Maria Voce

Worum es geht

Zunächst möchte ich etwas dazu sagen, in welcher inneren Haltung ich das Thema „Die Spiritualität der Fokolar-Bewegung" behandeln möchte und wo die Grenzen eines solchen Herangehens liegen. Ich denke, niemand erwartet sich eine theologische Abhandlung oder eine neue Sicht auf die bekannten Schwerpunkte dieser „Spiritualität der Gemeinschaft"[4]. Mit dem Charisma[5], das Gott Chiara Lubich geschenkt hat, haben wir empfangen, was wir für den Weg brauchen, den er für uns in diesem seinem Werk, der Fokolar-Bewegung, vorgezeichnet hat. Wir befassen uns also mit etwas Bekanntem, das wir zusammen mit Chiara bereits prophetisch geschaut haben. Zugleich betreten wir unerforschtes Gebiet, das es noch zu entdecken gilt, damit all das zur Entfaltung kommen kann, was dieses Charisma für unser Leben bereithält.

---

4   So definierte Johannes Paul II. die Spiritualität der Einheit der Fokolar-Bewegung, die Chiara selbst stets als „gemeinschaftliche Spiritualität" bezeichnet hat. Vgl. auch Johannes Paul II., *Novo Millennio Ineunte* Nr. 43-45; zur Vertiefung vgl. Chiara Lubich, *Ein Weg in Gemeinschaft*, 6-17 (Anm. d. Red.).

5   Hier verstanden als ein unverdientes Geschenk, das Gott einzelnen Menschen gibt zum Wohl der Gemeinschaft (Anm. d. Red.).

Als wir uns – noch zu Lebzeiten Chiaras – am Zentrum des Werkes[6] fragten, ob es nützlich sein könnte, jedes Jahr ein bestimmtes Thema zu wählen, auf das alles andere hingeordnet sein sollte, sagte ich: Mir scheint, dass dies gewissermaßen schon vorgegeben ist, da Chiara von Gott her nach und nach die einzelnen Schwerpunkte unserer Spiritualität verstanden hat. Deshalb ist es nur logisch, sie der Reihe nach durchzugehen; denn wer hätte nicht ein natürliches Bedürfnis, sich des eigenen Ursprungs, der eigenen Wurzeln zu vergewissern?

Jetzt, da Chiara ins ewige Leben hinübergegangen ist, haben auch wir den großen Wunsch, uns den Ursprüngen unserer Geschichte zuzuwenden und uns in dem zu verankern, was Gott uns hat verstehen lassen. Wir möchten die einzelnen Schwerpunkte der Spiritualität, wie Chiara sagte, „bewusster und verantwortungsvoller"[7] leben, um das Erbe, das sie uns hinterlassen hat, unverfälscht zu bewahren – nicht zuletzt durch unser Leben. Der spezifische Weg der Heiligung (mit den von Chiara beschriebenen Etappen), den sie in der Kirche erschlossen hat, behält für zukünftige Zeiten seine Gültigkeit. Chiara ist diesen Weg als Erste auf bemerkenswerte, einmalige Weise gegangen. In seinen Etappen finden die Angehörigen der Fokolar-Bewegung ihren eigenen Weg vorgezeichnet: Sie möchten sich daran orientieren, damit das Charisma der Einheit auf Erden weiterhin reiche Frucht bringt und das Werk

---

6 Das Zentrum des „Werkes Mariens" das aus der Präsidentin, dem Kopräsidenten sowie den gewählten Beraterinnen und Beratern besteht, „fasst das gesamte Werk gewissermaßen zusammen und bringt dessen Einheit zum Ausdruck. Es trägt die Verantwortung für die Wahrung und Stärkung der Einheit im gesamten Werk, indem es dieses auf seine Ziele hin ausrichtet und seine verschiedenen Teile koordiniert" (vgl. *Allgemeines Statut Werk Mariens – Fokolar-Bewegung*, Art. 96-100 (Anm. d. Red.).

7 Vgl. C. Lubich, *Zweiter Vortrag über die gemeinschaftliche Spiritualität – ihre aktuelle Erfahrung*. Zu den Delegierten der Zonen, Rocca di Papa, 5.11.1995.

Mariens den Plänen Gottes gemäß seine Berufung in der Zeit verwirklicht.

In einem Interview mit der Zeitschrift *Città Nuova*[8] sagte ich, es sei uns bewusst, dass wir immer noch nicht in der Lage sind, dem zu entsprechen, was Chiara vorgelebt hat. Angesichts der sensiblen Situation, in der wir uns befinden, wissen wir, dass wir als Angehörige der Fokolar-Bewegung – bei mir angefangen – den hohen Zielen eines Werkes Gottes nicht gerecht werden können. Es kommt darauf an, gut zu verstehen, was die Bewegung jetzt braucht – in der Gewissheit, dass Chiara zwar alles auf den Weg gebracht hat, aber alles auch noch zu vollenden ist, vielleicht nicht alles auf einmal und nicht alles sofort. Jetzt gilt es in der Fokolar-Bewegung nach und nach umzusetzen, was Chiara prophetisch-zeichenhaft verwirklicht hat, beginnend mit einer Vertiefung des ersten Schwerpunkts unserer Spiritualität: „Gott, die Liebe".

Maria Voce

Editorische Notiz: Für die vorliegende schriftliche Fassung wurden die Vorträge der Autorin aus den Jahren 2009 bis 2019 leicht bearbeitet, wobei der Charakter des gesprochenen Wortes weitgehend beibehalten wurde. Da jedes Kapitel eine Einheit bildet, kommt es hier und da zu Wiederholungen. Ort und Datum der zugrundeliegenden Vorträge sind jeweils am Kapitelende vermerkt.

---

8   Vgl. P. Lòriga, *Privilegiare i rapporti*, in: *Città Nuova* 14 (2008) (Anm. d. Red.).

Gott, die Liebe

G ott, die Liebe", ist der erste Schwerpunkt der Fokolar-Spiritualität. „Gerade dieser Grundzug unserer Spiritualität ermöglicht uns, gegenseitige Beziehungen und Einheit in Fülle zu leben", betonte Chiara, um aufzuzeigen, dass man ausgehend von Gott, der die Liebe ist, auch die anderen Schwerpunkte unserer Spiritualität leben kann.[9] Dazu ermutigt auch das *Allgemeine Statut der Fokolar-Bewegung*[10]: „Die Angehörigen der Fokolar-Bewegung gehen den Weg der christlichen Liebe – gemäß der im Evangelium gründenden Spiritualität der Bewegung, die zugleich den Einzelnen und die Gemeinschaft betrifft – in Einheit mit dem kirchlichen Lehramt. Sie bemühen sich daher, Gott, den sie als Liebe kennengelernt haben[11], mit ganzem Herzen, mit all ihren Gedanken und mit allen Kräften zu lieben. Ihn wählen sie als Ideal ihres Lebens (vgl. Matthäus 22,37 und 1 Johannes 4,8.*16-18*)" (Art. 8,1).

---

9   Vgl. C. Lubich, *Zweiter Vortrag über die gemeinschaftliche Spiritualität – ihre aktuelle Erfahrung*. Zu den Delegierten der Zonen, Rocca di Papa, 5.11.1995.

10 Das Allgemeine Statut „beinhaltet die Regeln des Lebens und der Leitung für alle Angehörigen des Werkes" (vgl. Art. 1), Anm. d. Red.

11 In der früheren Fassung stand: „... Gott, der die Liebe ist".

Gott ist die Liebe: eine persönliche Neuentdeckung

Im ersten Vortrag über „Gott, die Liebe", den Chiara für die Mariapoli 1959 vorbereitet hatte, erklärte sie, dass die Geschichte unserer Bewegung „mit einem großen Namen beginnt, einem Namen, der unser ganzes Leben zusammenfasst: mit Gott"[12]. Gott ist es, den Chiara als ihr Ein und Alles, als Ideal ihres Lebens erwählt hat. Zunächst war er für sie „einfach ein Name, denn wir konnten ihn nicht sehen". Sie glaubten lediglich an seine Existenz. Dieser Glaube an ihn, den Ewigen, wurde gefestigt „durch den klaren Erweis, dass alles vergänglich ist und nichts Bestand hat"[13], was ihnen das Wüten des Krieges deutlich vor Augen stellte. Dann drang „sein sanftes Licht" in sie ein und erleuchtete, umhüllte die Seele; es unterdrückte das frühere Denken nicht, sondern trat langsam an seine Stelle.[14] In Chiaras Leben gibt es eine bekannte Episode, von der wir auch heute nicht absehen können. Sie betrifft ihre erste persönliche Begegnung mit dem Gott der Liebe.

Es war 1943. Chiara war eine junge Lehrerin. Ein Priester bat sie, eine Stunde ihres Tages seinen Anliegen zu widmen. „Warum nicht den ganzen Tag?", antwortete sie. Beeindruckt von ihrer Großzügigkeit, segnete sie der Priester und sagte: „Denken Sie daran: Gott liebt Sie über alle Maßen."

„Es war, als hätte Gott selbst mir diese Worte gesagt. Sie trafen mich wie ein Blitz. Gott liebt mich über alles! Ich sage es

---

12 C. Lubich, *Gott-die-Liebe*, Text vom 15.10.1959, in: *Città Nuova* 19 (1959), 2f.

13 C. Lubich / I. Giordani, *„Erano i tempi di guerra…"*. *Agli albori dell'ideale dell'unità*, Rom 2007, 3f.

14 Vgl. *Dio Amore e la carità nel Movimento dei Focolari* (zu Bischöfen), Rocca di Papa, 13.2.1979, in: Gesamtarchiv der Fokolar-Bewegung (AGMF), Archiv Chiara Lubich (ACL), Discorsi (im Folgenden zitiert: AGMF, ACL, Discorsi).

auch meinen Freundinnen weiter: Gott liebt dich über alles, Gott liebt uns über alles!"[15] Gott, der „unaussprechlich, unerreichbar, unendlich und ewig ist"[16], zeigte sich Chiara in seiner unermesslichen Vaterliebe, in seiner Vorsehung, die jeden Menschen und alle Dinge umfängt. Dass Gott sich ihr als Liebe zu erkennen gibt, ist selbst ein Ausdruck seiner Liebe, sich verschenkender Liebe. Diese Erfahrung, Frucht einer besonderen Gnade, erschließt Chiara ein neues Verständnis von Gott. Jetzt „weiß" sie, wer Gott ist: Gott ist die Liebe (vgl. 1 Johannes 4,8.16). Sie entdeckt sein Handeln, das ganz und gar Liebe ist, in ihrer persönlichen Lebensgeschichte ebenso wie in der Geschichte der Menschheit und begreift, dass Gott in seinem Wesen Liebe ist: „Es ist mir ganz neu aufgegangen", schreibt sie, „es war für uns etwas absolut Neues." Es stellte alles auf den Kopf und bewirkte in den ersten Fokolarinnen eine Umkehr sowohl hinsichtlich ihrer Sicht der Welt und der Geschichte als auch für ihr Handeln.

Dank der göttlichen Gnade erahnt Chiara unmittelbar, dass die Liebe Gottes nicht nur sie selbst betrifft, sondern alle erreicht. Dieser gemeinschaftliche Aspekt der Liebe Gottes ist ein Spezifikum unserer Spiritualität und des Verständnisses von Gott als Liebe, das darin zum Ausdruck kommt. Dies zeichnet sich vom ersten Augenblick an ab.

Es ist bezeichnend, dass Chiara die Erkenntnis, von Gott persönlich geliebt zu sein, sofort den anderen mitteilt, weil sie überzeugt ist, dass Gott *jeden* Menschen über alle Maßen liebt. Die weltumspannende Dimension lässt sich bereits erahnen: Gott schenkt Chiara sein Licht, damit sie – wie ein „Werk-

---

15 Ebd.
16 C. Lubich, ... *mit den Gen im Gespräch*, München 2007, 68.

zeug", dessen er sich bedient – es weitergibt; er gibt sich ihr als Liebe zu erkennen und treibt sie zugleich an, es allen Menschen zu vermitteln und zu bezeugen.[17] Die zahlreichen Briefe aus der Anfangszeit der Bewegung[18], die inzwischen zum Teil in der Zeitschrift *Città Nuova*, zum Teil in Büchern veröffentlicht sind, zeugen von Chiaras tiefem Wunsch, allen diese grundlegende Wahrheit weiterzusagen und ihnen Anteil zu geben an dieser neuen Sicht des Menschen und des Kosmos.

Gott liebt uns über alle Maßen! Chiara berichtet: „Von dem Augenblick an entdeckten wir Gott und seine Liebe überall, während des ganzen Tages, in den inneren Aufschwüngen, in unseren Vorsätzen, in freudigen und ermutigenden Ereignissen, in traurigen, schwierigen und misslichen Situationen. Er war immer da, er war überall und erklärte uns, dass alles Liebe ist: das, was wir sind und was uns geschieht; dass seiner Liebe nichts entgeht; dass nicht nur wir von seiner Liebe getragen sind, sondern alle Christen, die Kirche, die Welt, das Universum."[19]

AN DIE LIEBE GLAUBEN

Zweifellos gehört es zum christlichen Glaubensgut, dass das Wesen Gottes Liebe ist und dass Gott die Menschen liebt.[20] Im ersten Johannesbrief heißt es: „Gott ist die Liebe ... Wir haben die Liebe, die Gott zu uns hat, erkannt und gläubig angenommen ... Gott ist die Liebe, und wer in der Liebe bleibt, bleibt in Gott und Gott bleibt in ihm" (1 Johannes 4,8-16). In

---

17 Vgl. C. Lubich, *Zweiter Vortrag über die gemeinschaftliche Spiritualität – ihre aktuelle Erfahrung*. Zu den Delegierten der Zonen, Rocca di Papa, 5.11.1995.
18 Gemeint sind die 1940er-Jahre (Anm. d. Red.).
19 C. Lubich, *Ein Weg in Gemeinschaft*, Friedberg 2003, 19f.
20 Vgl. z. B. *Katechismus der Katholischen Kirche*, Abschn. 221.

der gesamten Tradition der Kirche – durch die Kirchenväter, die Mystiker und die Heiligen – wurde dieses Geheimnis Gottes immer wieder vertieft. Doch es stimmt auch, wie Chiara feststellt, „dass das Bewusstsein der Christen in ihrer Art zu denken und zu handeln nicht mehr so sehr geprägt war von der Wirklichkeit eines Gottes, der die Liebe ist, wie es Johannes in seinen Briefen verkündet hat"[21].

Bei einer Begegnung mit Jugendlichen in Paderborn (12.6.1999) erzählte Chiara, wie sie trotz ihres starken Glaubens manchmal spürte, dass Glaube und Leben auseinanderklafften. Sie fragte sich, woran es lag, dass sich das Glaubensleben der Christen oft auf den Besuch des Sonntagsgottesdienstes beschränkte; warum man beim Gebet so zerstreut war oder nur betete, wenn man etwas wollte. Gott war doch immer Gott, an jedem Tag und in jedem Augenblick des Tages. Was sollte man von den Hilfspaketen für die Bedürftigen halten, wenn sie ohne Liebe weitergegeben wurden; von der geringen Ausstrahlung in den Wohnungen und der wenig ästhetischen Kleidung vieler Christen? Güte und Wahrheit sind doch nicht die einzigen Eigenschaften Gottes; Gott ist doch auch Schönheit und Harmonie. Ist nicht sein Sohn der Schönste aller Menschen (vgl. Psalm 45,3)? Und war eine Stunde Apostolat in der Woche nicht zu wenig, im Verhältnis zu dem, was man sonst noch alles tat? Sind die Dinge Gottes nicht wichtiger als alles andere? Und ist es nicht eigenartig, dass man ein Land, in dem viele Christen leben, kaum von einem Land unterscheiden kann, wo das nicht der Fall ist? All das bedrückte Chiara und betrübte

---

21 C. Lubich, *Zweiter Vortrag über die gemeinschaftliche Spiritualität – ihre aktuelle Erfahrung.* Zu den Delegierten der Zonen, Rocca di Papa, 5.11.1995.

sie. Doch dann erschloss der Heilige Geist ihr neu, dass Gott die Liebe ist. Er entzündete in ihrem Herzen – und das tut er heute aufs Neue bei uns – jenen „Funken der Erstinspiration"[22], wie Johannes Paul II. es später ausdrückte.

Chiara schreibt: „Mit dem Wort ‚Liebe' bezeichnete man damals im Allgemeinen die Liebe zwischen Mann und Frau. Im religiösen Sprachgebrauch kam das Wort kaum vor. Durch die Neuentdeckung Gottes als Liebe und durch die Hinwendung zum Wort Gottes erschloss sich uns der christliche Sinn des Wortes ‚Liebe'. Wir erahnten, dass die Liebe der Kern der christlichen Botschaft ist. Es ging folglich darum, sie unbedingt in die Praxis umzusetzen."[23]

Am Anfang stand also die Entdeckung: „Gott ist die Liebe", die eine Antwort nach sich zog: „Wir haben an die Liebe geglaubt." Diese Antwort wurde konkret in der grundlegenden Entscheidung, das Wort Gottes zu leben und in den Luftschutzkeller nur das Evangelium mitzunehmen.[24] Es scheint paradox: Zu der Entdeckung Gottes als Liebe kam es ausgerechnet im Krieg. Gerade da wurde erfahrbar, dass er die einzig wahre Wirklichkeit ist[25]: „Inmitten von Tod und Zerstörung erblickten wir die Sonne, sie schenkte uns Licht und Wärme. Wir haben uns deshalb nach Gott ausgerichtet. Er drang immer stärker in unser Leben ein, nachdem er weggefegt hatte, was zweitrangig war. Er war für uns Vater, König und Bruder,

---

22 Johannes Paul II., Ansprache bei der Fokolar-Bewegung, Internationales Zentrum, Rocca di Papa, 19.8.1984, in OR dt. 24/8/84, 5.

23 C. Lubich, *Ein Weg in Gemeinschaft*, 22f.

24 C. Lubich, *Zu den Mitgliedern der Bewegung, Kattowitz* (Polen), 18.8.1991; C. Lubich, Begegnung mit Kard. Macharsky und sieben polnischen Bischöfen, Krakau 10.8.1991, in: AGMF, ACL, Discorsi.

25 C. Lubich, *Ein Weg in Gemeinschaft*, 20.

unser Ein und Alles. Und er gab uns ein Gesetz, das letzten Endes die Liebe ist.“[26]

DIE LIEBE – GESETZ FÜR EINE NEUE WELT

Die Liebe ist das neue Gesetz für eine neue Welt, an der auch wir mitbauen wollen, um dem zu entsprechen, was die Gesellschaft heute so dringend braucht. Im Kompendium der Soziallehre der Kirche heißt es: „Um die Gesellschaft menschlicher, der menschlichen Person würdiger zu gestalten, muss die Liebe im sozialen Leben – auf politischer, wirtschaftlicher und kultureller Ebene – neu bewertet und zur beständigen und obersten Norm des Handelns erhoben werden. Die Gerechtigkeit ist in der Lage, zwischen den Menschen nach Gebühr Recht zu sprechen, wenn sie die Sachgüter verteilen und tauschen; doch die Liebe und nur die Liebe ... ist fähig, den Menschen sich selbst zurückzugeben. Die menschlichen Beziehungen könnten nicht einfach nur durch Gerechtigkeit geregelt werden: Der Christ weiß, dass die Liebe der Grund ist, weshalb Gott mit dem Menschen in Beziehung tritt. Und ebenso ist es die Liebe, die Gott sich als Antwort vom Menschen erwartet. Die Liebe ist darum auch die erhabenste und vornehmste Beziehungsform der Menschen untereinander. Die Liebe soll daher jeden Bereich des menschlichen Lebens beseelen und sich desgleichen auf die internationale Ordnung ausdehnen. Nur eine Menschheit, in der die ‚Zivilisation der Liebe‘ herrscht, wird sich eines wahren und bleibenden Friedens erfreuen können.“[27]

---

26 C. Lubich, *Gott-die-Liebe*, Text vom 15.10.1959, in: *Città Nuova* 19 (1959), 2f.
27 Kompendium der Soziallehre der Kirche, Freiburg i. Br. 2006, 412.

„Gott als die Liebe entdecken, oder besser: *neu* entdecken ist das größte Abenteuer des modernen Menschen"[28], schrieb Chiara in den 70er-Jahren. Diese Feststellung ist heute aktueller denn je.

Nicht zufällig trägt die erste Enzyklika von Papst Benedikt XVI. den Titel *Deus Caritas est* (25.12.2005). Darin fordert er alle Christen auf, „in der Welt eine neue Lebendigkeit wachzurufen in der praktischen Antwort der Menschen auf die göttliche Liebe" (Nr. 1). In seiner Enzyklika *Caritas in Veritate* (2.6.2009) erinnert er daran, dass die Liebe in der Wahrheit „der hauptsächliche Antrieb für die wirkliche Entwicklung eines jeden Menschen und der gesamten Menschheit" ist (Nr. 1). Weiter schreibt er: „Caritas ist empfangene und geschenkte Liebe ... Als Empfänger der Liebe Gottes sind die Menschen eingesetzt, Träger der Nächstenliebe zu sein, und dazu berufen, selbst Werkzeuge der Gnade zu werden, um die Liebe Gottes zu verbreiten und Netze der Nächstenliebe zu knüpfen" (Nr. 5).

Ein neuer Typ des Christen

Wenn wir auf Chiaras Leben schauen und auf das Werk, das sie gegründet hat, können wir sagen, dass sie in diesem Sinn ein ausgezeichnetes Werkzeug in der Hand Gottes gewesen ist. Es ist gewissermaßen der Boden, in dem unsere „Geschichte" verwurzelt ist, wo sie ihren Anfang nimmt, als je persönliche Geschichte wie als gemeinsame Geschichte. Es betrifft mich, betrifft jeden Einzelnen mit seiner einmaligen, unwiederholbaren Geschichte, in der wir Gott eines Tages unser

---

28 C. Lubich, *Ja oder Nein*, München 1979, 60.

„Ja" gegeben haben. „Gott liebt mich!" „Gott liebt uns!" Das ist in gewisser Weise die „Verkündigung", durch die dieses Ideal in unser Leben eingedrungen ist. Diese Feststellung, dieser Jubelruf hat Farbe in unser Dasein gebracht und uns in ein neues Leben hineingezogen. In uns hat sich eine regelrechte „Bekehrung" vollzogen, die zu der radikalen Entscheidung geführt hat, Gott als dem einzigen Lebensideal zu folgen.[29]

Und „der Glaube an seine Liebe, das Wissen, in den Armen des Vaters geborgen, von seiner Liebe umfangen zu sein, hat in uns eine andere Art des Christseins geprägt: Kind zu sein, ein Kind, das weiß, dass es einen Vater hat; das sich nicht mehr allein fühlt, weil es sich geliebt weiß. Dieses Kind ... wächst in dem starken Glauben an die Liebe Gottes heran und entfaltet sich; es glaubt an die Liebe; es ahmt den Vater nach, will wie im Himmel leben, immer mit ‚Jesus in der Mitte'. Es erkennt die Pläne Gottes, erlebt staunend, dass immerfort die Gaben der Vorsehung ankommen. Sein Kennzeichen ist die Freude; es ist reinen Herzens; es lernt vom Vater das Wort und ist immer mehr ganz erfüllt vom Wort Gottes".[30] In dieser Beschreibung Chiaras erkennen die Fokolarinnen und Fokolare ihre eigentliche Identität. Es ist so etwas wie ein „neuer Typ" von Christen in der Kirche von heute, in dem sich alle Mitglieder der Fokolar-Bewegung wiederfinden ... Indem wir uns mit dem Schwerpunkt „Gott, die Liebe" beschäftigen, gelangen wir wie von selbst zu dieser wunderbaren Berufung in der Kirche, die sich von daher neu erschließt.

---

29 Vgl. C. Lubich, *Der Heilige Geist und die Fokolar-Bewegung* (zu Fokolaren), unveröffentlichte Abschrift des Gesprächs, Castel Gandolfo 5.1.1990, in: AGMF, ACL, Reden.

30 C. Lubich, *Der Fokolar, ein neuer Typ von Jünger Christi*, Montreux, 11.8.1990, in: AGMF, ACL, Discorsi. Vgl. auch C. Lubich, *In unità verso il Padre*, Rom 2004, 75.

KINDER GOTTES UND GESCHWISTER

Was bewirkt in uns die Entscheidung für „Gott, die Liebe", das Bewusstsein, einen Vater zu haben, der uns liebt? Zweifellos werden wir dazu geführt, die Mitmenschen zu lieben, das heißt jeden Nächsten, der uns im gegenwärtigen Augenblick begegnet: „Die Liebe, die Gott ist, ist Licht, und in diesem Licht erkennen wir, ob wir auf die Mitmenschen so zugehen und ihnen so beistehen, wie Gott es will, wie sie es wünschten und erträumten, wenn sie nicht uns an ihrer Seite hätten, sondern Jesus."[31] Bei einer anderen Gelegenheit verweist Chiara auf das Maß dieser Liebe: „Je mehr ich in die Seele des Nächsten eintrete, desto tiefer trete ich auch in Gott ein, der in mir lebt. Je tiefer ich in Gott in meinem Innern eintrete, desto tiefer begegne ich dem Nächsten."[32]

So entstanden überall auf der Erde, wo sich Menschen dieses Ideal zu eigen gemacht haben, „lebendige Zellen"[33], in denen Christus gegenwärtig ist, gemäß seiner Verheißung: „Wo zwei oder drei ..." (vgl. Matthäus 18,20)[34]. Solche Zellen sind die Fokolare, die Gen-Teams [der Kinder und Jugendlichen], die Kernkreise der Freiwilligen, sie entstehen in allen Begegnungen, in denen wir so zu leben versuchen, dass Jesus unter uns sein kann.

---

31 C. Lubich, *Alle sollen eins sein*, München ²1999, 34.
32 *Wie die Farben im Regenbogen. Spiritualität und Gebet*, Friedberg 2006, 18.
33 Vgl. C. Lubich, *Risurrezione di Roma*, in: „Nuova Umanità" 6 (1995), 8; vgl. auch: „Die Auferstehung Roms" (in Auszügen in: C. Lubich, *Alles besiegt die Liebe*, München 1998, 165-167).
34 Vgl. M. Cerini, *Gott ist Liebe. Reflexionen über die Liebe Gottes in der Erfahrung und im Gedankengut von Chiara Lubich*, Friedberg 1992, 51.

In seiner Liebe hat Gott uns die Augen dafür geöffnet, dass alle Menschen unsere Brüder und Schwestern sind.[35] Dazu genügt ein Blick in unsere bescheidene Geschichte, die doch weitreichende Folgen hatte: Auch wenn wir unsere Liebe anfangs vorrangig den Bedürftigen zuwandten, verstanden wir doch sehr bald, dass alle Menschen zur Einheit berufen sind. Weltweit gelebte Geschwisterlichkeit reißt Mauern nieder zwischen Generationen, sozialen Schichten, Religionen, Kulturen und Völkern. So haben sich die verschiedenen „Dialoge" entfaltet. Eine Bewegung ist entstanden, ein wirkliches „Volk", das auf allen Kontinenten verbreitet ist, eine Gemeinschaft von Geschwistern, weil sie Kinder des einen Vaters sind.

In seiner Enzyklika *Caritas in Veritate* schreibt Benedikt XVI.: „Die Einheit des Menschengeschlechts, eine geschwisterliche Gemeinschaft jenseits jedweder Teilung, wird aus dem zusammenrufenden Wort Gottes, der die Liebe ist, geboren" (Nr. 34).

WIE GOTT LIEBEN?

Wie sieht nun unsere Liebe zu Gott aus? Wie sollen wir ihn heute lieben, in einer Zeit, in der Familien zerbrechen, Werte verloren zu gehen scheinen, viele Jugendliche nach Orientierung suchen, die Arbeitswelt vor enormen Problemen steht, sich eine Kultur ausbreitet, in der alles relativiert wird? In diesem Zusammenhang können wir auf unsere offenen Bewegungen verweisen.[36] Sie sind aus dem Charisma der Einheit hervorgegangen als ein Beitrag, damit sich das Vermächtnis Je-

---

35 Vgl. C. Lubich, *Gott-die-Liebe*, Text vom 15.10.1959, in: *Città Nuova* 19 (1959), 2f.
36 Vgl. C. Lubich, *Jesus der Verlassene und die Einheit*, 102-105.

su in der Welt verwirklichen kann. Auch wenn sie nicht unmittelbar zum Ziel haben, die Familie, die Jugend, die verschiedenen Bereiche der Gesellschaft zu erneuern, so zeigt sich in ihnen doch ganz konkret, wie sich die Entscheidung für Gott, die Liebe, auch auf gesellschaftlicher Ebene auswirkt. Hier könnte man die einzelnen Bewegungen und Gruppierungen, etwa die „Neuen Familien" und die „Neue Gesellschaft", durchgehen. Eine radikale Entscheidung für „Gott die Liebe" vermag jene „umwälzende Erneuerung" Jesu in Gang bringen, von der Chiara gesprochen hat. Denn sie „bewirkt eine Veränderung der Mentalität und der Gewohnheiten, reißt Barrieren nieder und beseitigt Ungerechtigkeiten, damit eine Gesellschaft entstehen kann, die vom Evangelium geprägt ist".[37]

Gott in seiner Liebe hat uns auch „die Ohren geöffnet, damit wir in der Klage unserer Brüder und Schwestern *seine* Stimme vernehmen"[38]: „Die Entscheidung für ihn bewirkte, dass wir die Spuren seiner Liebe zu uns und zu jedem Menschen in jeder Situation, in jedem frohen oder traurigen Ereignis entdeckten. Denn Freude und Schmerz sind von seiner Hand gehalten – und er ist die Liebe."[39] Diese Erfahrung machen wir auch heute: Wenn eine Naturkatastrophe über uns hereinbricht, wenn in unserer Familie plötzlich jemand krank wird, wenn Leid, das Gott zulässt, Menschen und Völker trifft ..., dann sagt uns der Glaube, dass Gott uns auch in dieser Situation mit seiner Liebe nahe ist und uns einlädt, auch hier an seine Liebe zu glauben.

---

37 C. Lubich, *Gott-die-Liebe*, Text vom 15.10.1959, in: *Città Nuova* 19 (1959), 2f. Vgl. auch: „Die Auferstehung Roms" (in Auszügen in: C. Lubich, *Alles besiegt die Liebe*, 165-167).

38 A. a. O.

39 A. a. O.; vgl. auch C. Lubich, *Jesus der Verlassene und die Einheit*, München ²1992, 91ff.

Zudem erschließt sich Chiara gerade im Geheimnis der Verlassenheit Jesu „der höchste Ausdruck seiner Liebe, weil hier sein Schmerz den Höhepunkt erreicht. Jesus der Verlassene ist die größte Offenbarung der Liebe Gottes"[40]. „Er ist der Gott-Liebe, dem wir unser Leben geschenkt haben."[41] Er ist der Weg, um zu werden wie er: „Wenn wir Jesus den Verlassenen umarmen, ihn an uns ziehen, ihn zum Ein und Alles machen, wenn er eins wird mit uns, wenn wir eins werden mit ihm, wenn wir Leid werden mit ihm, dem Leid, haben wir alles gefunden. So wird man Gott (durch Teilhabe), die Liebe."[42]

Gott, die Liebe, ist also „der lebendige Ursprung jener Einheit, die das Werk Mariens zu leben und zu verbreiten gerufen ist, um beizutragen zur Verwirklichung des Testaments Jesu"[43].

* * *

Ich selbst bin voller Freude und Dankbarkeit Gott gegenüber für die Früchte, die aus der Quelle der Liebe Gottes hervorgegangen sind ... Wollte ich einen Beweis dafür, dass Gott die Liebe ist, brauchte ich nur auf das vergangene Jahr [das erste Jahr als Präsidentin der Fokolar-Bewegung] zurückzublicken und zum Beispiel an die zahllosen Bekundungen der Solidarität und Wertschätzung zu denken, die ich aus allen Teilen der Welt erhalten habe ..., an die Gaben der Vorsehung ..., an den spürbaren Beistand des Heiligen Geistes ... Die Aufzählung ließe sich endlos fortsetzen. Gegenüber so viel Liebe

---

40 C. Lubich, *Jesus der Verlassene und die Einheit*, 46.
41 A. a. O., 44.
42 A. a. O., 70.
43 C. Lubich, *Ein Weg in Gemeinschaft*, 20.

und Gnade merke ich, dass das Empfinden, den hohen Zielen eines Werkes Gottes nicht gewachsen zu sein – und das bleibt wahr, denn wir sind uns unseres „Nichts" bewusst –, seine Härte verliert und fast verschwindet in der Gewissheit, dass seine Liebe alles voranbringt, in einem Maß, das ohne Maß ist, das keine Grenzen kennt. Deshalb kann ich mir – und ich denke, das gilt für uns alle – Chiaras Worte zu eigen machen: „Ich spüre meine Unfähigkeit, doch ich vertraue sie Gott an. Alles gründe auf einem unerschütterlichen Glauben. Ich glaube, dass Gott mich liebt, und im Namen dieser Liebe wünsche ich von mir und von denen, die mein (unser) Ideal leben, große Dinge, wie sie eines Menschen würdig sind, der sich von Gott geliebt weiß."[44]

Rocca di Papa, 21. September 2009

---

44 C. Lubich, *Lettere dei primi tempi*, Rom 2010, 44.

Der Wille Gottes

An den Anfang meiner Ausführungen über den zweiten Schwerpunkt der Fokolar-Spiritualität, den Willen Gottes, möchte ich die bereits zitierten Worte von Chiara stellen: „Ich spüre meine Unfähigkeit, doch ich vertraue sie Gott an. Alles gründe auf einem unerschütterlichen Glauben. Ich glaube, dass Gott mich liebt, und im Namen dieser Liebe wünsche ich von mir und von denen, die mein (unser) Ideal leben, große Dinge, wie sie eines Menschen würdig sind, der sich von Gott geliebt weiß."[45] Der Text geht auf das Jahr 1946 zurück. Jahre später sagte Chiara im Blick auf die weitere Entwicklung des Werkes: „Unser Dasein in der Welt hätte keinen Sinn, wenn wir nicht eine kleine Flamme dieser unendlichen Feuersglut wären: *Liebe als Antwort auf d i e Liebe.*"[46] In diesen Worten ist alles enthalten, was wir über den Willen Gottes sagen und wie wir ihn verwirklichen können – jede und jeder von uns, unsere Bewegung, ja die Menschheit.

---

45 Vgl. Fußnote 43.
46 C. Lubich, *Ein Weg in Gemeinschaft*, 21.

In unserem Statut heißt es: „Die Angehörigen der Fokolar-
Bewegung ... machen sich, um Gott zu lieben, seinen Willen
zu eigen."[47] Um besser auf seine Liebe antworten zu können,
vertiefen wir nun das Thema „der Wille Gottes" mit den verschiedenen Nuancen und Aspekten, in denen er sich zeigt.

Gott lieben heißt zuallererst „tun, was er wünscht", das heißt
„die Beziehung der Liebe des Sohnes zum Vater zu leben, die
sich in der Erfüllung seines Willens verwirklicht".[48] Jesus selbst
sagt uns: „Nicht jeder, der zu mir sagt: Herr! Herr!, wird in das
Himmelreich kommen, sondern nur, wer den Willen meines
Vaters im Himmel erfüllt" (Matthäus 7,21).

WAS IST DER WILLE GOTTES?

Chiara hat dieses Thema ausführlich behandelt, und jedes
Mal, wenn sie darüber sprach, hat sie unsere Liebe dazu
geweckt und das vermittelt, was der Heilige Geist sie neu hatte
verstehen lassen. Der Wille Gottes, so Chiara, ist „der rote
Faden, oder besser, die göttliche Grundstruktur unseres irdischen Lebens – und danach; er ist die Art und Weise, wie
Gott uns seine Liebe zeigt. Diese Liebe verlangt eine Antwort, damit Gott in unserem Leben Großes vollbringen
kann" – in unserem Leben wie in dem eines jeden Menschen
auf dieser Welt.

In diesen Tagen fand ich einen Gedanken von Dietrich Bonhoeffer (1906–1945), der gut ausdrückt, wie Gott durch das
Handeln des Menschen seinen Willen verwirklicht: „Der Sinn
der gesamten ethischen Gebote Jesu ist ... der, dem Menschen

---

47 *Allgemeines Statut Fokolar-Bewegung Werk Mariens*, 1. Teil, Kap. III, Art. 8, 2, 15.
48 C. Lubich, *Der Wille Gottes*, München 1981, 16.

zu sagen: Du stehst vor dem Angesichte Gottes, Gottes Gnade waltet über dir; du stehst zum andern in der Welt, musst handeln und wirken, so sei bei deinem Handeln eingedenk, dass du unter Gottes Augen handelst; dass er seinen Willen hat, den er getan haben will. Welcher Art dieser Wille ist, das wird dir der Augenblick sagen; es gilt nur, sich klar zu sein, dass der eigene Wille jedes Mal in den göttlichen Willen aufgegeben werden muss, wenn der göttliche verwirklicht werden soll; und sofern also da völlige persönliche Anspruchslosigkeit des Menschen erforderlich ist im Handeln vor dem Auge Gottes, kann das ethische Handeln des Christen als Liebe bezeichnet werden."[49]

Der Wille Gottes ist „seine Stimme, durch die Gott ständig zu uns spricht und uns einlädt"[50]. Wenn wir lernen, auf „die innere Stimme" zu hören – die Stimme unseres Gewissens – und entsprechend handeln, erfahren wir, dass Gottes Projekt für uns „uns erst richtig leben lässt und uns frei macht, sodass wir wirklich wir selbst sein können"[51].

Durch unsere Antwort der Liebe verwirklichen wir demnach zuallererst uns selbst als Personen. Denn tatsächlich „entfaltet sich unsere Persönlichkeit gerade dann, wenn wir so leben, wie Gott es für uns gedacht hat"[52]. Im Willen Gottes finden wir „unser Idealbild, unser wahres Sein, unsere Verwirklichung"[53]. Das unterstreicht auch Papst Benedikt XVI.: „Gott sehen, sich an Gott ausrichten, Gott kennenlernen, sich in den Willen

---

49 D. Bonhoeffer, *Grundfragen einer christlichen Ethik*, Auszüge aus einem Vortrag in Barcelona am 25. Januar 1929, in: D. Bonhoeffer, *Gesammelte Schriften*, Dritter Band, E. Bethge (Hrsg.), München 1960, 48-58, hier 51f.

50 C. Lubich, *Santi insieme*, Rom 1994, 98.

51 C. Lubich, *Santità di popolo*, Rom 2001, 98.

52 Ebd.

53 C. Lubich, *Santi insieme*, 98.

Gottes fügen, also in die Liebe Gottes, bedeutet, immer mehr in den Raum der Freiheit einzutreten. Und dieser Weg der Erkenntnis Gottes, der Liebesbeziehung zu Gott, ist das außerordentliche Abenteuer unseres christlichen Lebens."[54] Dann verweist er auf die „Teilnahme an den Sakramenten und das Hören des Wortes Gottes" als einen sicheren Weg, durch den „der göttliche Wille, das göttliche Gesetz wirklich in unseren Willen eintritt". Und er unterstreicht die Auswirkungen: Unser Wille stimmt dann mit dem Willen Gottes überein, „beide werden zu einem einzigen Willen. Und so sind wir wirklich frei, können wir wirklich das tun, was wir wollen, weil wir mit Christus, in der Wahrheit und mit der Wahrheit wollen"[55].

EIN NEUER WEG DER HEILIGUNG

Ein Blick in Chiaras Leben zeigt, was es für sie bedeutet hat, den Willen Gottes zu erfüllen. Ich möchte eine bekannte Episode in Erinnerung rufen, die für uns von grundlegender Bedeutung ist. Denn in Chiaras Erfahrungen, in dem Weg, den sie gebahnt hat, wird das Grundmuster unserer Bewegung sichtbar, zu deren Weiterführung und Entfaltung wir gerufen sind.

Es war Weihnachten 1943, wenige Tage, nachdem Chiara ihr Leben Gott geschenkt hatte.[56] Bei der Mitternachtsmette verspürte sie die Bitte Jesu, ihm *alles* zu geben. Jahre später sprach sie zu Bischöfen über diesen Moment: „Unter ‚alles' konnte ich mir nichts anderes vorstellen als das, was man damals allgemein darunter verstand: nicht nur die Jungfräulichkeit, son-

---

54 Benedikt XVI. im Römischen Priesterseminar, 20. Februar 2009.
55 Ebd..
56 Ihre Weihe an Gott erfolgte am 7.12.1943 (Anm. d. Red.).

dern die völlige Aufopferung meines Willens im Gehorsam; dass ich um der Armut willen alles hingebe, was ich mein Eigen nennen konnte; dass ich meine Familie und alles Schöne in der Welt lasse, um in der strengsten Klausur zu leben. Wenn auch unter Tränen und innerlich zerrissen – denn etwas in mir lehnte sich dagegen auf – gab ich Gott mein Ja. Am Tag darauf suchte ich meinen Beichtvater auf. Er wusste, was um mich herum im Entstehen war. Entschieden sagte er mir: Nein, das ist nicht Gottes Wille für dich!"[57]

Es ist ein Moment voller Licht. Chiara begreift, dass es zwar „mehr oder weniger vollkommene Lebensformen gibt, dass man die Vollkommenheit jedoch nur erreicht, wenn man den Willen Gottes tut".[58] „Mir wurde bewusst, dass wir wie viele andere Menschen bisher angenommen hatten, es sei sehr schwer, den Weg zur Heiligkeit zu finden. Und doch gab es einen Weg, den jeder gehen konnte: verheiratet oder nicht, Priester oder Arbeiter, alt oder jung, Ordenschrist oder Politiker. Dieser Weg war der Wille Gottes. Dieser einfache Gedanke schenkte uns eine große Freude, denn wir hatten den Eindruck, den Zugang zur Heiligkeit entdeckt zu haben, der allen Menschen offen steht, denen wir auf unserem Weg begegneten, auch breiten Schichten der Bevölkerung."[59]

Wenn wir im Licht dieser prophetischen Worte Chiaras auf die Geschichte unserer Bewegung schauen, wird uns bewusst, dass sich durch diese Intuition tatsächlich ein neuer Weg der Heiligung aufgetan hat, ein Weg, der uns und viele Menschen

---

57 C. Lubich, *Der Wille Gottes*, 26f.
58 A. a. O., 27.
59 C. Lubich, Einheit als Lebensstil, München 1989, 33. Vgl. auch C. Lubich, *Cercando le cose di lassù*, Rom 1992, 25.

auf der ganzen Welt fasziniert hat. Und indem wir uns darum bemühten, Gottes Willen zu erfüllen, führte Gott uns auf Wege, „die seine Liebe erdacht, seine Fantasie erfunden hatte, geleitet von seiner Vorsehung, die sich des Einzelnen wie der Gesamtheit annimmt". Chiara erahnte von Anfang an, dass „Gott uns in ein wunderbares göttliches Abenteuer führen würde, das uns noch unbekannt war. Und unser Leben wäre nicht vergeblich, sondern es würde fortdauern und Licht sein für viele, wie es das Leben der Heiligen ist."[60]

Im Leben von Chiara und anderen, die bereits zu Gott heimgegangen sind, z. B. bei Chiara Luce[61], Igino Giordani („Foco")[62] oder Bischof Klaus Hemmerle[63], wird dieses „göttli-

---

60 C. Lubich, *Der Wille Gottes*, 28f.

61 Chiara Luce Badano (1971–1990), geboren im norditalienischen Sassello, ist die Erste aus der Fokolar-Bewegung, die seliggesprochen wurde. Mit neun Jahren hatte sie die Bewegung kennengelernt. Sie starb kurz vor ihrem 19. Geburtstag infolge einer Krebserkrankung. Als eine Jugendliche wie viele – lebensfroh, sportlich, mit Höhen und Tiefen – strahlte sie doch etwas Besonderes aus; denn sie lebte aus einer tiefen Beziehung zu Jesus. Die katholische Kirche sprach sie 2010 selig. Freunde sagten über sie: „Chiara hinterlässt eine Spur von Licht." Vgl. G. Griesmayr/S. Liesenfeld, *Chiara Luce Badano. „Gott liebt mich doch!" Ein kurzes, intensives Leben*, München 2011. Vgl. M. Zanzucchi, *„Io ho tutto". I 18 anni di Chiara Luce*, Rom 2010; M. Magrini, *Uno sguardo luminoso. Beata Chiara Badano*, Cinisello Balsamo 2011; F. Coriasco, *In viaggio con i Badano. Chiara Luce e la sua famiglia: i segreti di un segreto*, Rom 2012 (Anm. d. Red.).

62 Igino Giordani (geb. 1894 in Tivoli, 1980 in Rocca di Papa gestorben), inzwischen zum „Diener Gottes" ernannt, war Abgeordneter in der konstituierenden Versammlung der Italienischen Republik, ein Pionier im Engagement der Christen in Politik und Ökumene, Schriftsteller und Experte der Kirchenväter, Journalist und Direktor der Vatikanischen Bibliothek. Der Familienvater mit vier Kindern wurde der erste verheiratete Fokolar; Chiara Lubich, die er 1948 kennenlernte, hat ihn als Mitbegründer der Bewegung betrachtet, weil er bis zu seinem Lebensende einen entscheidenden Beitrag gegeben hat. Sein Heiligsprechungsprozess ist im Gang.
Vgl. I. Giordani, *Memorie d'un cristiano ingenuo*, Rom 1981; ders., *Diario di fuoco*, Rom 1992; T. Sorgi, *Giordani, segno di tempi nuovi*, Rom 1994; ders., Igino Giordani, *storia dell'uomo che divenne Foco*, pref. di Alberto Lopresti, Rom 2014 (Anm. d. Red.).

63 Klaus Hemmerle (1929–1994), der durch zahlreiche Publikationen bekannte Theologe, von 1975 bis 1994 Bischof von Aachen, hatte 1958 an der Mariapoli in den Dolomiten teilgenommen. Das Charisma der Einheit prägte seither sein philosophisches und theologisches Denken. Chiara Lubich betrachtete ihn als „Mitbegründer" des Zweigs der „Bischöfe – Freunde der Fokolar-Bewegung "– und der interdisziplinären Studiengruppe *Scuola Abba*. Vgl. W. Bader/W. Hagemann, *Klaus Hemmerle. Grundlinien eines Lebens*, München 2000 (Anm. d. Red.).

che Abenteuer" geradezu greifbar: In all ihrer Verschiedenheit haben sie das ihnen zugedachte göttliche Lebensprojekt mit der ihnen je eigenen Schönheit zum Ausdruck gebracht – wie Lichtstrahlen, die ganz in der Sonne aufgehen, um es mit einem Bild von Chiara zu sagen: „Betrachte die Sonne und ihre Strahlen. Die Sonne ist Symbol für den göttlichen Willen, der Gott selbst ist. Die Strahlen sind dieser göttliche Wille für einen jeden von uns. Geh auf die Sonne zu im Licht deines Strahls, der einmalig, von allen anderen verschieden ist, und verwirkliche den wunderbaren, einmaligen Plan, den Gott mit dir hat."[64] Uns auf den Strahl des Willens Gottes begeben, das war in unserer Geschichte von Anfang an die Norm, die alle – Laien, Priester und Ordenschristen, Männer und Frauen, Arme und Reiche, Jung und Alt – „als Brüder und Schwestern Jesu und Kinder des Vaters" verbunden hat[65]: „Unendlich viele Strahlen, die von derselben Sonne ausgehen: ein einziger Wille, doch einmalig für jeden. Je näher die Strahlen der Sonne sind, desto näher sind sie einander. Je mehr wir uns Gott durch die immer vollkommenere Erfüllung seines Willens nähern, desto näher kommen wir einander. Bis wir alle eins sein werden."[66] Aus diesem Blickwinkel wird der Wille Gottes zum Weg, auf dem wir verwirklichen, wozu wir gerufen sind: „Alle sollen eins sein ...".

Chiara erkennt im Willen Gottes „eine ausgesprochen gemeinschaftliche Dimension", ein typisches Element der Fokolar-Spiritualität. Andere nehmen eher den Einzelnen in den Blick, wie er durch die immer vollkommenere Erfüllung des Willens Got-

---

64 C. Lubich, *Ein Weg in Gemeinschaft*, 21.
65 C. Lubich/I. Giordani, *Erano i tempi di guerra ...*, 6.
66 C. Lubich, Aufzeichnung vom 27.10.1947, in: *Ein Weg in Gemeinschaft*, 21.

tes zur Vereinigung mit ihm gelangt. Im Licht des Charismas der Einheit geht Chiara in aller Klarheit auf, dass „den Willen Gottes tun" für einen Christen vor allem heißt, „wie Jesus zu leben", der uns „in seine Beziehung zum Vater" hineinnehmen kann und will, „in die Beziehungen in der Dreifaltigkeit". Und er möchte, „dass sich dies auch auf die Beziehungen unter den Menschen überträgt": Darin besteht „die höchste Verwirklichung des Menschen, der Menschheit insgesamt", ihre „Vergöttlichung"[67] ...

Benedikt XVI. betont, dass der Wille Gottes „kein tyrannischer Wille ist, kein Wille, der außerhalb unseres Seins steht, sondern er ist der schöpferische Wille, der Ort, an dem wir unsere wahre Identität finden. Gott hat uns geschaffen, und wir sind wir selbst, wenn wir seinem Willen entsprechen; nur so treten wir in die Wahrheit unseres Seins ein und sind uns nicht entfremdet. Im Gegenteil, die Entfremdung erfolgt gerade dadurch, dass wir aus dem Willen Gottes heraustreten, denn auf diese Weise treten wir aus dem Plan unseres Seins heraus, wir sind nicht mehr wir selbst, sondern stürzen ins Leere."[68]

Der Heilige Geist, so Chiara, „hat uns sofort verstehen lassen, wie wir den Willen Gottes auf vollkommene Weise verwirklichen können". Es geht darum, „zu wollen, was Gott will, sich seinen Willen zu eigen zu machen". Deshalb, so ruft Chiara uns in Erinnerung, „geht es nicht so sehr darum, mühsam den Berg der Vollkommenheit zu erklimmen[69], sondern eher, oben

---

67 C. Lubich, *La pienezza della Legge*, in: *Gen's* 1 (1994), 3.
68 Benedikt XVI., Begegnung mit dem Klerus von Rom, 18. Februar 2010.
69 Sie bezieht sich höchstwahrscheinlich auf das Werk *Aufstieg auf den Berg Karmel* des spanischen Mystikers Johannes vom Kreuz (Anm. d. Red.).

den Grat entlang zu gehen auf die Sonne zu, Gott, dem Himmel entgegen. Das ist unsere Linie."[70]

Erste und unabdingbare Voraussetzung für die Erfüllung des Willens Gottes ist „die gegenseitige Liebe, die Einheit unter uns".[71] Auf dieser Basis ruft uns der Wille Gottes dann, „unsere tägliche Arbeit so gut wie möglich zu verrichten".[72]

Für uns, die wir mitten in der Welt leben, bedeutet das: auch unsere Arbeit im Geist des Dienens auszuüben, als Ausdruck der Liebe zu allen, zur „Gesamtheit": im Büro, in der Familie, im Betrieb, in der Schule, im Parlament oder in der Verwaltung – wo auch immer. Der Wille Gottes ruft uns ebenso dazu auf, mit Schwung und Eifer das Ideal weiterzugeben; durch persönliches oder gemeinsames Gebet die Einheit mit Gott zu vertiefen; mit Sorgfalt auf unsere Gesundheit zu achten; unsere Wohnung zu pflegen und auf unsere Umwelt zu achten; uns mit Leidenschaft der Weiterbildung zu widmen und den Aktivitäten, die der Kontaktpflege dienen zu all denen, die uns anvertraut sind.

DER GEGENWÄRTIGE AUGENBLICK

Gibt es ein Geheimnis, um uns nie vom Willen Gottes abzuwenden? Diese Frage haben sich Chiara und die ersten Fokolarinnen von Anfang an gestellt. Auch heute kann sie auftauchen, vor allem, wenn die vielen Beschäftigungen uns in Beschlag zu nehmen drohen ...

---

70 C. Lubich, *Santi insieme*, 41f.
71 C. Lubich, *Santità di popolo*, 98.
72 Ebd.

Chiara hatte einmal gebetet: „Hilf mir, die Zeit anzuhalten!", und als Antwort kam ihr: „Lebe gut den gegenwärtigen Augenblick, mit ganzem Herzen, ganzer Seele und mit allen Kräften, indem du alles andere beiseitelässt. Nichts anderes soll für dich existieren, versuche nur den Willen Gottes zu verkörpern. Was du gerade tust, das tue gut! Und mach ein schönes Päckchen daraus – für den Himmel, für Gott."[73]

Ähnlich betont Dietrich Bonhoeffer: „Es gibt immer nur den entscheidenden Augenblick, und zwar jeden Augenblick, der ethisch wertvoll werden kann. Aber nie kann das Gestern für mein sittliches Handeln heute entscheidend werden. Vielmehr muss immer von neuem die unmittelbare Beziehung zu Gottes Willen aufgesucht werden, und nicht, weil mir gestern etwas gut schien, tue ich es heute wieder, sondern weil mich auch heute der Wille Gottes in diese Bahn weist."[74]

Ganz im Jetzt verankert sein also! Chiara gebraucht ein weiteres, uns sehr vertrautes Bild: Ein Reisender im Zug kommt nicht früher an, wenn er im Wagen auf und ab geht. Er bleibt auf seinem Platz sitzen und lässt sich vom Zug voranbringen. So geht es auch uns, „um zu Gott zu kommen", genügt es, „seinen Willen zu erfüllen – mit ganzer Hingabe, im jeweiligen Augenblick; die Zeit geht von allein weiter"[75].

„Den Willen Gottes tun und sonst nichts. Das bedeutet, jeden Augenblick tun, was von uns verlangt ist, ganz bei dieser einen Sache sein, alles andere beiseitestellen: Gedanken, Wünsche und Erinnerungen. Reden oder zuhören, telefonieren, je-

---

73 C. Lubich, *Il tempo mi sfugge veloce*, in: *Unità e Carismi* 2 (1993), 18. C. Lubich, *Einheit als Lebensstil*, München 1989.
74 D. Bonhoeffer, a. a. O.
75 C. Lubich, *Einheit als Lebensstil*.

mandem helfen, lernen, beten, essen oder schlafen: ganz in dieser Handlung aufgehen, ohne uns gleichzeitig mit anderem zu beschäftigen; es tun mit ganzem Herzen, ganzer Seele und allen Kräften: So können wir Gott lieben."[76]

In einem unveröffentlichten Text aus dem Jahr 1949 erklärt Chiara, welche Auswirkungen es hat, wenn wir „im jeweiligen Augenblick den Willen Gottes verkörpern": Es bedeutet „Gott zu sein. Es heißt, wie Jesus der Verlassene zu leben, also von uns selbst leer zu sein, um ,Gott zu sein'".[77] An einer anderen Stelle betont sie, dass jemand, der „Jesus ist, das heißt lebendiger Wille Gottes", in jenem Augenblick teilhat an der Vollkommenheit des Vaters.

Der Wille Gottes in der Fokolar-Bewegung heute

Auf diesem Weg ist die Bewegung als Ganze gerufen. Chiara schreibt: „Nachdem das Werk Mariens im Lauf seiner Geschichte Gott als Liebe erkannt hat, ist es auch aufgerufen, mit einem Ja auf seinen Willen zu antworten."[78] Doch wie kann es das heute tun, wie diese Wirklichkeit „sein", jetzt, da nicht mehr die Gründerin selbst durch wegweisende Impulse unsere Schritte begleitet? Wie oft haben wir das Chiara gefragt – in unvergesslichen Begegnungen! Und stets hat sie uns ermahnt, uns diesbezüglich keine Sorgen zu machen; wir hätten ja ihre

---

76 Vgl. C. Lubich, *Jetzt leben. Vom Wert des Augenblicks*, München 2018, 21. Vgl. C. Lubich, *Zur Freiheit befreit. Über die frohe Botschaft vom Willen Gottes*, München 2010, 31.

77 Im Sinne einer von ihm geschenkten Teilhabe an seinem eigenen Leben. In der Heiligen Schrift taucht zweimal der Ausdruck auf: „Ihr seid Götter" (*Psalm* 82,6; *Johannes* 10,34), (Anm. d. Red.).

78 C. Lubich, *Cercando le cose di lassù*, Rom 1992, 147f.

Schriften und Aufzeichnungen und nicht zuletzt das Statut, das ja für die ganze Bewegung mit all ihren Berufungen gilt.

Im kirchlich approbierten Statut der Fokolar-Bewegung ist unser Weg beschrieben, der besondere Wille Gottes für uns, den es je neu zu verwirklichen gilt. Das Statut, so Chiara, „ist das ‚WORT‘ der Bewegung, das, worin die Bewegung sich selbst ausdrückt"[79], „etwas Heiliges"[80], das in seiner Identität zu wahren ist … Im Statut ist enthalten, was Gott von uns möchte: vor allem die Einheit; sie ist die Voraussetzung für alles andere, das sein Wille sein kann: „Sie ist die Norm aller Normen; die Regel, die vor jeder anderen zu verwirklichen ist".[81] Von da her bekommt alles seinen Wert, seinen Sinn: „jede Handlung, jedes Gebet, jeder Atemzug. Wenn wir uns auf dieses Wort konzentrieren, es so gut wie möglich leben, wird mit Gewissheit alles Bestand haben: wir selbst und der Teil des Werkes, der uns anvertraut ist"[82].

Chiara hat im Blick auf das Werk Mariens einmal das Bild von „Steinen in einem großartigen Mosaik" benutzt: „Jeder von uns ist wie ein lebendiges Steinchen. Wir kennen unseren Platz ebenso wie den der anderen und sind uns unserer Bedeutung als Teil des Ganzen bewusst. Ja, gerade im Gesamtgefüge zeigt sich, wie wertvoll ein einzelnes ‚Steinchen‘ ist. Zugleich wissen wir, dass das Mosaik ohne dieses eine Steinchen unvollständig wäre."[83] Wenn wir so gut wie möglich verwirklichen, was Gott uns anvertraut, sind wir lebendige Steine in unserem

---

79 C. Lubich, *Vortrag* über *das Statut (Auszug)*, 25. September 1990, in: AGMF, ACL, Discorsi.

80 Ebd.

81 C. Lubich, *Cercando le cose di lassù*, 156.

82 A. a. O., 156f.

83 C. Lubich, *Santità di popolo*, 68.

Werk, in dem alle miteinander verbunden sind und jeder an allem teilhat. Hier leuchtet die Schönheit des Werkes mit seinen vielfältigen Berufungen und Ausdrucksformen auf: die Fokolare, Kernkreise, Gen-Teams, unsere lokalen Gemeinschaften, die offenen Gruppierungen ...; ihr Wirken in allen Lebens- und Gesellschaftsbereichen; auch in den verschiedenen „Dialogen". So erfüllt sich nach und nach der Plan, den Gott mit jeder und jedem von uns und mit dem ganzen Werk hat. Und „unsere kleine Geschichte wird Stunde um Stunde fast zu einer heiligen Geschichte"[84].

Zwei Schwerpunkte

Als ich die Texte von Chiara über den Willen Gottes gesichtet hatte, fiel es mir schwer, eine Auswahl aus dem umfangreichen Material zu treffen ... Was wäre heute für uns besonders wichtig? Mir scheint, dass sich zwei Schwerpunkte ausmachen lassen:

Erstens: das *Streben nach Heiligkeit*[85] ... Gott scheint uns dies mit der feierlichen Seligsprechung von Chiara Luce Badano besonders ans Herz zu legen ... In mir klingen die Worte nach, mit denen Chiara schon 1946 die ersten Fokolarinnen anspornte: „Ja! Ein starkes, radikales, lebendiges Ja zum Willen Gottes! ... Sagen wir mit der ganzen Glut unseres Herzens: Ja! ... Ich versichere euch: Wenn wir es mit ganzem Herzen, mit all unseren Gedanken und mit all unserer Kraft sagen, dann wird Jesus von Neuem in uns leben, und wir alle werden ein ‚anderer Jesus' sein. Er wird wieder durch die Welt gehen und

---

84 C. Lubich, *Cercando le cose di lassù*, 147.
85 Das Bemühen, sich beständig an Gottes Willen auszurichten (Anm. d. Red.)

Gutes tun! Ist das nicht unser Traum?"[86] Im Grunde hat Papst Benedikt XVI. genau das bei der Privataudienz bestätigt, die ich am 23. April 2009 hatte. Er bezeichnete das „Charisma der Fokolare" als ein Charisma, „das Brücken baut und Einheit schafft". Und er ermahnte uns, „im Leben unseres Charismas voranzugehen, mit einer tiefen und persönlichen Liebe zu Gott, in dem jede andere Form der Liebe ihren Ursprung hat, und mit einem stets lebendigen Streben nach Heiligkeit".[87]

Zweitens: *die Konzentration auf die Bestimmung, die das Werk von Gott her hat:* die Einheit, die Ausrichtung auf das Testament Jesu. Chiara schreibt: „Würden wir alle den Willen Gottes tun, wären wir sehr bald jene vollkommene Einheit, die Jesus auf Erden wie im Himmel will."[88] „Dazu lade ich euch alle ein. Denn über jedem leuchtet ein göttlicher Stern, sein besonderer Wille für jeden Einzelnen von uns; wenn wir ihm folgen, werden wir vereint in den Himmel kommen, und wir werden sehen, dass unserem Licht viele Sterne gefolgt sind. Wenn der Wille Gottes wie im Himmel so auf Erden getan wird, ist das Testament Jesu erfüllt."[89]

Diese beiden Schwerpunkte sind zuinnerst verbunden, sie werden zu einem einzigen: Das Streben nach Heiligkeit verwirklicht sich für uns im Charisma, das heißt in der Einheit. Die gelebte Einheit ist – um ein Bild von Chiara aufzugreifen – sozusagen der Zug, der uns ans Ziel bringt: zur Heiligkeit, zur persönlichen und gemeinsamen Heiligung, der Heiligung des Werkes. Nur so kann die Bewegung der Kirche und der

---

86 C. Lubich, *Lettere dei primi tempi*, 124.
87 Vgl. Maria Voce, *Brief* an die Delegierten des Werkes in der Zone (Rocca di Papa, 23. April 2010), in: *Mariapoli* 3-4 (2010), 4f.
88 C. Lubich, *Ein Weg in Gemeinschaft*, 21.
89 Ebd.

Menschheit das „Wort" sagen, das Gott von jeher für sie gewollt hat: Einheit.

Und dann kam mir folgender Gedanke: Gott hat uns, während wir uns neu seine Liebe vergegenwärtigt haben, unzählige Male überrascht und durch seine Großzügigkeit mit Freude erfüllt. Warum also erhoffen wir uns nicht, dass nun *wir*, die wir uns neu darauf ausrichten, mit seiner Gnade auf seine Liebe zu antworten und seinen Willen zu tun, *für ihn* ein Grund zur Freude werden? Aus dieser „Gegenseitigkeit" zwischen Himmel und Erde werden ungeahnte Früchte erwachsen, die unser Miteinander bereichern werden.

Rocca di Papa, 27. September 2010

Das Wort Gottes

Wir kommen zum dritten Schwerpunkt der Fokolar-Spiritualität: zum Wort Gottes. Als ich bei der Vorbereitung das Allgemeine Statut zu Rate zog, von dem wir uns wieder leiten lassen wollen, fühlte ich mich zurückversetzt in die Zeit, als ich zusammen mit Chiara an seiner Aktualisierung arbeitete. Es war ihr ein großes Anliegen, die Punkte der Spiritualität in der Weise zu ordnen, wie sie diese von Gott her einen nach dem anderen entdeckt und gelebt hatte. Sinngemäß sagte sie: „Wir haben Gott gewählt; dann haben wir verstanden, dass es galt, seinen Willen zu tun und haben uns voll und ganz darauf eingelassen. Aber wo fanden wir den Willen Gottes? Im Evangelium, im ‚Wort des Lebens‘. Das Evangelium kommt also noch vor der Liebe zum Mitmenschen. Das heißt, im Evangelium haben wir alles andere entdeckt. Erst dann hat Gott uns die Augen geöffnet für die Stellen, die von der Liebe sprechen. Nur weil wir das Evangelium gelebt haben, kamen die anderen Punkte der Spiritualität ans Licht." Es geht darum, sich am Evangelium auszurichten; auch die Liebe zum Mitmenschen ist darin verwurzelt!

Eine Vertiefung des „Wortes Gottes" steht auch im Einklang mit der Ausrichtung der katholischen Kirche auf eine „neue Evangelisierung"[90] ... Und Evangelisierung bedeutet nichts anderes, als das Wort Gottes zu leben und zu verkünden.

Wir sind also aufgerufen, neu beim Evangelium anzusetzen. Bemühen wir uns, es so intensiv wie möglich zu leben, im Bewusstsein, dass es das wichtigste Erbe ist, das Chiara uns hinterlassen wollte, wie sie selbst uns anvertraut hat: „Hinterlasse denen, die dir folgen, nur das Evangelium. Dann wird auch das Ideal der Einheit Bestand haben."[91]

DAS WORT GOTTES
IN DER ANFANGSZEIT DER FOKOLAR-BEWEGUNG

Ein vertrautes Bild, das mit unseren Ursprüngen zu tun hat, ist jener „dunkle Kellerraum"[92], in dem Chiara und ihre Gefährtinnen bei Kerzenlicht im Evangelium lasen. Nur dieses eine Buch hatten sie bei sich. Der Krieg zerstörte alles und riss so auch alle Ideale mit sich, die Menschen im Leben haben können. Es blieb die drängende Frage: Gibt es ein Ideal, das nicht vergeht? In dem dunklen Keller kam Chiara die fundamentale Erkenntnis, dass die Wahrheit nicht in Büchern zu suchen war;

---

90   Johannes Paul II. sprach davon auf der Vollversammlung der Lateinamerikanischen Bischofskonferenz. Damals sagte er, die Evangelisierung solle neu sein in ihrem Eifer, neu in ihren Methoden, neu in ihrer Ausdrucksweise (vgl. Ansprache an die 19. Vollversammlung der Lateinamerikanischen Bischofskonferenz, Port-au-Prince, Haiti, 9.3.1983, in: Verlautbarungen des Apostolischen Stuhls, Nr. 46, hg. von der Deutschen Bischofskonferenz, Bonn 1983, 120). Dieses Thema nahm im weiteren Verlauf seines Pontifikats breiten Raum ein in Ansprachen und wichtigen Dokumenten wie *Christifideles laici, Redemptoris missio, Vita consecrata, Novo millennio ineunte*. Auch die Bischofssynode in Rom im Oktober 2012 war dem Thema gewidmet.

91   C. Lubich, *Essere tua Parola*, hg. v. Fabio Ciardi, Rom 2008, 85.

92   Die Autorin bezieht sich auf den Keller im Haus von Natalia, einer von Chiaras ersten Gefährtinnen, der während der Bombardierung von Trient in den Jahren 1943-1945 als Luftschutzraum genutzt wurde (Anm. d. Red.).

Jesus, der Gott-Mensch, ist die Wahrheit in Person! Sie und ihre Freundinnen konnten nicht wissen, ob sie den Krieg überhaupt überleben würden, der Stunde um Stunde sein Zerstörungswerk verrichtete. Sie glaubten dem Evangelium; einzig seine lebendige Botschaft hatte Bestand.

Halten wir einen Moment inne: Ist das nur eine interessante Episode aus Chiaras Leben, oder hat es auch uns als Einzelnen und der Fokolar-Bewegung als Ganzer etwas zu sagen? Wenn wir uns umschauen, könnten wir den Eindruck gewinnen, dass wir uns auch heute gleichsam in einem „dunklen Keller" befinden: Ich denke dabei an die Welt mit ihren Herausforderungen und ihren Fragen.

Immer wieder machen wir die Erfahrung, dass die Wahrheit schlechthin durch viele Wahrheiten ersetzt wird; bestimmte Werte scheinen sich aufzulösen; wirtschaftliche Interessen und utilitaristisches Denken stehen im Vordergrund; die Beziehungen zwischen Einzelnen und Völkern hängen oft an einem seidenen Faden, der jederzeit reißen kann; die Kernfamilie scheint ihre Bedeutung verloren zu haben. In den *Lineamenta* für die Bischofssynode über die Evangelisierung, einer Art Themenskizze, wird festgestellt: „Die Welt ist starken Veränderungen ausgesetzt, die für das Christentum neue Szenarien und neue Herausforderungen mit sich bringen ...: ein kulturelles Szenarium (die Säkularisierung), ein soziales (die Vermischung der Völker), eines aus dem Bereich der Medien, ein wirtschaftliches, ein wissenschaftliches und ein politisches."[93] Wir könn-

---

93 Bischofssynode, XIII. Ordentliche Generalversammlung, Die neue Evangelisierung für die Weitergabe des christlichen Glaubens, *Lineamenta*, Kp. 1, Nr. 10, Frage 4, in: www.vatican.va.

ten die Aufzählung fortsetzen. Als Angehörigen der Fokolar-Bewegung ist uns bewusst, dass diese Herausforderungen uns im Innersten betreffen. Der „dunkle Keller" fordert also auch uns heraus, verlangt nach Licht. Chiara verweist uns heute erneut auf das Evangelium; es geht um nichts anderes als um das Evangelium.

Eine Bekehrung ist zu vollziehen, und am besten fangen wir gleich damit an: Richten wir vor allem uns selbst neu am Evangelium aus, um es dann auch den anderen in unserem Umfeld weiterzugeben. Denn um den Sinn des Lebens wiederzufinden, braucht die Welt „nicht so sehr gebildete, als vielmehr weise Menschen, Menschen, die vom Heiligen Geist erfüllt, wirklich vom Evangelium geprägt sind"[94].

Schon Martin Luther schrieb zu einer Zeit, in der die Kenntnis der Heiligen Schrift einigen Wenigen vorbehalten war: „Wir müssen gewiss sein, dass die Seele alle Dinge entbehren kann außer dem Wort Gottes, und ohne das Wort Gottes ist ihr mit keinem Ding geholfen. Wenn sie aber das Wort Gottes hat, so bedarf sie auch keines anderen Dinges mehr, sondern sie hat in dem Wort Genüge, Speise, Freude, Friede, Licht, Wissen, Gerechtigkeit, Wahrheit, Weisheit, Freiheit und alles Gute überschwänglich."[95]

In der jetzigen Phase der Bewegung, in der wir uns öfter gefragt haben, wie wir unsere Fokolargemeinschaften, Kernkreise und Gen-Teams, unsere Treffen und Veranstaltungen etc. neu beleben können, geht es darum, uns neu darauf zu besinnen, wie die Bewegung entstanden ist: indem Menschen begonnen haben, das Evangelium zu leben. Am Anfang waren es wenige,

---

94 C. Lubich, *Essere tua Parola*, 19.
95 M. Luther, *Von der Freiheit eines Christenmenschen*, 5: WA 7,20,7–25,4.

die sich auf dieses Abenteuer eingelassen haben; und doch sind sie mit nichts als dem Evangelium bis in den letzten Winkel der Erde gelangt. Wir sind aufgerufen, es ihnen gleichzutun. So wollen wir uns Chiaras Worte zu eigen machen: „Nehmen wir einmal an, es gäbe auf der ganzen Welt kein Exemplar der Heiligen Schrift mehr; dann sollten die Menschen in gewisser Weise an unserem Leben das Evangelium ablesen und neu schreiben können."[96]

Chiara hat selbst immer wieder verdeutlicht, weshalb sie und die anderen so stark den Wunsch hatten, die einzelnen Worte des Evangeliums zu verwirklichen. In einem Brief aus dem Jahr 1948 schreibt sie: „Die Welt braucht ein Heilmittel: das Evangelium; nur die Frohe Botschaft kann ihr das Leben wiedergeben, das ihr fehlt. Deshalb leben wir das ,Wort des Lebens' ... Wir lassen es in uns Fleisch werden, um selbst eine lebendige Verkörperung des Wortes zu werden."[97]

Aus einem anderen Brief von 1949 an die Gemeinschaft der Bewegung in Rom geht hervor, dass das Wort Gottes alle Bereiche des Lebens umfasst, auch so konkrete wie die Erholung. Das Wort war es, das alle miteinander verband, sei es bei irgendwelchen Aktivitäten oder in den Ferien: „Auch wenn wir fern voneinander sind – der eine in den Bergen, der andere am Meer –, verbindet uns ein Licht; mit den Sinnen ist es nicht wahrnehmbar, die Welt kennt es nicht, aber Gott und uns ist es wichtiger als alles andere: das ,Wort des Lebens'. Wir können nur eins sein, wenn jeder von uns ein anderer Jesus ist: lebendiges Wort Gottes."[98]

---

96 C. Lubich, *Einheit als Lebensstil*, 65.
97 C. Lubich, *Leben aus dem Wort*, München 1989, 30.
98 C. Lubich, *Ein Weg in Gemeinschaft*, 25.

Bereits damals zeichnete sich der gemeinschaftsbildende Charakter unserer Spiritualität ab; ebenso klar zeigte sich das Besondere im Blick auf das „Leben aus dem Wort". In Anspielung auf die Veredelung von Pflanzen, bei der die von der Rinde befreiten Zweige zusammenwachsen, weil sie an ihren Schnittflächen in lebendigen Kontakt miteinander kommen, erklärt Chiara: „Menschen können eins werden, wenn in ihnen das Leben fließt, wenn sie, von der Rinde des ‚alten Menschen' [im paulinischen Sinne] befreit, durch das verwirklichte Wort des Lebens selbst lebendiges Wort sind. Zwei, die lebendiges Wort sind, können eins werden."[99] Durch das Leben aus dem Wort Gottes werden wir eins miteinander.

Bekanntlich stieß Chiara in den langen Stunden im Luftschutzkeller insbesondere auf die Worte im Evangelium, die ausdrücklich von der Liebe sprechen: „Du sollst deinen Nächsten lieben wie dich selbst" (Matthäus 19,19); „Liebt eure Feinde" (Matthäus 5,44); „Liebt einander" (Johannes 15,17); „Vor allem haltet fest an der Liebe zueinander" (1 Petrus 4,8). Diese Worte gilt es heute in ihrer tiefen Bedeutung wiederzuentdecken. Genau das legt Chiara uns nahe, wenn sie schreibt: „In diesen Worten spürten wir eine revolutionäre Kraft, eine ungeahnte Lebendigkeit. Sie können das Leben von Grund auf verändern, auch das Leben von uns Christen in der heutigen Zeit."[100]

Aus diesem neuen Leben ließ Gott in seiner göttlichen Pädagogik kleine Gemeinschaften entstehen, in denen „das Wort" im Mittelpunkt stand. In diesen Gruppen lebte man jede Woche mit besonderer Aufmerksamkeit ein Wort des Evangeliums. Man trug es wie einen Schatz im Herzen und bemühte

---

99   C. Lubich, *Gottes Wort für hier und heute*, München 2011, 50.
100 C. Lubich, *Einheit als Lebensstil*, 39f.

sich, es anzuwenden, wo immer es möglich war. Es war das Na-
türlichste von der Welt, dass man den Wunsch verspürte, einander regelmäßig an den Erfahrungen damit Anteil zu geben.
Es war ein inneres Bedürfnis, sicher angestoßen durch das Charisma der Einheit, das den Impuls gab, alles miteinander zu teilen. Und was ist kostbarer als die Früchte des gelebten Evangeliums? Als Frucht dieses gegenseitigen Erfahrungsaustausches
erstrahlte das Charisma in immer neuem Licht und erschloss
zentrale Aspekte des Evangeliums: die Einheit gemäß der Bitte
Jesu „Alle sollen eins sein" (vgl. Johannes 17,21) als Ziel, für
dessen Verwirklichung es galt, alle Kräfte einzusetzen; und als
Schlüssel zu ihrer Verwirklichung Jesus in seiner Verlassenheit,
der aus Liebe zum Nichts geworden ist, um die Gemeinschaft
der Menschen mit Gott und untereinander wiederherzustellen.
Wir können sagen, dass das Leben aus dem Wort eine Ver-
dichtung erfährt, wenn man entdeckt, dass Jesus der Verlassene – den man als Ein und Alles im Leben erkannt und erwählt
hat – „das ganze, das voll entfaltete Evangelium, das Wort
schlechthin" ist[101], wie Chiara es ausdrückt. Zugespitzt könnte
man sagen: Wer mit Jesus dem Verlassenen lebt, ihn liebt, lebt
das ganze Evangelium.

SOMMER 1949

In der Anfangzeit der Bewegung hatte das Wort Gottes ein
solches Gewicht, dass es, wie wir wissen, zum „Türöffner" für
Chiaras mystische Erfahrung im Sommer 1949 wurde, die wir
als *Paradies '49* bezeichnen. In den Jahren zuvor hatte man das

---

101 C. Lubich, *Gottes Wort für hier und heute*, 57.

„Wort des Lebens" „besonders intensiv" gelebt, wie Chiara erzählt: „Damals war die Bewegung noch nicht sehr strukturiert,
es gab noch keine geregelten Aktivitäten. Deshalb bestand unser ganzes Bemühen darin, das Evangelium zu leben. Das Wort
Gottes drang so tief in uns ein, dass es unsere Mentalität verän-
derte. Dasselbe geschah bei den Menschen, die irgendwie mit
uns in Verbindung standen. Diese neue Mentalität, die sich
herauszubilden begann, erwies sich als echter göttlicher Protest
gegen das Denken, Wollen und Handeln der Welt. Und in uns
bewirkte sie eine Erneuerung vom Evangelium her."[102] Das
Evangelium wird zum Lebensgesetz. Es verwandelt die Gesin-
nung, erleuchtet die Menschen durch das Licht Gottes. Durch
die tiefe Gemeinschaft, die unter ihnen entsteht, trägt es zur
Umgestaltung der Umgebung bei, in der das Licht und Leben
Gottes zum Tragen kommen, entsprechend dem Heilsplan
Gottes für die Menschheit.

Chiara fährt fort: „Und wenn eines dieser Worte in unsere
Seele fiel, schien es sich in Feuer, in Flammen zu verwandeln; es
schien sich in Liebe zu verwandeln. Man konnte wirklich sagen, dass unser inneres Leben ganz Liebe war."[103]

Uns könnte die Frage kommen: Und wie ist es bei uns? Machen wir die Erfahrung, dass nicht so sehr wir „das Wort leben", sondern dass das Wort unser Leben bestimmt?

Chiara verstand: „Ins Paradies kann man nicht eintreten, ...
wenn nicht schon das Wort ‚uns alle lebt'. Wir werden ins Para-

---

102 C. Lubich, *Paradiso '49, precedenti*, in: *Il Patto del '49 nell'esperienza di Chiara Lubich*, Rom 2012, 11f. „Welt" ist hier im johanneischen Sinne verstanden als nicht von
Gott, nicht von der Liebe durchdrungene Welt (Anm. d. Red.).

103 C. Lubich, *Paradiso '49, precedenti*, in: *Il Patto del '49 nell'esperienza di Chiara Lubich*, 13.

dies gehen, wenn wir uns das Wort zu eigen gemacht haben, wenn wir selbst das Wort ‚sind‘." Doch „wenn wir im Himmel nur Wort Gottes sein werden, dann müssen wir schon auf Erden nur Wort Gottes sein"[104].

Sie weist uns auch auf ein Vorbild hin, an dem wir uns ausrichten können in unserem Bemühen, dieses große Ziel zu erreichen: Maria, das Geschöpf, das ganz vom Wort Gottes durchdrungen war. Diese Erfahrung macht Chiara in jener lichterfüllten Zeit des Jahres '49, als „sich das Wort in seiner ganzen Kraft"[105] zeigt; Gott enthüllt ihr auf ganz neue Weise, wie sehr Maria uns Beispiel ist, und zeigt sie ihr als „ganz bekleidet mit dem Wort Gottes"[106]. Ähnlich drückt es Benedikt XVI. im Apostolischen Schreiben *Verbum Domini* aus: „Durch die Betrachtung des Lebens der Mutter Gottes, das völlig vom Wort geprägt ist, entdecken wir, dass auch wir berufen sind, in das Geheimnis des Glaubens einzutreten, durch das Christus in unserem Leben Wohnung nimmt" (Nr. 28).[107]

Immer wieder hat Chiara uns Maria als die Grundgestalt des Christen vor Augen gestellt. Sie symbolisiert, wie jede und jeder von uns sein kann, die wir wie sie gerufen sind, „aufs Neue ‚Christus zu sein‘, zu sein wie er, die Wahrheit, das Wort – mit der Persönlichkeit, die Gott einem jeden gegeben hat"[108]. Diese Nuance, die Chiara unterstreicht, gefällt mir sehr: *„mit der Persönlichkeit, die Gott einem jeden gegeben hat"*; das heißt, insofern

---

104 C. Lubich, *Anmerkung zum Text* vom 20.7.1949.
105 C. Lubich, *Anmerkung zum Text* vom 19.7.1949.
106 C. Lubich, *Text* vom 19.7.1949; vgl. *Maria – Transparenz Gottes* (Fokolar-Bewegung, Dokumente Nr. 6, 7).
107 Benedikt XVI., Nachsynodales Apostolisches Schreiben *Verbum Domini* über das Wort Gottes im Leben und in der Sendung der Kirche, Nr. 28, in: Verlautbarungen des Apostolischen Stuhls, Nr. 187, hrsg. vom Sekretariat der Deutschen Bischofskonferenz, Bonn 2010, 49.
108 C. Lubich, *Gottes Wort für hier und heute*, 61.

wir als „neue Menschen" (im paulinischen Sinn) leben, mit all dem Reichtum, der jeden als „Einzelkind" Gottes auszeichnet.

In einer anderen Aufzeichnung heißt es: „Heute habe ich verstanden, dass jeder von uns an seinem Platz unersetzlich ist. Wir wurden von Gott gerufen, *er* zu sein, also lebendige Worte des Lebens, nicht einfache Fokolare."[109]

„Voller Leben" sollen wir sein, wie es mit Blick auf die Veredelung einer Pflanze hieß, das heißt bereit, uns ganz in eins verzehren zu lassen. Denn die Liebe ist dynamisch; sie ist es, die ein Wort mit dem anderen verbindet und uns – in Gott – Wort im Wort sein lässt.

Chiara erklärt: „Gott hat uns also dazu berufen, uns in ein Wort Gottes zu kleiden. Weil es Liebe ist, ist es etwas in sich Vollständiges. Aber es braucht auch das andere Wort, um eine neue Schönheit der Liebe hervorzubringen. So hat jeder das Reich Gottes in sich, allerdings unter der Voraussetzung, dass er es immer in den Mitmenschen hineinverliert. Denn so ist die Liebe: Sie hat das, was sie verliert."[110]

Dies macht das Wesen der gemeinschaftlichen Spiritualität aus, des Lebens in dreifaltigen Beziehungen, zu dem jeder persönlich und das Werk als Ganzes gerufen sind.

Treffend kommt das auch in dem Wort zum Ausdruck, das unser „Wort des Lebens" schlechthin ist: *Einheit*. Chiara schreibt: „Dies ist vermutlich so, weil Gott, als er dieses Charisma auf die Erde schickte, das Wort ‚Einheit' ausgesprochen hat. Dessen war ich mir immer bewusst; von Anfang an habe ich gespürt, dass das Charisma, welches in mir zum Ausdruck kam, das ‚Wo zwei oder drei …' (vgl. Matthäus 18,20) war und dass

---

109 C. Lubich, *Text* vom 8.11.1950.
110 Ebd.

das Licht, das daraus entsprang, Jesus in unserer Mitte war."[111] Für die Einheit zu leben erschöpft sich nicht darin, dass wir selber uns um ein Leben aus dem Charisma bemühen, es beinhaltet auch den Wunsch, es weiterzugeben, und zwar durch das Zeugnis unserer gegenseitigen Liebe, gemäß dem Wort Jesu: „Alle sollen eins sein, ... damit die Welt glaubt" (Johannes 17,21). Darin kommt auf sehr grundsätzliche Weise unsere typische Art der Evangelisierung zum Ausdruck.

Auswirkungen des Lebens aus dem Wort Gottes

Fragen wir uns an diesem Punkt: Welchen Weg haben wir bis heute zurückgelegt? Was hat das Leben aus dem Wort Gottes in der Geschichte der Fokolar-Bewegung bewirkt? Im Blick auf das persönliche Leben und das Leben des Werkes können wir sicher Folgendes stichpunktartig festhalten:

– Das Leben aus dem Wort hat bei vielen eine innere Bekehrung bewirkt;

– es hat uns neues Leben gegeben, uns freigemacht von uns selbst, von menschlichen Bedingtheiten und äußeren Umständen; es hat uns Klarheit geschenkt; Freude, Frieden, Sicherheit, die auch auf unsere Umgebung ausstrahlen; es hat uns die Einheit mit Gott erfahren lassen;

– wir haben erfahren, dass „der, der bittet, erhält", und gesehen, wie dadurch konkrete Werke entstanden;

– es hat eine Gemeinschaft ins Leben gerufen: „Menschen, die sich vorher nicht kannten, wurden zu einer Familie. Christen, die einander gleichgültig gewesen waren, wurden eins"[112];

---

111 C. Lubich, *Anmerkung zum Text* vom 25.7.1949.
112 C. Lubich, *Santi insieme*, 55.

– ein neues Volk ist entstanden, das sich überall ausgebreitet hat und dort als lebendige Kirche im Kleinen lebt;

– es hat uns ein neues Verständnis von Kirche geschenkt hinsichtlich ihres institutionellen und ihres charismatischen Aspekts; sie erschien uns wie „das fleischgewordene Evangelium", „wie ein durch die Jahrhunderte hindurch entfalteter Christus", „ein prachtvoller Garten"[113] voller bunter Blumen;

– wir haben in vielen unserer Brüder und Schwestern, die das Ziel bereits erreicht haben, entdeckt, wie in ihnen das Wort in Fülle verwirklicht war, sodass der Plan Gottes über ihnen vollendet schien;

– das Leben aus dem Wort hat den Dialog nicht nur unter Katholiken erleichtert, sondern auf allen Ebenen.

Im Blick auf die *Christen der anderen Konfessionen* haben wir in den verschiedenen Traditionen das Wort entdeckt, das ihre besondere Gabe ist und die anderen bereichern kann; das Leben aus dem Wort wurde zum Fundament, um gemeinsam nach der vollen sichtbaren Gemeinschaft zu streben. Ausdrücklich hält auch ein gemeinsames Dialogpapier der römisch-katholischen Kirche und des Lutherischen Weltbunds fest: „... das gemeinsame Hören auf das Wort Gottes und das treue Festhalten an dem einen Evangelium (vgl. Galater 1,6-10) [sind] unabdingbare Schritte auf dem Weg zur vollen Einheit. In seinem Wort ‚baut Christus selbst die Kirche und wirkt so ihre Einheit' ... Damit verbindet sich sein sakramentales Wirken."[114]

Was die *Gläubigen anderer Religionen* betrifft, wurden wir dahin geführt, die durch das Wort genährte Beziehung mit

---

113 C. Lubich, *Text* (1950); vgl. *Einheit als Lebensstil*, 68-70; *Ein Weg in Gemeinschaft*, 12.

114 Gemeinsame römisch-katholische/evangelisch-lutherische Kommission, *Wege zur Gemeinschaft*, Paderborn–Frankfurt 1980, Nr. 15, 3.

Gott als grundlegend für das gemeinsame Leben und Wirken zu begreifen. Dazu einige exemplarische Zitate:

Im Islam ist der Koran nicht nur ein Buch, in dem man liest, sondern auch ein sicherer Wegweiser für den, der glaubt, betet und Gutes tut. So heißt es in der Sure 39,17-18: „Gib denn die frohe Botschaft meinen Dienern, die auf das Wort hören und dem Besten von ihm folgen. Sie sind es, denen Allah den Weg gewiesen hat, und sie sind es, die mit Verstand begabt sind."

Gandhi bekannte: „Heute ist die Bhagavad Gita (der heilige Text des Hinduismus) für mich wie meine Mutter. Ich habe vor Zeiten meine irdische Mutter, die mir das Leben geschenkt hat, verloren. Doch die ewige Mutter hat diese Leere vollkommen ausgefüllt. Sie hat sich nie verändert, hat mich nie enttäuscht. Wenn ich in Schwierigkeiten oder verzagt bin, suche ich in ihrem Schoß Zuflucht."[115]

Ich möchte auch an das erinnern, was der ehrwürdige Nikkyo Niwano[116] 1987 Chiara schrieb: „Wir dürfen die Schriften nicht mechanisch lesen oder sie nur auf rein philosophische Weise interpretieren. Der Buddhismus besteht aus einem umfangreichen Schriftenkanon, der 84000 Werke umfasst, wie es heißt. Dennoch haben sie keinen Nutzen für unser Heil, wenn wir sie nicht in Verbindung mit einem religiösen Leben im Alltag lesen. Wir dürfen mit den Worten Gottes und des Buddha nicht spielen, sondern müssen sie unserem Leben einverleiben."

Was die Menschen betrifft, die *keine religiöse Ausrichtung bzw. andere Weltanschauungen* haben, unterstreichen wir die

---

115 Wochenzeitschrift Harijan, 24.8.1934, 222.

116 Der Japaner Nikkyo Niwano (1906–1999) war ein spiritueller Leader und Gründer der buddhistischen Bewegung *Rissho Kosei-Kai*. Sie ist die internationalste religiöse Organisation Asiens und zählt mehr als fünf Millionen Mitglieder (Anm. d. Red.).

Aspekte der Heiligen Schrift, die Jesus als Menschen nahebringen; wir teilen mit ihnen die Nöte der Menschheit und arbeiten mit ihnen zusammen, um gemeinsam für Abhilfe zu sorgen.

KONSEQUENZEN FÜR DIE EVANGELISIERUNG HEUTE

Für all diese Auswirkungen sind wir Gott dankbar. Welche Konsequenzen ziehen wir daraus für unseren Einsatz im Blick auf eine neue Evangelisierung? Zu Beginn sprach ich von dem „dunklen Keller", in dem wir auch heute leben. Diesen Raum möchten wir mit dem Licht des Evangeliums erhellen.

In der Fokolar-Bewegung richten wir uns an einem monatlich wechselnden Schriftwort, dem „Wort des Lebens", aus. Mit einem Kommentar versehen, verteilen wir es überall auf der Welt und übersetzen es in viele Sprachen. Doch fragen wir uns: Erfahren wir die gleichen Auswirkungen wie in der Anfangszeit der Bewegung? Entsteht eine lebendige Gemeinschaft? „Oder dient uns das Wort nur als eine Art Seelenbalsam, um uns zu trösten, zu ermutigen, unser Gewissen zu beruhigen, sodass wir uns zurückziehen in eine recht dürftige, kraftlose, individuelle Spiritualität – die nicht einmal eine solche ist?"[117] Das müssen wir uns neu von Chiara fragen lassen. Leben wir das Wort Gottes so intensiv, „dass es unser Ich aufbricht, unseren Egoismus überwindet, uns mit Christus am Kreuz verbindet, sodass nicht mehr wir in uns leben, sondern das Wort, das Gott ist, in uns lebt, der allein in unserem Umfeld die Gemeinschaft aufbauen kann?"[118]

---

117 C. Lubich, *Santi insieme*, 56.
118 Ebd.

Was tun? Wo beginnen? Ich würde sagen: Leben wir „das Wort", Augenblick für Augenblick. Vor jeder anderen Aktivität des Werkes, vor den großen Kundgebungen, bevor wir zur Arbeit gehen oder aufbrechen, um Angehörigen der Bewegung zu begegnen ..., *vor allem anderen* sind wir aufgerufen oder neu aufgerufen, im Tun, Denken und Wollen uns allein an das Evangelium zu halten. Das Wort Gottes ist unsere „Tracht", „wie ein Gewand, in das wir uns täglich kleiden"[119]. Nur wenn wir mit dem Evangelium bekleidet sind, können wir uns der tragischen Situation stellen, die unsere Epoche kennzeichnet. Sie besteht darin, wie bereits Paul VI. unterstrich, dass es zwischen dem Evangelium und der Kultur zu einem Bruch gekommen ist. Dies fordert uns alle heraus, das Evangelium neu in der Welt zu verkünden. Wie kann das geschehen?

Die Fokolar-Bewegung ist inzwischen in fast allen Ländern der Erde vertreten. Wir sollten jetzt den Mut haben, uns als Bewegung nicht in uns selbst zu verschließen, nicht passiv bleiben oder eine Verteidigungshaltung einnehmen, sondern uns öffnen, um denen das Evangelium weiterzugeben, die es noch nicht kennen oder – sofern sie es kennen – es verdrängt oder davon Abstand genommen haben.

Das ruft auch das Dokument *Verbum Domini*[120] in Erinnerung: „Dieses Wort betrifft uns nicht nur als Empfänger der göttlichen Offenbarung, sondern auch als seine Verkündiger ... So befähigt der Geist des Auferstandenen unser Leben, das Wort in aller Welt wirkkräftig zu verkünden. Das ist die Erfah-

---

119 C. Lubich, *Alle sollen eins sein*, 263.
120 Apostolisches Schreiben von Benedikt XVI., das nach der Synode über das Wort Gottes am 30. September 2010 veröffentlicht wurde (Anm. d. Red.).

rung der ersten christlichen Gemeinde, die sah, wie sich das Wort durch die Verkündigung und das Zeugnis ausbreitete (vgl. Apostelgeschichte 6,7)."[121]

Die „wirkkräftige Verkündigung des Wortes in aller Welt" ist eine Erfahrung, die auch uns vertraut ist ... Es geht darum, uns dessen neu bewusst zu werden, vor allem in dieser Zeit, in der auch vielen Christen das Wort Gottes neu und überzeugend verkündet werden muss, sodass sie ganz konkret die Wirkkraft des Evangeliums erfahren können.

Die Überzeugungskraft der Worte hängt in erster Linie gewiss am Zeugnis des Lebens. Zu Beginn hatte ich daran erinnert, wie sehr Chiara vom Wunsch beseelt war, dass man an unserem Verhalten das Evangelium ablesen können sollte. Dieser Gedanke findet sich schon bei dem evangelischen Theologen Gerhard Tersteegen (1697–1769): „Lege ihm (Christus) deinen Grund bloß, offen und stille dar, wie ein weißes Papier, dass er selbst dir sein Gesetz ins Herz schreibe durch den Finger seines Geistes, damit du selbst eine heilige Schrift werdest, und in deinem ganzen Wesen und Wandel ein Brief, der gelesen werden mag von allen Menschen. Da bleibt einem zwar die Schrift nach wie vor ein teures Zeugnis von Christus, doch glaubt man forthin nicht mehr allein um ihres Wortes willen, sondern man hat ihn selbst auch gehört und erkannt."[122]

Natürlich braucht es eine Sprache und Vermittlung, die die Menschen heute, in einer Zeit rasanter gesellschaftlicher und

---

121 Benedikt XVI., Nachsynodales Apostolisches Schreiben *Verbum Domini* über das Wort Gottes im Leben und in der Sendung der Kirche, Nr. 91, 137.

122 Zit. in: Albert Löschhorn, *Ich bete an die Macht der Liebe. Gerhard Tersteegens christliche Mystik*, Basel, 1948, 120f.

kultureller Veränderungen, verstehen können. „Das Wort des Lebens" ist ja, wie der russische orthodoxe Theologe Paul N. Evdokimov[123] schreibt, „keine statische Doktrin, sondern lebendiger Ort der (göttlichen) Gegenwart. Deshalb ist jeder Zeuge des Evangeliums zuallererst ein Zeitgenosse, der auf die sichtbare Welt lauscht. Gleichzeitig interpretiert er die Gegenwart im Licht des Unsichtbaren. Auf diese Weise lässt er die Sicht Gottes auf die Geschichte und alle legitimen Bestrebungen des modernen Humanismus zusammenlaufen."[124]

Solche Zeugen des Evangeliums sehen die Bischöfe auch in den Angehörigen der Bewegungen und geistlichen Gemeinschaften; so heißt es in *Verbum Domini*, die Synode erkenne dankbar an, „dass die kirchlichen Bewegungen und die neuen Gemeinschaften in dieser Zeit eine große Evangelisierungskraft in der Kirche darstellen, indem sie die Entwicklung neuer Formen der Verkündigung des Evangeliums vorantreiben" (Nr. 94).[125] „Neue Formen der Verkündigung des Evangeliums", in dieser Formulierung können wir uns, so scheint mir, voll und ganz wiederfinden. Ermutigt werden wir auch durch Benedikt XVI., der Chiara als „Gründerin einer großen geistlichen Familie" anerkennt, „die in vielen Bereichen der Evangelisierung tätig ist"[126]. Für uns geht es nun darum, diese Bereiche, die Chiara aufgetan hat, mit neuem Leben zu erfüllen. Denken wir daran, dass es sich um Evangelisierung handelt, wenn wir

---

123 Paul Nikolajewitsch Evdokimov (1901–1970), orthodoxer Theologe, Professor am orthodoxen theologischen Institut des heiligen Sergius. Evdokimov wurde in einer Adelsfamilie in St. Petersburg geboren und war nach der Oktoberrevolution gezwungen, Russland zu verlassen (Anm. d. Red.).

124 P. N. Evdokimov, *L'amore folle di Dio*, Rom 1981, 68.

125 Benedikt XVI., Nachsynodales Apostolisches Schreiben *Verbum Domini* über das Wort Gottes im Leben und in der Sendung der Kirche, Nr. 94, 142.

126 Benedikt XVI. an Kardinal Bertone, 18.3.2008.

unser Ideal leben, ob wir nun innerhalb der Bewegung arbeiten oder außerhalb, in direktem Kontakt mit der Gesellschaft. Chiara hat uns immer wieder bewusst gemacht, was es heißt, das Evangelium zu leben und weiterzugeben: „jede Gelegenheit zu nützen, um Beziehungen zu knüpfen, Freundschaften zu schließen, Kontakte zu pflegen", bis die Liebe gegenseitig wird und wir durch Jesus unter uns zur Einheit finden.

Was die „neuen Formen der Verkündigung des Evangeliums" in unserer Bewegung betrifft, scheint mir *eine* „Methode" wichtig, die von Anfang an tatsächlich etwas Neues war und deshalb auch gegensätzliche Reaktionen hervorgerufen hat: der Austausch von Erfahrungen mit dem „Wort des Lebens". Es ist eine Praxis, die ihrerseits im Evangelium wurzelt. Chiara hat in dem Zusammenhang unseren Blick auf das Magnifikat[127] gelenkt, in dem Maria im Grunde ihre außergewöhnliche persönliche Erfahrung erzählt. Und das ist nicht das einzige Beispiel. Denken wir an den Blindgeborenen, der von Jesus geheilt worden ist und zu den Pharisäern geht (vgl. Johannes 9); oder an die samaritische Frau am Jakobsbrunnen, von der es heißt: Sie „ließ ihren Wasserkrug stehen, eilte in den Ort und sagte zu den Leuten: Kommt her, seht, da ist ein Mann, der mir alles gesagt hat, was ich getan habe: Ist er vielleicht der Messias? ... Viele Samariter aus jenem Ort kamen zum Glauben an Jesus auf das Wort der Frau hin" (Johannes 4,28f.39). Und hat nicht der Apostel Paulus sehr viele Erfahrungen erzählt, darunter die, bis in den dritten Himmel entrückt worden zu sein (vgl. 2 Korinther 12)?

Es gibt die Tendenz, die Versuche, eine Wahrheit argumentativ zu begründen, zu relativieren und als unbedeutend abzutun.

---

127 Lobgesang Marias bei ihrem Besuch bei Elisabet (vgl. Lk 1,46-55), (Anm. d. Red.).

Hier hat uns, so scheint mir, der Heilige Geist eine Art der Verkündigung nahegelegt, die schwerlich infrage gestellt werden kann: Eine Erfahrung, die jemand gemacht hat, kann ein anderer verstehen oder nicht, sie kann Zustimmung oder Ablehnung auslösen, anziehen oder abstoßen, aber man kann sie als solche nicht anzweifeln.

Ich habe den Eindruck, dass unser typisches Engagement für eine neue Evangelisierung darin bestehen sollte, den Erfahrungsaustausch bewusst und entschieden wiederaufzunehmen, der uns in einer Gemeinschaft der Liebe zusammenschließt. Diese Praxis trägt zum einen dazu bei, anderen auf wirksame Weise das Evangelium zu verkünden und weiterzugeben, zum anderen bringt sie auch uns auf dem gemeinsamen Weg der Heiligung voran. Rufen wir uns in Erinnerung, dass der Austausch über das Leben nach dem Wort Gottes für Chiara eines der typischen Hilfsmittel ist, „um die Einheit mit Gott zu wahren und zu vertiefen" (Allgemeines Statut, Art. 50).

* * *

Wir sind eingeladen, genährt durch das Leben nach dem Evangelium und den Austausch der Erfahrungen auf dem Weg der Heiligung voranzugehen. Wenn wir dies tun, entsprechen wir auch dem, was Chiara uns geradezu als Erbe hinterlassen hat: „Ein Gedanke kommt mir immer wieder: Hinterlasse denen, die dir folgen, nur das Evangelium. Dann wird auch das Ideal der Einheit Bestand haben. Das, was bleibt und für immer bleiben wird, ist das Evangelium, das sich nie abnützt: ‚Himmel und Erde werden vergehen, aber meine Worte werden nicht vergehen' (Matthäus 24,35). Wenn sich das

Werk Mariens danach richtet, wird es wirklich als eine Präsenz von Maria in der Welt Bestand haben: ganz Ausdruck des Evangeliums, nichts als Evangelium, und es wird – weil Evangelium – nicht vergehen."[128] Es wird nicht vergehen, sondern fortbestehen für die Welt und Jesu Wort widerspiegeln: „Alle sollen eins sein" ...

Rocca di Papa, 21. September 2011

---

128 C. Lubich, *Essere tua Parola*, 85.

Die Nächstenliebe

„Der andere ist wie ich"

Es wird berichtet, dass die Jünger von Amba Bishoi (†417), einem koptisch-orthodoxen[129] Mönch, erfahren hatten, dass ihm oft Christus erschien. Sie baten den Mönch, er möge doch auch für sie eine Erscheinung erwirken. Amba Bishoi war einverstanden und verwies sie auf einen bestimmten Tag, an dem Christus ihnen begegnen würde. Alle in der Savanne und der Wüste bereiteten sich auf diese Begegnung vor. Schließlich waren alle bereit, schön gekleidet und voll freudiger Erwartung. Auf dem Weg zum angegebenen Ort trafen sie einen alten Mann, der jeden Vorübergehenden bat: „Nimm mich mit!" Doch jeder hatte die gute Ausrede, dass er Christus begegnen sollte, und niemand wollte den Alten mitnehmen. Schließlich kam Amba Bishoi vorbei und sah den Alten stehen, der bat: „Bitte, nimm mich mit!" Amba Bishoi nahm ihn auf die Schul-

---

129 Die koptische Kirche ist die christliche altorientalische Kirche Ägyptens. Sie geht auf das alexandrinisch-ägyptische Christentum der Spätantike (Patriarchat von Alexandria) zurück. Als Gründer der koptischen Kirche gilt der Überlieferung nach Markus, der Verfasser des Markusevangeliums, der im 1. Jahrhundert in Ägypten lebte. Markus war der erste Bischof von Alexandria, wo er 68 n. Chr. als Märtyrer starb. Deswegen wird die Kirche auch als alexandrinische Kirche bezeichnet (Anm. d. Red.).

ter – aus Liebe zu diesem Nächsten. An diesem Tag begegnete Christus nur Amba Bishoi, während alle anderen die Gelegenheit verpasst hatten.

Diese Episode führt uns ein in das nächste Schwerpunktthema der Fokolar-Spiritualität: die Gegenwart Jesu im Nächsten und unsere Liebe zu ihm. Damit möchten wir den eingeschlagenen Weg fortsetzen und vertiefen: das Bemühen, unser Leben im Evangelium zu verankern und den Austausch der Erfahrungen mit dem Leben nach dem Wort zu intensivieren und so unser typisches Zeugnis zu geben...

Das „mit ganz besonderer Intensität" gelebte Wort Gottes war für Chiara und ihre ersten Gefährtinnen das fruchtbare Erdreich, aus dem die außergewöhnliche Erfahrung der Gnade und des Lichts hervorging, die wir als *Paradies '49* bezeichnen. Chiara schreibt aus der Tiefe ihrer starken Erfahrung: „Wenn eines dieser Worte in unsere Seele fiel, schien es sich in Feuer, in Flammen zu verwandeln; es schien sich in Liebe zu verwandeln. Man konnte wirklich sagen, dass unser inneres Leben ganz Liebe war."[130] Solche Früchte können auch wir zumindest ein wenig erfahren haben. Es ist gerade „das Wort", das uns sachte zum vierten Schwerpunkt der Fokolar-Spiritualität führt: zum Mitmenschen, zur Liebe zum Nächsten, zum Bruder, zur Schwester. Sie gilt es zu lieben und ihnen das gleiche göttliche Leben zu schenken, das durch „das Wort" in uns aufgekeimt ist und immer neu aufkeimt.

---

130   C. Lubich, *Paradiso '49, precedenti*, in: *Il Patto del '49 nell'esperienza di Chiara Lubich*, Rom 2012, 13.

Das Doppelgebot der Liebe

Nehmen wir auch jetzt die Heilige Schrift zur Hand und lesen wir einen Auszug aus einem der schönsten Texte im Matthäusevangelium: „Ein Gesetzeslehrer will Jesus auf die Probe stellen und fragt ihn: Meister, welches Gebot im Gesetz ist das wichtigste? Jesus antwortet ihm: Du sollst den Herrn, deinen Gott, lieben mit ganzem Herzen, mit ganzer Seele und mit all deinen Gedanken. Das ist das wichtigste und erste Gebot. Ebenso wichtig ist das zweite: Du sollst deinen Nächsten lieben wie dich selbst. An diesen beiden Geboten hängt das ganze Gesetz samt den Propheten" (Matthäus 22,35-40).

„Du sollst deinen Nächsten lieben wie dich selbst": Dieses Maß der Liebe zum Mitmenschen wollen wir nun in den Blick nehmen. Jesus verweist auf ein noch größeres Maß der Liebe, wenn er sagt: „Liebt einander, so wie ich euch geliebt habe" (Johannes 15,12), das heißt, mit der Bereitschaft, das Leben zu geben. Doch das ist ein weiterer Schritt, den wir im nächsten Kapitel vertiefen werden, in dem wir uns mit der gegenseitigen Liebe befassen.

Piero Taiti, der zur Gruppe unserer Freunde mit nichtreligiösen Weltanschauungen gehört, teilte uns nach Chiaras Tod mit, was für eine tiefe Wirkung die Begegnung mit ihr in ihnen hinterlassen hat: „Bei ihr fühlten wir uns nicht als Gäste, die man eben erträgt, sondern als Menschen, die mit Achtung akzeptiert, voll Liebe gefördert und zu nichts gezwungen werden. Wir konnten in aller Freiheit und ganz offen reden, wie unter Geschwistern. Wir sprachen nicht mit jemandem, der auf alle Fragen der Welt eine Antwort hatte. Und auch wenn

Chiara vielleicht Antworten parat hatte, so ließ sie sich doch
darauf ein, in einer Grundhaltung gegenseitiger Achtung und
des Aufeinander-Hörens darüber zu sprechen. Wir merken immer mehr, dass Chiara den Dialog ermöglichte, nicht *obwohl*,
sondern gerade *weil* sie sich an jenes Wort hielt, in dem viele
von uns sich wiederfanden, auch wenn sie nicht den gleichen
Glauben teilten. Wir hatten irgendwie, ohne falsche Synkre-
tismen, an einer umfassenderen *Ekklesia* teil, die potenziell die
ganze Menschheit in sich enthielt, ohne geografische, religiöse
und kulturelle Grenzen."[131] Diese universale Sicht zeichnete
Chiara aus.

Seit den Anfängen der Bewegung sah Chiara im Mitmenschen,
in jedem Nächsten den für uns typischen „Weg zu Gott". Durch
ihn – so sagte sie oft – „gehen wir ständig von einem leeren,
unbedeutenden Leben zu einem erfüllten Leben über". In der
Schrift heißt es ja: „Wir wissen, dass wir aus dem Tod in das
Leben hinübergegangen sind, weil wir die Brüder und Schwestern lieben" (1 Johannes 3,14).

Durch die Liebe zum Mitmenschen wächst unsere Einheit
mit Gott. So sagt auch der jüdische Theologe Martin Buber:
„Die Geschöpfe sind mir auf den Weg gestellt, damit ich, ihr
Mitgeschöpf, durch sie und mit ihnen zu Gott finde."[132]

Und Papst Schenuda III. (1923–2012), Patriarch der kop-
tisch-orthodoxen Kirche, erklärt: „Religion ist eine Reise zum
Herzen Gottes, die über das Herz der Menschen führt. Die
Liebe ist das heilige Band, das die Menschen an Gott bindet.
Sie ist das Wesen der Religion und der Religiosität. Wir können

---

131 P. Taiti, in: *Città Nuova* 14/2009.
132 M. Buber, *Das dialogische Prinzip*, 8., unveränderte Aufl., Gerlingen 1997, 218.

nicht zur Liebe zu Gott gelangen, ohne die Menschen zu lieben."[133]

Die Liebe zum Mitmenschen sollte das Leben eines jeden Christen, ja eines jeden Menschen bestimmen. Als Angehörige der Fokolar-Bewegung, als Menschen, die sich das Charisma der Einheit zu eigen gemacht haben, könnten wir uns fragen, welche Elemente dabei für uns typisch sind. Ich greife nur einige heraus, die ich wie Perlen unter vielen gleichermaßen kostbaren und wichtigen Gedanken ausgewählt habe. Wieder blicken wir dabei auf die Anfänge unserer Bewegung und auf Chiaras Zeugnis.

WEN LIEBEN?

Chiara lädt uns zunächst einmal ein, „einfache Augen" zu haben und die ganze Menschheit von dem Einen her zu betrachten. Sie schreibt: „Jesus, der uns Vorbild ist, hat uns ein Zweifaches verstehen lassen, das untrennbar zusammengehört: Wir alle sind Kinder eines Vaters und untereinander Brüder und Schwestern. Richten wir also vor allem unseren Blick auf den einen Vater der vielen Kinder. Dann sehen wir auf die Menschen als Kinder dieses einen Vaters."[134]

Die Liebe zum Mitmenschen, wer immer er auch sei, wurzelt also nicht in irgendeiner Art von Menschenfreundlichkeit, sondern in der Tatsache, dass wir alle Kinder eines einzigen Vaters sind. Wir gehören zu einer Menschheit, die „eins" ist und – erschaffen vom Vater – dazu berufen, vereint zu ihm zurückzu-

---

133 Papst Schenuda III., *The Summit of Virtues* (Reihe: Fede, Speranza ed Amore), Università teologica Anba Rewes, 5. Aufl., 1993, 9.

134 C. Lubich, *Von der Kunst zu lieben*, München, 2008, 14; vgl. auch C. Lubich, *Im Menschen Christus erkennen*, München, 1980, 7.

kehren. Das Zweite Vatikanische Konzil hat das in einem seiner wichtigsten Dokumente, der Kirchenkonstitution *Lumen Gentium*, unterstrichen: „Zum neuen Gottesvolk werden alle Menschen gerufen. Darum muss dieses Volk eines und ein einziges bleiben und sich über die ganze Welt und durch alle Zeiten hin ausbreiten. So soll sich das Ziel des Willens Gottes erfüllen, der das Menschengeschlecht am Anfang als eines gegründet und beschlossen hat, seine Kinder aus der Zerstreuung wieder zur Einheit zu versammeln (vgl. Johannes 11,52)" (LG 13).

Das ist der Ursprung jener „weltumspannenden Geschwisterlichkeit in dem einen Vater, Gott, der im Himmel ist", auf die sich unser Ideal – die Einheit – gründet. In unserer Spiritualität geht der Weg zu Gott notwendigerweise über den Mitmenschen. „Ich – der Mitmensch – Gott": „Wir gehen zu Gott, indem wir die Menschen lieben, oder besser, wir gehen gemeinsam mit ihnen zu Gott."[135]

In der Schrift heißt es ja: „Wer seinen Bruder nicht liebt, den er sieht, kann Gott nicht lieben, den er nicht sieht" (1 Johannes 4,20). Und Augustinus erklärt: „Du könntest sagen, dass du Gott nie gesehen hast, aber du kannst nicht sagen, dass du die Menschen nie gesehen hast. Liebe also deinen Bruder. Wenn du den Bruder liebst, den du siehst, kannst du gleichzeitig Gott sehen."[136]

In einem Text aus dem *Paradies '49* schreibt Chiara: „Wir haben ein inneres Leben und ein Leben nach außen. Das eine und das andere eine Blüte; das eine des anderen Wurzel; das eine des anderen Krone unseres Lebensbaumes. Das innere Leben wird

---

135 C. Lubich, *Ein Weg in Gemeinschaft*, 11.

136 Vgl. Augustinus, *Commento alla 1ª lettera di Giovanni* 5,7 in: La Teologia dei Padri, III, Rom 1974, 256.

vom Leben nach außen genährt. Je näher ich dem Innersten des Mitmenschen komme, desto stärker dringe ich in Gott ein, der in mir lebt. Je tiefer ich in Gott, der in mir lebt, eindringe, desto näher komme ich dem Innersten des Mitmenschen."[137]

Schon 1945 schrieb Chiara an eine ihrer ersten Gefährtinnen: „Kennst du den Sinn des Lebens? Du lebst, um zu lieben!" Und sie forderte sie auf, „in Hunderten, ja Tausenden von Herzen den unermesslichen Wunsch einzupflanzen, die Liebe mehr zu lieben als alle Herzen auf der Welt zusammen."[138]

Hier kommt bereits Chiaras Bestreben zum Ausdruck, jeden Nächsten zu erreichen, um ihm nicht nur das Brot zu geben, das er braucht, sondern auch das Licht, das Gott ihr geschenkt hat.

Im Apostolischen Schreiben *Evangelii nuntiandi* heißt es: „Evangelisieren besagt für die Kirche, die Frohbotschaft in alle Bereiche der Menschheit zu tragen und sie durch deren Einfluss von innen her umzuwandeln und die Menschheit selbst zu erneuern ... Es gibt aber keine neue Menschheit, wenn es nicht zuerst neue Menschen gibt durch die Erneuerung aus der Taufe und ein Leben nach dem Evangelium."[139] Als Christen haben wir die Verpflichtung, als „neue Menschen" zu leben und mitzuhelfen, dass eine aus dem Evangelium erneuerte Menschheit entsteht. Und zwar, indem wir den Nächsten lieben.

---

137 C. Lubich, *Text* vom 6.9.1949. Vgl. C. Lubich, *Die große Sehnsucht unserer Zeit*, München ²2011, 317.

138 C. Lubich, *Lettere dei primi tempi*, 83f.

139 Paul VI., Apostolisches Schreiben *Evangelii nuntiandi* Nr. 18; vgl. auch Johannes Paul II., Nachsynodales Schreiben *Christifideles laici* Nr. 32: Die Gemeinschaft mit Christus, „die sie [die Kirche] als Gabe empfangen hat", hat „eine universale Ausrichtung".

WIE LIEBEN?

Wir sind als Geschenk füreinander geschaffen. Das verwirklichen wir, indem wir für unsere Brüder und Schwestern da sind – mit einer Liebe, die dem anderen immer zuvorkommt."[140]

Gott hat nicht auf unsere Liebe gewartet, er hat uns als Erster geliebt. Deshalb sind auch wir gerufen, als Erste zu lieben, die Initiative zu ergreifen, ohne darauf zu warten, dass der andere den ersten Schritt tut. Das hat Chiara von Anfang an zu leben versucht, nicht nur den Bedürftigen, sondern allen gegenüber.

Sie versteht die Liebe zum Mitmenschen vor allem als konkreten Dienst: „Das ist Christentum: dienen; allen dienen nach dem Beispiel Jesu, der seinen Jüngern die Füße gewaschen hat. Betrachten wir jeden Menschen als unseren Herrn. Wenn wir Diener sind, sind die anderen Herren. Streben wir danach, den Primat im Sinne des Evangeliums zu erlangen, und zwar indem wir uns in den Dienst aller stellen."[141]

Auch im Talmud, einer wichtigen Schrift des Judentums, heißt es: „Wie der Herr die Nackten bekleidet, wie er es bei Adam getan hat, so sollst auch du die Nackten bekleiden. Wie der Herr die Kranken besucht, wie er es bei Abraham getan hat, so sollst auch du die Kranken besuchen. Wie der Herr die Trauernden tröstet, wie er es bei Isaak getan hat, so sollst auch du die Trauernden trösten. Wie der Herr die Toten begräbt, wie er es bei Mose getan hat, so sollst auch du die Toten begraben."[142]

---

140   C. Lubich, *L'arte di amare*, Rom 2005, 49.
141   A. a. O., 37.
142   Vgl. Babylonischer Talmud – Traktat Sota 14°.

Um deutlich zu machen, wie konkret die Liebe sein muss, erinnert Chiara an den Zweiten Weltkrieg, als sie und ihre Gefährtinnen im Luftschutzkeller das Evangelium lasen und sich fragten: „Wo ist unser Nächster?" „Dort neben uns war er. Die alte Frau, die sich jedes Mal mühsam zum Luftschutzkeller schleppte. Sie galt es zu lieben wie uns selbst: ihr helfen also, sie stützen. Der Nächste, das waren die fünf verschreckten Kinder neben ihrer Mutter ... Es war der Kranke, der ans Bett gefesselt war und sich nicht in Sicherheit bringen konnte; er musste versorgt werden."[143]

In einer Aufzeichnung aus dem *Paradies '49* lesen wir: „Wer auch nur ein wenig liebt, weiß, was lieben bedeutet: darunter leiden, wenn man für den geliebten Menschen nichts tun kann; sich freuen, wenn man die Liebe durch Taten zeigen kann. Wer liebt, für den ist es nicht nur keine Mühe, die Liebe zu zeigen. Vielmehr hat er Mühe, sie nicht zeigen zu können. Denn wer liebt, hat Liebe im Übermaß. Er schenkt alles und ist nur zufrieden, wenn er liebt."[144]

Wir sollen lieben, wie Jesus liebt, und zwar einen Nächsten nach dem anderen, „ohne innerlich dem Bruder oder der Schwester nachzuhängen, denen wir gerade zuvor begegnet sind; in allen lieben wir ja ein- und denselben Jesus. Wenn eine Anhänglichkeit geblieben ist, haben wir wohl den Menschen, dem wir vorher begegnet sind, nur um unseretwillen oder seinetwillen geliebt, nicht um Jesu willen."[145] Chiara fährt fort: „Um rein zu sein, brauchen wir dem Herzen nichts ‚wegzunehmen'; wir brauchen die Liebe nicht zu unterdrücken. Im

---

143 C. Lubich, *L'arte di amare*, Rom 2005, 34.
144 C. Lubich, *Text* [Februar 1951].
145 C. Lubich, *Text* vom 24.10.1949. Vgl. C. Lubich, *Alle sollen eins sein*, 15.

Gegenteil: Es geht darum, dass wir unser Herz so weit machen wie das Herz Jesu und alle lieben. Wie von Millionen Hostien auf der Erde eine einzige genügt, damit wir uns von Gott nähren, so genügt ein Mensch – der Bruder oder die Schwester, die der Wille Gottes neben uns stellt –, um mit dem Mystischen Leib Christi, mit der ganzen Menschheit zu kommunizieren."[146]

Auch heute sind die Worte, mit denen das Zweite Vatikanische Konzil zur Liebe auffordert, äußerst aktuell: „Heute ganz besonders sind wir dringend verpflichtet, uns zum Nächsten schlechthin eines jeden Menschen zu machen, und ihm, wo immer er uns begegnet, tatkräftig zu helfen, ob es sich nun um alte, von allen … verlassene Leute handelt oder um einen Fremdarbeiter, der ungerechter Geringschätzung begegnet, um einen Heimatvertriebenen oder um einen Hungernden, der unser Gewissen aufrüttelt durch die Erinnerung an das Wort des Herrn: ‚Was ihr einem der geringsten von diesen meinen Brüdern getan habt, das habt ihr mir getan'" (Matthäus 25,40).[147]

Mit Chiara denken wir auch an all die Heiligen, die die Liebe zum Nächsten zur Triebkraft ihres Lebens gemacht haben (z. B. Vinzenz von Paul, Don Bosco, Mutter Teresa von Kalkutta …).

---

146   C. Lubich, *Alle sollen eins sein*. 15.
147   Zweites Vatikanisches Konzil, Pastoralkonstitution *Gaudium et Spes,* Nr. 27.

Wann lieben?

Wann, in welchen Situationen heißt es zu lieben? Sicher kommen uns verschiedene große Nöte in den Sinn, bei denen sich auch viele von uns aktiv eingesetzt haben und einsetzen: Naturkatastrophen wie Erdbeben, Überschwemmungen, ein Tsunami; oder die neue Armut, Arbeitslosigkeit, Entlassungen und vieles mehr. Lassen wir uns aber auch immer wieder daran erinnern, dass wir den Nächsten ganz konkret hier und jetzt lieben sollen, auch in den kleinen Dingen des Alltags, in der Normalität eines jeden Augenblicks. Selbst wenn wir im anderen einen „Feind" sehen oder er uns gleichgültig ist. Auch wenn wir ungestört zu Hause im Wohnzimmer sitzen und meinen, jetzt niemanden lieben zu müssen, sind die Mitmenschen „unsere große Chance": Sie verbergen sich hinter den Zeitungsnachrichten, hinter den Bildern im Fernsehen … Oder sie werden sonstwie über die Medien zu „Nächsten" … Es können Menschen sein, die uns schreiben, oder die, für die wir arbeiten oder uns weiterbilden und lernen … – In jedem von ihnen will Christus geboren werden, wachsen, leben und auferstehen. Er bittet uns um Hilfe und Trost, um Licht, Brot, Unterkunft, Kleidung, um unser Gebet …

Das Mass der Liebe

Christsein erschöpft sich nicht in ein wenig Almosengeben oder Mitgefühl. Es verlangt vielmehr, dass wir uns einsmachen mit jedem Nächsten, dem wir begegnen. Dabei müssen wir wissen: „Wir werden keinen Zugang zum Nächsten finden, wir können ihn nicht verstehen, seinen Schmerz nicht teilen, wenn wir innerlich reich sind an Sorgen, einem Urteil, einer Meinung ... oder was es auch sein mag. ‚Sich einsmachen' setzt voraus, dass wir innerlich arm sind, arm im Geist ... Nur so wird Einheit möglich."[148]

„Sich einsmachen": das ist das Maß der Liebe. Es bedeutet, den anderen so sehr zu lieben, dass er begreift, was Liebe ist, und selbst lieben möchte. Sich einsmachen heißt, „mit allen absteigen, um mit allen aufzusteigen", wie ein ausdrucksstarkes Bild zeigt, eine Erfahrung Chiaras, die sie in einem Text aus dem *Paradies '49* festgehalten hat: „Ich sah eine Glucke mit vielen Küken. Sie gingen an einem Straßenrand entlang, der auf der abschüssigen Seite mit Steinen befestigt war. Ein Küken fiel auf die Wiese hinunter. Anstatt es zurückzurufen, ging die Glucke mit den anderen Küken hinunter, um sich mit dem verlorengegangenen einzumachen. ... Ich habe gelernt, auf die Stufe der anderen hinabzusteigen, um mich einzumachen (wie das WORT Mensch geworden ist): mit allen hinabsteigen, um mit allen hinaufzusteigen. Auch Gottvater macht sich eins mit dem Sohn, geht in den Sohn ein (und umgekehrt), was den Anschein erweckt, als würde er sich erniedrigen. In Wirklichkeit ist es eine Steigerung der Liebe ..."[149]

Mit lauterem, alle umfassendem Blick, mit einem weiten Herzen die Menschheit umarmen: Dazu fordert Chiara uns auf. Übrigens nicht nur die lieben, die auf der Erde leben, sondern auch die, die nicht mehr hier unter uns sind.

In einer Aufzeichnung aus dem *Paradies '49*, die Ausdruck höchster Mystik ist, schreibt sie: „Ich nehme in mir das Leben aller Geschöpfe der Welt, der ganzen Gemeinschaft der Heili-

---

148 C. Lubich, *Jesus der Verlassene und die Einheit*, 94f.
149 C. Lubich, *Text* vom 19.8.1949.

gen wahr. Das ist wirklich so, denn mein Ich ist die Menschheit mit allen Menschen, die waren, die sind und die sein werden. Diese Wirklichkeit nehme ich wahr und lebe ich; denn ich empfinde in mir sowohl die Freude des Himmels als auch die verzweifelte Angst der Menschheit, die ein einziger großer Verlassener Jesus ist. Und diesen Verlassenen Jesus möchte ich voll und ganz durchleben."[150]

Chiara wollte in der Welt ein greifbares Zeichen der Liebe Gottes sein und vor allem jede Spaltung, jedes Fehlen von Einheit, das die menschliche Gemeinschaft verletzt, in Liebe umwandeln. Sie erkannte Jesus den Verlassenen in jedem menschlichen Antlitz: „Jesus der Verlassene ist der Stumme, der Taube, der Blinde, der Hungrige, der Müde, der Verzweifelte, der Verratene, der Gescheiterte, der Verängstigte, der Durstige, der Schüchterne, der Verrückte ..."[151] Sie erkannte ihn in all den schmerzlichen Spaltungen in Kirche und Gesellschaft. Und sie rief auch uns, die Angehörigen der Bewegung, immer wieder dazu auf, „bereit zu sein, alle Menschen zu lieben und die, denen wir begegnen, zum ‚Ut omnes' zu führen"[152]. Diese Aufgabe vertraut Chiara uns auch heute an: weiterhin seine Arme in der Welt zu sein, um jede Einsamkeit in Liebe umzuwandeln und dazu beizutragen, dass sich das Vermächtnis Jesu auf Erden verwirklicht.

In einer anderen Aufzeichnung aus dem Jahr '49 schreibt sie: „Gib mir alle, die einsam sind ... Ich habe in meinem Herzen den Schmerz empfunden, der dein Herz erfüllt über alle Verlas-

---

150 C. Lubich, *Text* vom 6.9.1949.
151 Vgl. ebd.
152 Vgl. C. Lubich, *Jesus der Verlassene und die Einheit*, 101. Zu „Ut omnes" vgl. oben S. 11, Fußnote 2.

senheit, unter der die ganze Welt leidet … Mein Gott, lass mich in der Welt sichtbares Zeichen und Werkzeug deiner Liebe sein, deine Arme, die alle Einsamkeit der Welt an sich ziehen und in Liebe umwandeln."[153]

AUSWIRKUNGEN

Oft hat Chiara im Blick auf die Anfangzeit der Bewegung betont, wie wichtig die Liebe zum Nächsten von Beginn an war. Lange Zeit dachte man nicht an die Heiligkeit. Man fürchtete sogar, man würde dabei um sich selbst kreisen und sich zu sehr auf die persönliche Vollkommenheit fixieren. Sie schreibt: „Wir merkten ganz deutlich: Gott wollte von uns, dass wir den Nächsten liebten. Er wollte die Einheit. Das ist unser Charisma."[154] Erst später entdeckte Chiara: „Wir werden heilig, indem wir auch die anderen zur Heiligkeit führen."[155]

Chiara hat keine „Theorie" vermittelt, sondern „Leben" weitergegeben. Ein Blick auf verschiedene Etappen ihrer Lebensgeschichte zeigt, wie sie versucht hat, ihre Mitmenschen ganz persönlich zu lieben. Sie erzählt: „Wir sind zuerst in Trient, dann in Italien, später in Europa und auf den anderen Kontinenten auf unsere Mitmenschen zugegangen. Von einem zum anderen, quer durch alle Berufungen, Lebensalter und sozialen Schichten spannte sich ein weites Netz über die Erde, in dem die Verbindung von Mensch zu Mensch immer stärker wurde. Wir versuchten, auf dem Laufenden zu sein über alles, was in

---

153 C. Lubich, *Alle sollen eins sein*, 17; vgl. C. Lubich, *„Ich liebe, also bin ich!"*, München 2012, 18.
154 C. Lubich, *La volontà di Dio*, Rom 2011, 101.
155 Ebd.

den verschiedenen Teilen der Welt geschah; doch nicht nur das, wir trugen auch das Leid miteinander ...: Alle für einen, einer für alle. Um das Jahr 1960 gingen unsere Kontakte über die Begegnung mit katholischen Christen hinaus zu Christen anderer Kirchen und Konfessionen. Von 1976 an kamen wir dann auch in engeren Kontakt mit Gläubigen anderer Religionen sowie mit Menschen, die Christus nicht kennen. Obwohl diese Aufgabe recht schwierig erschien, ließen wir uns nicht abschrecken, denn wir glaubten, dass Gott uns drängte, mit ernsthaftem Bemühen und freudigem Mut auch diese riesigen Teile der Menschheit zu lieben."[156]

So also ist die Entwicklung des Werkes, sowohl geografisch als auch inhaltlich und strukturell, vor sich gegangen. Durch die Liebe zum Nächsten entstanden die offenen Gruppierungen; durch die Liebe zum Nächsten kam es auch zu unseren „Dialogen" und den „Aktivitäten mit Breitenwirkung"[157].

Wenn wir unseren Mitmenschen gegenüber ganz Liebe sind, wird der Dialog vom Licht des Heiligen Geistes geleitet sein, und der andere kann sich öffnen. Wir werden, wie Chiara es ausdrückt, leichter „die Flamme des göttlichen Lebens in seinem Herzen" wahrnehmen, jene „Werte, die Gott in jeden Menschen hineingelegt hat, als er ihn schuf".[158] Es ist die Erfahrung von Chiara und der Bewegung, dass das, was davon im anderen lebendig ist, zum Erdreich für die Frohe Botschaft werden kann, die es zur Fülle bringt ...

---

156   C. Lubich, *Im Menschen Christus erkennen*, München 1980, 10f.

157   Ital. „inondazione", wörtlich „Überflutung". Johannes Chrysostomus beschrieb den Heiligen Geist als lebendiges, sprudelndes Wasser, der sich wie eine Flut ausbreitet und wirkt. Chiara griff dieses Bild auf, um zu erklären, dass der Geist der Einheit in alle menschlichen Bereiche, auch in die Wissenschaften eindringen solle, sie sozusagen „überfluten" müsse (Anm. d. Red.).

158   C. Lubich, *Santi insieme*, 106.

Ich habe die Verantwortlichen unserer Sekretariate für die Dialoge um einige Aussagen zu dieser Dimension des Lebens bei ihren Partnern gebeten und zitiere nur einige von vielen, die alle bedeutsam wären.

John Wesley, einer der Begründer der methodistischen Bewegung, sagt zum Beispiel: „Notwendige Auswirkung dieser Liebe zu Gott ist die Liebe zu unserem Nächsten, zu jedem Menschen, den Gott erschaffen hat. Davon ausgenommen sind auch nicht unsere Feinde und diejenigen, die uns ‚schmähen und verfolgen'. Es soll die gleiche Liebe sein, mit der wir uns selbst, unsere eigene Seele lieben."[159]

Aus der evangelisch-lutherischen Welt möchte ich Walter und Hanna Hümmer zitieren, die Gründer der Christusbruderschaft[160]: „Unser inneres Leben wird reich, wenn wir weiterschenken, was die Liebe in uns bewirkt hat. Für den anderen da sein macht nicht arm, sondern reich."[161]

Bei den Lehrmeistern nichtchristlicher Religionen finden wir stets die *Goldene Regel*. Ein islamischer Hadith[162] lautet: „Niemand von euch ist wirklich gläubig, wenn er für seinen Nächsten nicht das wünscht, was er für sich selbst möchte."[163]

Im Hinduismus besteht der Kern der Anbetung darin, dass man gut ist und den anderen Gutes tut. Wer im Bedürftigen,

---

159 J. Wesley, *The Marks of the New Birth*, 1748, zit. in: V. Benecchi, John Wesley. *L'ottimismo della grazia*. Turin 2005, 35.

160 Die *Communität Christusbruderschaft Selbitz*, ein evangelischer Orden innerhalb der lutherischen Kirche, wurde 1949 von Hanna und Pfarrer Walter Hümmer gegründet. Zentrum der Communität ist das Ordenshaus in Selbitz/Oberfranken. Heute gehören 107 Schwestern und drei Brüder der Communität an. Die Tertiärgemeinschaft des Ordens besteht aus 100 Personen, Ehepaaren und Alleinstehenden. (Anm. d. Red.)

161 H. u. W. Hümmer, *Leise und ganz nah*, Selbitz 2009, 323.

162 Die Überlieferungen und Legenden über Muhammad und seine Gläubigen, die als Grundlage des islamischen Rechts dienen (Anm. d. Red.).

163 An-Nawawi, *Quaranta hadith*, übers. v. M. Ali Sabri, Rom 1982, 64.

Schwachen und Kranken die Gottheit erkennt, betet Gott wirklich an. Wer Gott nur in einem Bild erkennt, dessen Anbetung ist noch im Anfangsstadium. Wer einem bedürftigen Menschen gedient und geholfen hat, weil er Gott in ihm sieht, ohne auf Credo, Kaste, Herkunft oder anderes zu achten, mit dem ist Gott zufriedener als mit jemandem, der ihn nur im Tempel sieht.

Etai Yamada[164], ein Buddhist, zitierte gern das Motto des Großmeisters Saicho, der den Tendai-Buddhismus[165] begründet hat: „Sich selbst vergessen und den anderen dienen ist das Höchstmaß der Liebe und des Mitgefühls."[166] Diesen Ausspruch zitierte auch Johannes Paul II. bei seiner Begegnung mit Vertretern der anderen Religionen in Tokio 1981. Yamada machte uns Mut mit seinen Worten: „Man kann behaupten, dass das Fokolar nach 1200 Jahren die Worte unseres Meisters in die Praxis umsetzt."

Was die Menschen betrifft, die keinen ausdrücklich religiösen Bezug haben, kommt uns der Psychologe und Philosoph Erich Fromm in den Sinn. Er beschreibt die Liebe als eine Fähigkeit, die man entwickeln muss, indem man sie ausübt, so wie ein Pianist am Klavier übt: „Ist Lieben eine Kunst? Wenn es

---

164 Der sehr ehrwürdige Etai Yamada (1900–1999) war der 253. priesterliche Verantwortliche der japanischen Tendai-Schule des Mahayana-Buddhismus. 1986 wurde Yamada von Papst Johannes Paul II. eingeladen, als einer der wenigen nichtchristlichen Religionsführer am Weltfriedensgebetstag in Assisi teilzunehmen. Im Jahr 1987 hielt er einen religiösen Gipfel auf dem Berg Hiei in der Nähe von Kyoto ab. Diese Veranstaltung findet seither jährlich statt und lädt religiöse Führer ein, zusammenzukommen, um für Frieden und Versöhnung in der ganzen Welt zu beten (Anm. d. Red.).

165 Der Tendai-Buddhismus ist eine traditionelle Schule des japanischen Buddhismus. Sie gilt als die Mutter aller anderen buddhistischen Schulen in Japan. Sie lehrt, dass alle buddhistischen Lehren und Praktiken Mittel sind, welche die Wesen zum Erwachen führen. Ihr Haupttext ist das Lotus-Sutra, das alle Lehren des Siddhartha Gautama Buddha enthält (Anm. d. Red.).

166 Regeln für Mönche der Tendai-Schule, 6.

das ist, dann wird von dem, der diese Kunst beherrschen will, verlangt, dass er etwas weiß und keine Mühe scheut ... Die meisten Menschen sehen das Problem der Liebe in erster Linie als das Problem, selbst geliebt zu werden, statt zu lieben und lieben zu können. Daher geht es für sie nur darum, wie man es erreicht, geliebt zu werden, wie man liebenswert wird ... Der erste Schritt auf diesem Wege ist, sich klarzumachen, dass Lieben eine Kunst ist, genauso wie Leben eine Kunst ist; wenn wir lernen wollen zu lieben, müssen wir genauso vorgehen, wie wir das tun würden, wenn wir irgendeine andere Kunst, zum Beispiel Musik, Malerei, die Kunst der Medizin oder der Technik lernen wollten."[167]

Chiara hat uns dies auf ihre Weise nahegebracht, nicht zuletzt im Blick auf die Mutterschaft Marias, die wir als Werk nachahmen möchten: „Eine Mutter nimmt ihr Kind immer auf; sie hilft immer; sie hofft immer; sie deckt mit ihrer Barmherzigkeit alles zu. Eine Mutter verzeiht ihrem Kind jederzeit, auch wenn es ein Verbrecher oder Terrorist sein sollte. Die Liebe einer Mutter ist der Liebe Christi ähnlich, wie sie Paulus beschreibt. Wenn in uns ein mütterliches Herz schlägt, noch besser: wenn wir uns vornehmen, das Herz der Mutter, das Herz Marias zu haben, dann werden wir auch bereit sein, die anderen unter allen Umständen zu lieben. Wir werden alle lieben, nicht nur die Angehörigen unserer eigenen Kirche, sondern auch diejenigen der anderen Kirchen; nicht nur die Christen, sondern auch Muslime, Buddhisten, Hindus ... Alle Menschen guten Willens werden wir lieben; jeden Menschen

---

167 E. Fromm, *Die Kunst des Liebens*, Econ Taschenbuch Verlag [58]2000, 11 und 15.

auf Erden. Denn Gottes Erlösungswirken will alle Menschen erreichen; so universal ist auch Marias Mutterschaft."[168]

Chiara fühlte sich gedrängt, voll Eifer und Begeisterung auf diesen Teil der Menschheit zuzugehen. Ihr Eifer lässt uns auch heute daran denken, wie Maria „eilends" zu Elisabet ging und die Mühe der Reise auf sich nahm. Als Chiara im Evangelium diese Episode las, kam ihr spontan der Gedanke, dass das Werk Mariens eine ähnliche Aufgabe hat: „Entsprechend dem Lebensstil der Kirche bietet sich die Bewegung an als Ort der Begegnung zwischen Jesus in den Christen und den ‚Saatkörnern des Wortes', die in den Gläubigen der verschiedenen Religionen vorhanden sind; dann als Ort der Begegnung zwischen Jesus und Geist und Herz derer, die Gott zwar ablehnen, doch kraft der Gottebenbildlichkeit des Menschen auf diese Begegnung mit ihm – wenn auch unbewusst – hinstreben."[169] Es geht darum, Werkzeug zu sein, um beizutragen, dass auf Erden der Traum Jesu Wirklichkeit wird: Alle sollen eins sein. Chiara fährt fort: „Dieses Zugehen auf neue Brüder und Schwestern schenkt uns neues Licht, wir erkennen die Größe der Berufung, die uns zuteil geworden ist, und wir singen in unseren Herzen ein kleines ‚Magnifikat'".[170]

* * *

---

168   C. Lubich, *Von der Kunst zu lieben*, 2008, 15.
169   C. Lubich, *Im Menschen Christus erkennen*, 11.
170   A. a. O., 11f.

Ich möchte schließen mit einem weiteren Text aus dem *Paradies '49*, der mir wie eine Zusammenfassung dessen erscheint, was Chiara über die Liebe zum Nächsten sagt. Wenn wir entsprechend leben, tragen wir gewiss dazu bei, dass in Kirche und Gesellschaft dieses Leben Kreise zieht ...

„Wie vielen Menschen wir auch immer während des Tages – von früh bis spät – begegnen: In allen sollen wir Jesus sehen. Wenn wir alles mit einfachen Augen betrachten, ist Gott es, der durch unsere Augen schaut. Und Gott ist die Liebe; und die Liebe möchte erobern, um zu vereinen ...

Schauen wir also weg von uns: nicht auf uns selbst, nicht auf die Dinge und nicht auf die Geschöpfe, sondern auf Gott außerhalb von uns, um uns mit ihm zu vereinen. Er findet sich auf dem Grund jeder Seele, die lebt; und wenn sie tot ist, ist sie Tabernakel für Gott, auf den sie wartet, damit er ihrem Leben Freude und Erfüllung schenkt.

Schauen wir darum auf jeden Menschen in Liebe; und lieben heißt schenken. Das Geschenk aber verlangt nach Erwiderung: Auch wir werden wiedergeliebt werden.

Liebe ist also lieben und geliebt werden: die Trinität.

Dann wird Gott, der in uns lebt, die Herzen erobern; das dreifaltige Leben, das durch die Gnade in ihnen ruht, aber vielleicht erloschen ist, wird wieder entfacht werden ...

Schauen wir also auf jeden Mitmenschen mit Hingabe; schenken wir uns ihm, weil wir uns Jesus schenken wollen, und Jesus wird sich uns schenken. Gesetz der Liebe ist ja: ‚Gebt, dann wird auch euch gegeben‘ (Lukas 6,38).

Lassen wir uns aus Liebe zu Jesus vom Mitmenschen ‚in Besitz nehmen‘, lassen wir uns von ihm ‚verzehren‘, seien wir gleichsam Eucharistie für ihn. Stellen wir uns ganz in seinen Dienst, denn das ist Gottes-Dienst. Und der Nächste wird sich uns zuwenden und uns lieben ...

Die Liebe ist ein Feuer, das die Herzen bis zur vollständigen Verschmelzung durchdringt. Dann finden wir in uns nicht mehr uns und nicht mehr den Mitmenschen; wir finden die Liebe, die der lebendige Gott in uns ist.

Und die Liebe wird sich aufmachen und andere Mitmenschen lieben; denn da ihr Blick einfach geworden ist, findet sie sich in ihnen, und alle werden eins sein ...

Um uns herum wird die Gemeinschaft der Menschen größer werden – wie einst um Jesus: zwölf, zweiundsiebzig, tausende ...

Es ist das Evangelium, das fasziniert, weil es in Liebe gekleidetes Licht ist, und deshalb andere erfasst und mitreißt."[171]

Rocca di Papa, 15. September 2012

---

171   C. Lubich, *Text* [November 1949].

Die gegenseitige Liebe

Lernen von der Dreifaltigkeit

Die Liebe zum Mitmenschen führt fast wie von selbst zum nächsten Schwerpunkt unserer Spiritualität, den wir jetzt in den Blick nehmen möchten: die gegenseitige Liebe. Bei der Vorbereitung gewann ich den Eindruck, dass man die gegenseitige Liebe als Knotenpunkt betrachten kann, von dem aus sich Querverbindungen zu allen anderen Schwerpunkten erstrecken. Tatsächlich setzt sie alle anderen voraus und ist zugleich der Schlüssel, um die anderen zu leben.

Von daher erklärt sich auch die Bedeutung, die Chiara dem „neuen Gebot" beigemessen hat – bis dahin, dass sie es im Allgemeinen Statut der Bewegung als „Voraussetzung für jede andere Regel" festschreiben wollte: „Die gegenseitige und beständige Liebe, die die Einheit und die Gegenwart Jesu in der Gemeinschaft ermöglicht, ist für die Angehörigen des Werkes Mariens die Grundlage ihres Lebens in jedem seiner Aspekte: Sie ist die Norm aller Normen, die Voraussetzung für jede andere Regel."

In Chiaras Schriften zu diesem Thema hat mich folgendes Bild beeindruckt: „Wie man bei einem Kaminfeuer gelegentlich die Glut mit einem Feuerhaken schüren muss, damit sie nicht unter der Asche erstickt, so müssen von Zeit zu Zeit auch in unserer Bewegung die Beziehungen neu belebt werden, damit die gegenseitige Liebe nicht unter der Asche der Teilnahmslosigkeit, der Gleichgültigkeit und des Egoismus erstickt."[172]

Wir sind aufgerufen, genau diese Erfahrung zu machen. Denn die gegenseitige Liebe, die Jesus als „sein" und als „neues" Gebot bezeichnet, ist es, die „dem Leben der Christen seinen eigentlichen Glanz verleiht"[173]. Die gegenseitige Liebe sollte bekanntlich das Erkennungszeichen der Christen sein: „Es bringt nichts, sich irgendwelche schönen Abzeichen anzustecken", sagte Chiara 1989 zu den in Santiago de Compostela versammelten Jugendlichen. „Unser Kennzeichen ... ist die gegenseitige Liebe. Die ersten Christen fielen in ihrer Umgebung nicht durch große Reden oder durch Wunder auf; sie fielen auf, weil sie einander liebten."[174] Es ist beeindruckend, dass selbst die Heiden sagten: „Seht, wie sie einander lieben und bereit sind, das Leben füreinander zu geben."[175] Und auch Paulus nennt als das Einzige, was wir einander schulden, die gegenseitige Liebe: „Bleibt niemand etwas schuldig; nur die Liebe schuldet ihr einander immer. Wer den andern liebt, hat das Gesetz erfüllt" (Römer 13,8).

DIE GEGENSEITIGE LIEBE AM URSPRUNG DES CHARISMAS

Gehen wir zurück zu den Anfängen der Fokolar-Bewegung und rufen uns die Frage in Erinnerung, die Chiara und ihre Gefährtinnen sich stellten, als sie – den Tod vor Augen –

---

172 C. Lubich, *Cercando le cose di lassù*, Rom 1992, 96f.
173 A. a. O., 143.
174 C. Lubich, *Jesus – der Weg*. Katechese für italienische Jugendliche, Santiago de Compostela, 16.8.1989, in: AGMF, ACL, Discorsi.
175 Tertullian, *Apologetikum*, 39,7.

Gott ihre ganze Liebe beweisen wollten: „Gibt es wohl einen ‚Willen Gottes‘, der ihm besonders am Herzen liegt?" Im Johannesevangelium fanden sie die Antwort: „Das ist mein Gebot: Liebt einander, so wie ich euch geliebt habe. Es gibt keine größere Liebe, als wenn einer sein Leben für seine Freunde hingibt" (Johannes 15,12f). Zunächst heißt es: „Ein neues Gebot gebe ich euch" (Johannes 13,34) und zwei Kapitel später: „Dies trage ich euch auf ..." (Johannes 15,17). Lassen wir uns in Erstaunen versetzen von Jesu Worten: „Mein" und „neu" nennt er das Gebot. Wir können uns vorstellen, wie begeistert Chiara und ihre Gefährtinnen von dieser Entdeckung waren. Das Neue ist, dass Jesus uns durch sein Kommen den Vater offenbart und den Heiligen Geist geschenkt hat. Er hat uns das innerste Leben Gottes gezeigt und uns hineingenommen in den Kreislauf der Liebe, wie er in der Dreifaltigkeit gelebt wird.

Der anglikanische Autor C. S. Lewis schreibt: „Alle möglichen Leute gefallen sich in der ständigen Wiederholung der christlichen Aussage: ‚Gott ist Liebe.‘ Aber sie übersehen dabei, dass die Worte ‚Gott ist Liebe‘ keinen Sinn haben, wenn Gott nicht mindestens aus zwei Personen besteht. Liebe ist ein Gefühl, das ein Mensch für einen anderen empfindet. Wäre Gott eine einzelne Person, dann wäre das Wort ‚Gott ist Liebe‘ vor der Erschaffung der Welt sinnlos gewesen."[176]

Jesus, der uns das Leben der Dreifaltigkeit nahegebracht hat, fordert uns auf, auch so zu leben, und verweist dazu auf sein Gebot. Er möchte, dass auf Erden dasselbe Leben gelebt wird wie in der Dreifaltigkeit. Und er kann uns dazu auffordern,

---

[176]   C. S. Lewis, *Pardon, ich bin Christ*, Basel [12]2012, 155f.

weil er uns in das Leben Gottes hineingenommen und uns das Maß dieser Liebe gezeigt hat, indem er sie selbst unter Beweis stellte. Die gegenseitige Liebe ist wirklich der Schlüssel, um dreifaltige Beziehungen zu leben.

Die Worte des „neuen Gebots", die Chiara und die ersten Fokolarinnen als Gesetz des Himmels, als Kernstück des Evangeliums entdeckt haben, haben sich ihnen wie ein Brandzeichen eingeprägt. Sie sahen einander mit neuen Augen und beschlossen, in ihrer kleinen Gruppe dieses Gebot zu verwirklichen. Ausdrücklich erklärten sie einander: „Ich bin bereit, das Leben für dich zu geben; ich für dich; jede für jede." Es ist wie ein Pakt, der ihrem ganzen Leben Sinn gibt.

In diesem Zusammenhang möchte ich daran erinnern, was das Wort „Pakt" für Chiara bedeutete: Den Pakt der gegenseitigen Liebe betrachtete sie fast wie ein „Gelübde", wie sie engagiert und begeisternd bei einem Treffen der Fokolare in Castel Gandolfo erklärte, als sie über die Kennzeichen der Berufung zum Fokolar sprach: „Noch etwas ist ganz charakteristisch für uns ... Wir wollten sogar ein Gelübde daraus machen: das Gelübde der gegenseitigen Liebe ... Der Pakt der gegenseitigen Liebe gehört wesentlich zu unserer Berufung. Er ist die Voraussetzung für unsere gemeinschaftlich gelebte Spiritualität. Dieser Pakt war der erste Schritt, als die Fokolarinnen in der Anfangszeit das ‚neue Gebot' Jesu entdeckten: ‚Ich bin bereit, das Leben für dich zu geben!' Das ist die Basis der gesamten Bewegung."[177]

Mit der Zeit sind weitere „Pakte" dazugekommen, die diese neue geistliche Familie auf ihrem Weg zu Gott immer stärker geeint haben. So auch in regelmäßigen Telefonkonferenzen, die

---

177 C. Lubich, *Lo specifico del focolarino*, Castel Gandolfo, 29.12.1991, in: AGMF, ACL, Discorsi.

helfen sollten, gemeinsam auf der „heiligen Reise"[178] voranzu-kommen: Immer wieder hat Chiara dazu ermutigt, die Hinder-nisse zu überwinden, die der Verwirklichung des neuen Gebots zuweilen im Weg stehen, und die entsprechenden Schritte durch einen „Pakt" besiegelt. Denken wir an den „Pakt der Barmherzigkeit", auf den ich noch eigens eingehen werde; an den „Pakt der 40 Tage", der dazu einlud, statt einen Fehler nach dem anderen anzugehen, einfach von sich selbst abzusehen, um im geistlichen Leben weiterzukommen; an den Pakt, „nach Heiligkeit zu streben"; an den der „sechs S": „Sarò santa se sono santa subito – Ich werde heilig sein, wenn ich im Jetzt heilig bin." Und nicht zu vergessen natürlich jener ganz besondere „Pakt der Einheit" mit Igino Giordani.[179]

Eine solche einander ausdrücklich erklärte gegenseitige Liebe hat greifbare Auswirkungen, wie sich im „ersten Fokolar" zeig-te, dem „Herz" der entstehenden Bewegung. Chiara schreibt: „Eines Tages nahmen wir im ersten Fokolar unsere Habselig-keiten aus dem Schrank, häuften sie mitten im Zimmer auf, gaben jeder von uns das Wenige, das sie brauchte, und was üb-rigblieb, brachten wir den Armen. Wir waren bereit, das zu-sammenzulegen, was wir verdienten bzw. besaßen oder besitzen würden. Auch das geistliche Leben wollten wir teilen ..."[180]

---

178   Zugrunde liegt der Psalmvers 84,6, im Italienischen: „Beato chi trova in te la sua forza e decide nel suo cuore il santo viaggio [= heilige Reise]" – „Selig die Men-schen, die Kraft finden in dir, wenn sie sich zur Wallfahrt rüsten", heißt es in der Einheitsübersetzung von 1980. Die Wallfahrt bzw. der Pilgerweg wird zum Bild für den Weg auf Gott zu (Anm. d. Red.).

179   Gemeint ist der Pakt, den Chiara Lubich und Igino Giordani am 16.7.1949 nach der Kommunion geschlossen haben. Er markiert den Beginn jener „Paradies '49" genannten gemeinschaftlichen Erfahrung. Vgl. *Il Patto del '49 nell'esperienza di Chiara Lubich, percorsi interdisciplinari*, Rom 2012, 16-21; S. Cataldi/P. Siniscal-co (Hg.), *Verso un estate di luce. La cornice storica dell'esperienza mistica di Chiara Lubich nel 1949*, Rom 2019, 5-7. Vgl. unten S. 106 (Anm. d. Red.).

180   C. Lubich, *Einheit als Lebensstil*, 45.

Bald merkten Chiara und ihre Gefährtinnen, dass ihr Leben
einen Qualitätssprung erfuhr. Durch die gelebte gegenseitige
Liebe hatte sich jemand stillschweigend zu ihrer Gruppe gesellt: Jesus, der unsichtbare Bruder, schenkte ihnen Sicherheit,
eine nie gekannte Freude, einen neuen Frieden, Lebensfülle
und ein unverwechselbares Licht. Dies waren unmittelbar er-
lebbare Auswirkungen.

So war es in der Anfangszeit. Und so ist es auch heute. Natürlich erleben wir täglich, was für einen hohen Anspruch es bedeutet, die beständige gegenseitige Liebe allem anderen voran-
zustellen. Wie wir – zu unserem Trost – in Chiaras Schriften
nachlesen können, gab es die Hindernisse bei der Verwirklichung der gegenseitigen Liebe auch schon in der Anfangszeit.
Doch der Ansporn, immer wieder neu zu beginnen, war stärker. So kam es zum Pakt der Barmherzigkeit: „Als verständli-
cherweise im Zusammenleben Schwierigkeiten auftraten, denn
jede von uns hatte ihre Schwächen, beschlossen wir, uns nicht
mehr mit einem rein menschlichen Blick zu betrachten ..., sondern uns die Sicht dessen zu eigen zu machen, der alles vergibt
und vergisst. Gott ist Barmherzigkeit. So fühlten auch wir uns
verpflichtet, einander zu vergeben. Aus diesem Grund gaben
wir einander ein Versprechen, schlossen eine Art ‚Pakt der
Barmherzigkeit‘: Jeden Morgen beim Aufstehen wollten wir
einander neu sehen, als wären bestimmte Fehler nie gewesen."[181]
Im Evangelium heißt es: „Warum siehst du den Splitter im
Auge deines Bruders, aber den Balken in deinem eigenen Auge
bemerkst du nicht? Wie kannst du zu deinem Bruder sagen:
Bruder, lass mich den Splitter aus deinem Auge herausziehen!,

---

181 A. a. O., 43f.

während du den Balken in deinem eigenen Auge nicht siehst? Du Heuchler! Zieh zuerst den Balken aus deinem Auge; dann kannst du versuchen, den Splitter aus dem Auge deines Bruders herauszuziehen" (Lukas 6,41f). Entscheidende Worte für die erste Gruppe der Fokolarinnen und Fokolare mit Chiara wie auch für uns heute.

Um die ganze Schönheit unserer Berufung wiederzuentdecken, gilt es auch heute, vor allem anderen den Pakt der Barmherzigkeit zu erneuern und uns bei jeder Begegnung mit einem „Bruder" oder einer „Schwester" die „goldene Brille" aufzusetzen. Wir sind aufgerufen, täglich neu diesen Kraftakt zu vollziehen, um uns dem Maß der Liebe anzunähern, das Jesus uns gegenüber hatte: „Wie ich euch geliebt habe, so sollt auch ihr einander lieben" (Johannes 13,34).

Bis zum Verlassensein vom Vater

„Wie ich euch geliebt habe ..." Und wie hat er uns geliebt? Er hat alles für uns gegeben, hat sogar das Gespür für seine Einheit mit Gott verloren, um ganz und gar unser Menschsein anzunehmen und uns – mit sich zusammmen – in das Leben des Himmels einzuführen.

Chiara und ihre Freundinnen haben das sehr bald verstanden, als sie auf Jesu Schrei am Kreuz verwiesen wurden: „Mein Gott, mein Gott, warum hast du mich verlassen?" (Matthäus 27,46). Hier finden wir das „Wie".

Auch Johannes Paul II. betont im Nachsynodalen Apostolischen Schreiben *Vita consecrata*, über das geweihte Leben und seine Sendung in Kirche und Welt, Nr. 42: „Die Liebe hat Christus zur Selbsthingabe bis hin zum höchsten Opfer am

Kreuz geführt. Auch unter seinen Jüngern gibt es keine echte Einheit ohne diese bedingungslose gegenseitige Liebe, die Verfügbarkeit zum Dienst unter Einsatz aller Kräfte erfordert, Bereitschaft, den andern so, wie er ist, ohne Vorurteil anzunehmen, keinen zu verurteilen (vgl. Matthäus 7,1f), die Fähigkeit, auch ,siebenundsiebzigmal' zu vergeben (Matthäus 18,22)."

Jesus der Verlassene ist das Maß der gegenseitigen Liebe, zu der wir als Angehörige der Fokolar-Bewegung aufgerufen sind, „eine maßlose Liebe, die alles gibt, nichts für sich zurückbehält und bereit ist, nicht nur das Leben zu geben, sondern auch allen geistlichen und materiellen Reichtum"[182].

AUSWIRKUNGEN NACH INNEN – DREIFALTIGES LEBEN AUF ERDEN

Es ist bemerkenswert, dass Chiara uns einlädt, uns als Ausdruck der gegenseitigen Liebe das Beste mitzuteilen, das wir im Herzen haben: unsere Erfahrungen mit dem Leben nach dem Wort Gottes. Wenn wir diese Erfahrungen weiterschenken, helfen wir den anderen, im Leben voranzugehen, lernen wir voneinander und füllen unseren Tag mit Dingen, die Tiefe haben. Auf diese Weise leben wir gewissermaßen unter uns, was Jesus mit seinem Kommen auf die Erde vorgelebt hat: „Ich habe euch alles mitgeteilt, was ich von meinem Vater gehört habe" (Johannes 15,15).

Wir erfahren eine Liebe, „in der das Menschliche und das Göttliche eine unzertrennbare Einheit bilden"[183]; eine Liebe, die gemäß dem Neuen Testament auch „alle menschlichen As-

---

182 C. Lubich, *Spiritualität der Einheit und trinitarisches Leben*, Castel Gandolfo, 23. Juni 2003, Rede anlässlich der Verleihung der Ehrendoktorwürde in Theologie vonseiten der Universität Trnava, Slowakei, in: AGMF, ACL, Discorsi.

183 C. Lubich, *Liebe als Ideal*, München 1980, 55.

pekte der Geschwisterliebe beinhaltet, wie zum Beispiel die Stärke und die Zuneigung". Im Brief an die Römer heißt es: „Seid einander in brüderlicher Liebe zugetan, übertrefft euch in gegenseitiger Achtung" (Römer 12,10). Und Petrus schreibt: „Hört nicht auf, einander von Herzen zu lieben" (1 Petrus 1,22).

Auf diesem „... wie ich euch geliebt habe" gründet unsere gegenseitige Liebe; wir wollen es wörtlich nehmen, also mit der erklärten Bereitschaft, das Leben füreinander zu geben, und nach dem Beispiel von Jesus dem Verlassenen für die anderen alles aufgeben. Diese gegenseitige Liebe ist tatsächlich das für die gemeinschaftliche Spiritualität charakteristische Gebot; denn hier kommen die Gegenseitigkeit und die Einheit ins Spiel.

In diesem „... wie ich euch geliebt habe" ist das Leben der Dreifaltigkeit selbst zusammengefasst, das Jesus auf die Erde gebracht hat. Dieses Leben können wir nachahmen, indem wir einander lieben ..., wie die Personen in der Dreifaltigkeit einander lieben".

Diese Liebe ist durch den Heiligen Geist ausgegossen in die Herzen der Christen, ja auch in die Herzen aller Glaubenden und aller Menschen guten Willens.

Im Apostolischen Schreiben *Novo millennio ineunte* heißt es: „Die Gemeinschaft ist Frucht und sichtbarer Ausdruck jener Liebe, die aus dem Herzen des ewigen Vaters entspringt und durch den Heiligen Geist, den uns Jesus schenkt (vgl. Römer 5,5), in uns ausgegossen wird, um aus uns allen ‚ein Herz und eine Seele' zu machen (Apostelgeschichte 4,32). Durch die Verwirklichung dieser Liebesgemeinschaft offenbart sich die Kirche als ‚Sakrament', das heißt als ‚Zeichen und Werkzeug für die innigste Vereinigung mit Gott wie für die Einheit der ganzen Menschheit'" (Nr. 42).

Chiara schreibt: „Es besteht also eine Ähnlichkeit zwischen dem Vater, dem Sohn und uns Christen aufgrund der einen göttlichen Liebe, die auch uns geschenkt ist und durch die wir in die Dreifaltigkeit hineingenommen sind. Es ist diese Liebe, die uns zu Kindern Gottes macht. Sie verbindet Himmel und Erde, versetzt die Gemeinschaft der Christen in die Sphäre Gottes und, wo die Glaubenden einander lieben, die Wirklichkeit Gottes auf die Erde."[184]

Der russische Physiker Yuri Pismak, der sich als nichtreligiös bezeichnet, vertritt die Auffassung, dass die Elementarteilchen des Universums auf die gegenseitige Liebe unter den Menschen hinweisen. „In diesem Zusammenhang bringt Pismak die ‚Eichinvarianz' aus der Quantenelektrodynamik ins Spiel. Elektronen sind Materie, Photonen sind masselos und man kann sie nicht stoppen. Gerade deswegen können sie eine elektromagnetische Kopplung hervorrufen. Photonen fließen zwischen geladenen Teilchen. Photonen seien so etwas wie der Heilige Geist, der auch eine Wechselwirkung (zwischen Menschen, Mensch und Gott) schafft. In diesem Sinn gehöre der Heilige Geist zur Realität."[185]

Zurück zu Chiara: „Ja, wenn wir unser Christsein in Fülle leben, indem wir uns gegenseitig lieben, haben wir – soweit das auf dieser Erde möglich ist – Anteil an der Herrlichkeit und am Lob der Dreifaltigkeit. Das gilt im Hinblick auf unsere Beziehung zu Gott (so können wir ihn unsererseits in angemessener Weise loben und verherrlichen), aber auch hinsichtlich unserer

---

184 C. Lubich, Kommentar zum „Wort des Lebens" für Mai 1980.
185 F. Kronreif, *gott.los.heute* – Samen des Wortes in einer säkularen Welt, Rom 2013, 118.

gegenseitigen Beziehungen ... Die Verherrlichung und das Lob, die zur gegenseitigen Liebe gehören, bewirken, dass wir uns in Einfachheit an allem freuen können, was unser gemeinschaftliches Leben hervorbringt."[186] Diese Fähigkeit, sich freuen zu können, ist eine besondere Auswirkung der gegenseitigen Liebe. Das bestätigen schon die Jüngsten. Ein Mädchen erzählte nach dem Kongress: „Es war ganz toll; wir haben probiert, uns zu lieben, so viel wir nur konnten." Und eine andere: „Wir versuchen, uns alle gern zu haben. Es ist richtig schön, wenn wir zusammen sind, weil wir einander lieben."

John Taylor (1929–2016), der bekannte anglikanische Bischof und Theologe, schrieb: „Das Sein selbst ist ein ewiges Geben und Empfangen. Das Gleiche kann man einfacher ausdrücken mit den Worten: ‚Gott ist die Liebe.' Nicht: ‚Gott ist ein liebevoller Gott', und auch nicht: ‚Gott ist immer bereit zu lieben', sondern: ‚Gott ist in sich selbst Liebe' ... Das Leben, dessen Quelle dieser dynamische, lebendige Gott ist, ist Beziehung. Die Trägheit, unsere Sünde gegen das Leben, entsteht, weil wir den Austausch verweigern, uns abkapseln und so weder geben noch empfangen. Um das Leben neu zu finden, müssen wir die Beziehung mit diesem lebendigen Gott und in ihm mit allen Geschöpfen wieder aufnehmen. Daraus folgt, dass Leben in Fülle nicht in der Isolation oder auf das Private beschränkt bestehen kann, sondern in der Gemeinschaft zum Ausdruck kommen muss."[187]

---

186 C. Lubich, *Santità di popolo*, 65f.
187 J. V. Taylor, *A Matter of Life and Death*, London 1986.

AUSWIRKUNGEN NACH AUSSEN

Die Kraft einer Gemeinschaft, die diese gegenseitige Liebe lebt, übersteigt die Gemeinschaft und gewinnt die Welt. Das beweist die Anfangserfahrung unserer Bewegung: „Die große und zugleich einfache umwälzende Veränderung, die unsere Bewegung auslöst, ist genau das … Gott hat uns dadurch beschenkt, dass er uns stets zur gegenseitigen Liebe drängt: ‚Vor allem haltet fest an der Liebe zueinander' (1 Petrus 4,8). ‚Vor allem'!"[188]

Gehen wir nun einigen Etappen der Ausbreitung unserer Bewegung nach, besonders im Blick auf das Wort Jesu: „Liebt einander, so wie ich euch geliebt habe" (Johannes 15,12).

1943: In wenigen Monaten sind mehrere hundert Menschen von dieser Liebe gepackt. Um die ersten Fokolarinnen entsteht spontan eine echte Gemeinschaft, in der sofort ganz konkret die gegenseitige Liebe gelebt wird. Da etwa 30 Menschen dieser Gemeinschaft richtiggehend Hunger leiden, verpflichten sich die anderen, Monat für Monat zu geben, was sie erübrigen können, bis die Betroffenen Arbeit finden oder sich eine andere Lösung auftut. Zentnerweise kommen Lebensmittel, Kleidung und Arzneimittel an: „Ein seltener Überfluss in diesen letzten Kriegsjahren. Jeder konnte deutlich das Eingreifen der göttlichen Vorsehung erkennen."[189] Es ist, als wiederhole sich das Wunder der ersten Christengemeinde, von der es in der Apostelgeschichte heißt: „Und alle, die glaubten, waren an demselben Ort und hatten alles gemeinsam. Sie verkauften Hab und

---

188   C. Lubich, *Santità di popolo*, 96.
189   C. Lubich, *Einheit als Lebensstil*, 40.

Gut und teilten davon allen zu, jedem so viel, wie er nötig hatte. Tag für Tag verharrten sie einmütig im Tempel, brachen in ihren Häusern das Brot und hielten miteinander Mahl in Freude und Einfalt des Herzens. Sie lobten Gott und fanden Gunst beim ganzen Volk. Und der Herr fügte täglich ihrer Gemeinschaft die hinzu, die gerettet werden sollten" (Apostelgeschichte 2,44-47). Ähnliches ereignete sich auch am Beginn unserer Bewegung.

1949: Durch den „Pakt der Einheit" tut sich, wie schon gesagt, das *Paradies '49* auf. In der Kommunion mit Jesus in der Eucharistie markiert dieser Moment die Fülle der gelebten gegenseitigen Liebe: zwischen Chiara und Igino Giordani („Foco"), zwischen Chiara und den ersten Fokolarinnen. Chiara schreibt später: „Wir hatten den Eindruck, als öffne Gott uns die Augen für sein Reich, das unter uns gegenwärtig war: für die Dreifaltigkeit, die in jeder Zelle des Mystischen Leibes wohnt."[190]

In dieser dichten Atmosphäre entdeckte Chiara in der gegenseitigen Liebe auch „das Gesetz des Universums": „Auf der Erde steht alles mit allem in liebender Beziehung ... Man muss die Liebe sein, um den goldenen Faden zwischen den Wesen zu entdecken."[191] Die Natur diente Chiara als Beispiel: Sie sah, dass alle Dinge „miteinander verbunden (waren) durch die Liebe, alle – sozusagen – ineinander verliebt. Mündete der Bach in den See, so geschah dies aus Liebe. Wuchs die Fichte neben einer anderen in die Höhe, so geschah dies aus Liebe"[192].

---

190   Vgl. C. Lubich, *Einheit als Lebensstil*, 47.
191   C. Lubich, *Alles sollen eins sein*, 124.
192   C. Lubich, *Paradiso '49, precedenti*, in: *Il Patto del '49 nell'esperienza di Chiara Lubich*, 15.

Es folgten die Jahre der ersten Mariapolis. Ganz vertieft in die „Dinge des Himmels", merkten Chiara und ihre Gefährtinnen kaum, dass die Gruppe, die sich dort zusammenfand, von Jahr zu Jahr wuchs. Sie bestand nicht mehr nur aus jungen Frauen; inzwischen waren auch Familien mit Kindern, Jugendliche, Priester, Ordensmänner und -frauen verschiedener Gemeinschaften hinzugekommen. Man musste in den umliegenden Dörfern Quartiere mieten, damit alle Unterkunft fanden, die von diesem Lebenszeugnis angezogen waren. Es heißt ja: „Daran werden alle erkennen, dass ihr meine Jünger seid: wenn ihr einander liebt" (Johannes 13,35). Das war das einzige Gesetz dieser „Stadt auf Zeit" und die Eintrittskarte dazu.

1956 kamen Personen aus allen fünf Kontinenten zur Mariapoli. Viele hatten den Wunsch, auch nach der Abreise in Verbindung zu bleiben und einander zu helfen, überall dieses Leben der gegenseitigen Liebe weiterzuführen. Zu diesem Zweck entstand die Zeitschrift Città Nuova, und zwar bereits in den wichtigsten Weltsprachen.

1959 vermittelte die Mariapoli fast den Eindruck eines neuen Pfingsten: Die Teilnehmer kamen aus 27 Nationen und sprachen neun verschiedene Sprachen. Doch die Unterschiede in Sprache und Kultur waren kein Problem. Die gegenseitige Liebe war so stark, dass alle gemeinsam ihr jeweiliges Land Gott anvertrauten, damit aus allen das eine Volk Gottes würde.

Es ist beeindruckend, wie lebendig diese Momente in Chiara geblieben sind: „Wir haben uns oft gefragt, worauf diese Anziehungskraft der Mariapoli beruhte. Sie hatte buchstäblich bis an die Grenzen der Erde Resonanz gefunden. Wir fanden eine Erklärung: Wie Maria nicht so sehr selbst hervortrat, sondern Gott, der in ihr lebte, so kam auch diese Anziehungskraft der

Mariapoli nicht so sehr vom Zusammenleben von Menschen verschiedener Herkunft, Altersgruppen und gesellschaftlicher Schichten, sondern von Gott, der durch die beständige gegenseitige Liebe mitten in dieser Gemeinschaft von Christen lebte. Durch die Mariapoli sind viele Menschen zum Glauben gekommen; viele haben verstanden, was Liebe ist. Gott allein weiß, wie viele durch seine Barmherzigkeit neues Leben gefunden haben, weil er ihnen durch Brüder und Schwestern aus allen Ländern gezeigt worden war, durch Menschen, die sich ihm geschenkt hatten, damit sein Reich unter ihnen aufstrahlte. Ein Echo kam nach dem Sommer von überall her: ‚Ich habe Gott kennengelernt! Ich habe Gott gefunden. Mein Leben ist anders geworden.'"[193]

Die Mariapoli erschien wie „eine Blume in voller Blüte", ein „Ort voller Licht", „eine Stadt auf dem Berg"[194]: ein Entwurf jener „Stadt Mariens", zu deren Aufbau die Fokolar-Bewegung gerufen ist. Und sie war gewissermaßen auch Vorlage für unsere Siedlungen, die im Lauf der Zeit in allen Kontinenten entstanden: sogenannte „ständige Mariapolis", deren einziges Gesetz und „Eintrittskarte" in der gegenseitigen Liebe besteht. Gerade dadurch werden viele Besucher angezogen und ändern ihr Leben.

Auch heute wirkt das gelebte Charisma Wunder ... Auch wir, die wir aus allen Kontinenten kommen, möchten dieses eine Volk Gottes sein, das in den verschiedenen Regionen der Welt durch das Zeugnis der gegenseitigen Liebe nicht aufhört, das Evangelium zu verkünden. Das soll unsere Antwort auf die

---

193   C. Lubich, *Einheit als Lebensstil*, 50f.
194   A. a. O., 52.

Frage sein, die Chiara sich vor vielen Jahren in Einsiedeln[195]
gestellt hatte: „Wie können wir, auch wenn wir nur über die
Straße gehen, dich in die Welt bringen, von dir sprechen, dich
bezeugen, dich verkünden, wenn wir doch gekleidet sind wie
alle und uns allen angleichen, wie damals Maria, wie Jesus?
Woran kann man uns erkennen?" Und auch heute finden wir
die Antwort im Evangelium: „Daran werden alle erkennen,
dass ihr meine Jünger seid: wenn ihr einander liebt" (Johannes
13,35). Das ist unsere Tracht.[196]

Dabei klingt in uns auch die Aufforderung nach, die Johannes
Paul II. an die ganze Kirche gerichtet hat: eine Spiritualität der
Gemeinschaft zu leben. Im Apostolischen Schreiben *Novo mil-
lennio ineunte* heißt es:

„Vor der Planung konkreter Initiativen gilt es, eine Spiritualität der Gemeinschaft zu fördern, indem man sie überall dort als
Erziehungsprinzip herausstellt, wo man den Menschen und
Christen formt, wo man die geweihten Amtsträger, die Or-
densleute und die Mitarbeiter in der Seelsorge ausbildet, wo

---

195   Als Chiara Lubich im Sommer 1961 auf die Abtei von Einsiedeln mit der Wall-
      fahrtskirche und den umliegenden Häusern, Arbeitsplätzen, Hotels schaute,
      schien ihr, dass in der Bewegung eine „kleine Stadt" entstehen sollte: mit Häusern
      für Familien, Schulen für die Mitglieder aller Berufungen, Werkstätten, Ver-
      sammlungsstätten, Betrieben und natürlich mit einer Kirche. Vgl. E. M. Fon-
      di/M. Zanzucchi, *Un Popolo nato dal Vangelo*. Chiara Lubich e i Focolari, Cini-
      sello Balsamo 2003, 435 (Anm. d. Red.).
196   „Ich ging durch die Straßen von Einsiedeln und sah viele Angehörige verschiede-
      ner Orden ... Besonders beeindruckte mich eine Kleine Schwester von Foucauld.
      Sie fuhr auf dem Fahrrad an uns vorbei. Ihr lebhafter Gesichtsausdruck und die
      schlichte Tracht mit dem Kopftuch erinnerten mich an ihren Gründer Charles de
      Foucauld. Von ihm sagt man, er habe das Evangelium mit seinem Leben in die
      Welt hinausgeschrien. Diese Schwester schien zu verkünden: ‚Selig, die vor Gott
      arm sind; selig die Trauernden; selig ...' ... Mir kam der starke Wunsch, auch äu-
      ßerlich Zeugnis zu geben. Aber ich wusste nicht wie ... Da fiel mir ein: ‚Daran
      werden sie erkennen, dass ihr meine Jünger seid: wenn ihr einander liebt.' Die ge-
      genseitige Liebe ist unsere ‚Tracht'" (C. Lubich, Vortrag vom 25.12.1962, in:
      Dies., *Ein Weg in Gemeinschaft*, 51), (Anm. d. Red.).

man die Familien und Gemeinden aufbaut. Spiritualität der Gemeinschaft bedeutet vor allem, den Blick des Herzens auf das Geheimnis der Dreifaltigkeit zu lenken, das in uns wohnt und dessen Licht auch auf dem Angesicht der Brüder und Schwestern neben uns wahrgenommen werden muss. Spiritualität der Gemeinschaft bedeutet zudem die Fähigkeit, den Bruder und die Schwester im Glauben in der tiefen Einheit des mystischen Leibes zu erkennen, d. h. es geht um ‚einen, der zu mir gehört‘, damit ich seine Freuden und seine Leiden teilen, seine Wünsche erahnen und mich seiner Bedürfnisse annehmen und ihm schließlich echte, tiefe Freundschaft anbieten kann. Spiritualität der Gemeinschaft ist auch die Fähigkeit, vor allem das Positive im anderen zu sehen, um es als Gottesgeschenk anzunehmen und zu schätzen: nicht nur ein Geschenk für den anderen, der es direkt empfangen hat, sondern auch ein ‚Geschenk für mich‘. Spiritualität der Gemeinschaft heißt schließlich, dem Bruder ‚Platz machen‘ können, indem ‚einer des anderen Last trägt‘ (Galater 6,2) und den egoistischen Versuchungen widersteht, die uns dauernd bedrohen und Rivalität, Karrierismus, Misstrauen und Eifersüchteleien erzeugen. Machen wir uns keine Illusionen: Ohne diesen geistlichen Weg würden die äußeren Mittel der Gemeinschaft recht wenig nützen. Sie würden zu seelenlosen Apparaten werden, eher Masken der Gemeinschaft als Möglichkeiten, dass diese sich ausdrücken und wachsen kann" (Nr. 43).

Die Gegenseitigkeit, die zur Einheit führt, ist charakteristisch für die Fokolar-Spiritualität. Liebe, so Chiara, ruft Gegenliebe hervor, Geben führt zum Empfangen, die Liebe ist ein ständiges Wechselspiel.

Diese Gegenseitigkeit entspricht einem tiefen Bedürfnis des Menschen. Das bezeugt auch der junge Karl Marx, wenn er schreibt: „Wenn du liebst, ohne Gegenliebe hervorzurufen, das heißt, wenn du durch deine Lebensäußerung als liebender Mensch dich nicht zum geliebten Menschen machst, so ist deine Liebe ohnmächtig, ein Unglück."[197]

Die Liebe, die Jesus auf die Erde gebracht hat, drängt zur Gemeinschaft. Diese Erfahrung haben wir überall in unserer Bewegung machen können ... Zugleich bemühen wir uns, diese Erfahrung zu bezeugen und weiterzugeben. Immer wieder dürfen wir feststellen, wie davon verschiedenste Lebensbereiche befruchtet werden: von der Familie bis hin zum großen gesellschaftlichen Kontext.

Das Zweite Vatikanische Konzil betont: „Das Wort Gottes ... offenbart uns, dass Gott die Liebe ist, und belehrt uns zugleich, dass das Grundgesetz der menschlichen Vervollkommnung und deshalb auch der Umwandlung der Welt das neue Gebot der Liebe ist."[198] Die Fokolar-Bewegung hat diese Erfahrung in vielen Bereichen gemacht: in der Politik und der Wirtschaft, der Kunst und der Kultur, der Medizin, der Erziehung, den sozialen Kommunikationsmitteln usw.

In ihrer Vorlesung anlässlich der Verleihung der Ehrendoktorwürde in Theologie durch die Universität von Trnava/Slowakei unterstrich Chiara, dass „das Bemühen, dem christlichen Leben die Verwirklichung des neuen Gebots Jesu zugrunde zu legen, dazu beiträgt, dass überall in der Kirche jene trinitarischen Beziehungen entstehen, die sie mehr eins und schöner sein lässt ... Die Spiritualität der Einheit erneuert so auch das

---

197 K. Marx, „Ökonomisch-philosophische Manuskripte" von 1844.
198 Zweites Vatikanisches Konzil, Pastoralkonstitution *Gaudium et Spes,* Nr. 38.

Leben der Pfarrgemeinden und der Gemeinschaften des gottgeweihten Lebens, bei denen sie auch zu einer Zunahme der
Berufungen führt. Die Spiritualität der Einheit regt an, tiefe
Beziehungen unter den neuen geistlichen Bewegungen und Gemeinschaften zu suchen, sowie zwischen diesen und den aus
traditionsreichen Charismen hervorgegangenen Ordensfamili-
en. Sie verleiht auch dem Leben der Priester neuen Schwung
und fördert die affektive und effektive Kollegialität unter den
Bischöfen"[199].

Die gegenseitige Liebe erleichtert den ökumenischen Dialog:
„Es ist ja – dank der gemeinsamen Basis der Taufe und dem
Hören auf das Wort Gottes sowie anderer Gnadengaben – bereits möglich, das ‚neue Gebot' Christi unter allen zu leben. So
kann das Licht der Liebe, ja Christus selbst in unserer Mitte
uns den Weg zur vollen Gemeinschaft zeigen."[200]

In der gemeinsamen Erklärung von Katholiken und Anglikanern „Die Kirche als Communio" (1990) heißt es: „Die
Menschen sind von Gott in seiner Liebe mit solcher Verschiedenheit geschaffen worden, damit sie an jener Liebe teilnehmen
können, indem sie miteinander teilen, was sie haben und was sie
sind, und sich so in ihrer gegenseitigen Gemeinschaft bereichern."[201]

Schon der lutherische Mystiker Jakob Böhme (1575–1624)
schrieb, wir seien alle einer in Christus, unserem Heil, der wie-
derum in allen ist. Deshalb sollten wir einander lieben und den

---

199   C. Lubich, *Spiritualität der Einheit und trinitarisches Leben*, Castel Gandolfo,
      23. Juni 2003, in: AGMF, ACL, Discorsi.

200   Ebd.

201   *Kirche als Gemeinschaft*. Gemeinsame Erklärung der Zweiten Anglikanisch/
      Römisch-Katholischen Internationalen Kommission, 1990, Nr. 35, in: H. Meyer,
      D. Papandreou u. a. (Hg.), *Dokumente wachsender Übereinstimmung*, Bd. II., Pa-
      derborn/Frankfurt a. Main 1992, 363.

brennenden Wunsch verspüren zu lieben, wie Gott in Christus, unserem Erlöser, geliebt hat. Und wir sollten spontan mit unserem Nächsten die Gaben teilen, die Gott uns schenkt, wenn er unser Gebet erhört – und zwar sowohl die himmlischen als auch die irdischen Gaben.[202]

Die gegenseitige Liebe ist, so Chiara, nicht nur von den einzelnen Christen, sondern auch von den Völkern gefordert. Sie schreibt: „Wir waren immer davon überzeugt: Wenn die Beziehung unter den Christen die gegenseitige Liebe sein soll, kann auch die Beziehung zwischen christlichen Völkern nicht anders sein. Tatsächlich ruft das Evangelium jedes Volk auf, über die eigenen Grenzen hinauszublicken. Es fordert sogar dazu auf, die Heimat der anderen wie die eigene zu lieben."[203]

Entsprechendes gilt für den Dialog und die Zusammenarbeit mit den Angehörigen anderer Religionen und mit Menschen ohne religiösen Glauben, die sich mit uns für das Gute engagieren. Dazu forderte uns auch Papst Franziskus bei der Begegnung mit den Bewegungen am Pfingstfest (2013) auf: das Evangelium zu leben und Zeugnis von unserem Glauben abzulegen. Er sprach von der Kirche als „Salz der Erde" und „Licht der Welt" und legte uns ans Herz, in der heutigen Gesellschaft dieser „Sauerteig" zu sein, und zwar allem voran durch das „Zeugnis der geschwisterlichen Liebe, der Solidarität und der Anteilnahme".[204] Genau auf dieser Linie liegt unser Bemühen, unser

---

202 Vgl. *Der Weg zu Christus*, zit. in: E. Campi, *Protestantesimo nei secoli*, Fonti e Documenti I, Turin 1991, 345f.

203 C. Lubich, *Spiritualität der Einheit und trinitarisches Leben*, Castel Gandolfo, 23. Juni 2003, in: AGMF, ACL, Discorsi.

204 Papst Franziskus, *Pfingstvigil* mit den Bewegungen, neuen Gemeinschaften und Laienverbänden, Rom, Petersplatz, 18. Mai 2013.

Werk so zu ordnen, dass wir uns entschiedener auf das „Ut omnes", auf die Einheit ausrichten und die Bereiche in den Blick nehmen, die dieses Zeugnis am dringendsten brauchen.

* * *

Chiara bezeichnet das „neue Gebot" als „Dreh- und Angelpunkt" der Fokolar-Spiritualität. Wir möchten es als solide Grundlage nehmen für das Leben unserer Bewegung ... Dazu möchte ich einen Text von Chiara über den Pakt der gegenseitigen Liebe zitieren:

„Ich würde sagen: Erneuern wir diese Liebe unter uns! Damit wir Ernst machen und gleichsam ein neuer Abschnitt unserer heiligen Reise beginnt, möchte ich euch und mir Folgendes empfehlen: Erklären wir einander diese Liebe neu – in unserem Fokolar, in unserem Kernkreis, in unserem Gen-Team, mit allen, mit denen wir für gewöhnlich, wenn auch auf unterschiedliche Weise, zusammenleben ... Ihr wisst, dass die Einheit, die die gegenseitige Liebe bewirkt, nicht ein für alle Mal gegeben ist; sie muss Tag um Tag erneuert werden: durch Vorsatz und Tat ...

Dieser Pakt, diese Erklärung der gegenseitigen Liebe, zu der ich euch auffordere, ist etwas Heiliges, Feierliches, auch wenn sie in aller Einfachheit geschieht. Sicher wird es manchmal schwierig sein. Manchen gegenüber lässt sie sich leichter aussprechen; bei anderen wird man erst den Boden bereiten müssen. Es geht nicht ohne Opfer; denn manchmal müssen wir womöglich eine gewisse Scheu vor den anderen überwinden, unsere Trägheit oder die Routine, in die unser inneres Leben vielleicht geraten ist; Demut ist notwendig, um die Eigenliebe zum Schweigen zu bringen, das heißt der Übergang von einem individuellen Lebensstil zu einer gemeinschaftlichen Spiritualität hat seinen Preis. Doch Gott wird jedes Bemühen segnen. Und wenn wir treu sind, wird er uns die Freude schenken, überall auf unserem Weg die Frucht der Einheit zu entdecken: seine Gegenwart."

Und Chiara schließt mit den Worten: „Wenn wir treu sind, werden wir durch die gemeinschaftliche Spiritualität zur Heiligkeit gelangen, zu einem neuen Typ von Heiligen; wir werden umgestaltet in ein Volk von Heiligen. Das will Gott von uns, zu seiner Verherrlichung."[205]

Das ist die Heiligkeit, die Gott von uns möchte: eine zutiefst gemeinschaftliche Heiligkeit, Auswirkung einer Liebe, die zur Einheit führt.

Im Gedanken an Chiaras erstes „Ja" zum Anruf Gottes und ihre Weihe an ihn, die sie damals allein vollzogen hat, können wir unser „Ja" zu Gott als Einzelne und gemeinsam wiederholen und einander diese gegenseitige Liebe erklären. So begeben wir uns in die „Schule der Dreifaltigkeit", um zu lernen, auf Erden tatsächlich in trinitarischen Beziehungen zu leben.

Das steckt hinter dem Pakt, der in der gesamten Bewegung Tag für Tag vollzogen wird, indem wir feierlich das Versprechen erneuern, das neue Gebot zu verwirklichen und einander zu lieben, wie Jesus uns geliebt hat – bis zum Verlassensein vom Vater. Das soll unser Beitrag sein, damit Jesus seine Pläne mit dem Werk verwirklichen kann. Mir scheint, dass er selbst uns

---

205   C. Lubich, *Santità di popolo*, 22-24.

derzeit vorwärtsdrängt. Wir sollen die Aussaat auf neue Felder ausdehnen, ohne Angst, dass die Kräfte abnehmen oder Erreichtes aufgegeben werden muss. Vielmehr sollen wir freudig die immer neuen Horizonte und das Aufblühen unzähliger lebendiger Zellen der Kirche in der Welt wahrnehmen, wo immer zwei oder mehr Menschen bereit sind, einander auf diese Weise zu lieben. So werden wir fähig, den Menschen so zu begegnen, dass sie – wie Papst Franziskus sagt – Gott begegnen.

Rocca di Papa, 28. September 2013

Die Eucharistie –
Geheimnis der Gemeinschaft[206]

Als Chiara 1976 ihre Vorträge über die Eucharistie einleitete, wandte sie sich angesichts eines so anspruchsvollen Themas mit folgendem Gebet direkt an Jesus: „Jesus, du bist in der Eucharistie gegenwärtig. Welche Anmaßung und welches Wagnis, von dir sprechen zu wollen! Du kennst die innersten Anliegen, die die Menschen in aller Welt dir anvertrauen: ihre verborgenen Probleme, ihre Klagen und Nöte, die Tränen der Freude, wenn jemand sich zu dir bekehrt. Das alles kennst du allein, Herz der Menschheit und Herz der Kirche. Wir würden lieber schweigen …; aber gerade die Liebe, die jede Furcht besiegen möchte, drängt uns dazu, das Geheimnis des Brotes und

---

206 Wie lässt sich ein Grundsatzreferat zum Thema „Eucharistie" so aufbereiten, dass es dem Anliegen der Ökumene gerecht wird? Mit dieser Frage hat sich die Autorin bei der Ausarbeitung nach eigenem Bekunden intensiv befasst. Hier habe sie es als ihre Aufgabe angesehen, die ganz persönliche Erfahrung von Chiara Lubich in ihrer Beziehung zu Jesus in der Eucharistie weiterzugeben. Da es sich um die Erfahrung einer Katholikin handelt, haben Maria Voces Ausführungen zudem zwangsläufig eine katholische Prägung. Was die Erfahrung Chiaras mit dem „eucharistischen Jesus" bewirke, sei jedoch nicht an eine bestimmte konfessionelle Zugehörigkeit gebunden: „Was wir von Chiaras Eucharistieerfahrung lernen können, ist eine Erweiterung unserer Liebesfähigkeit bis hin zur Bereitschaft, uns ganz zu schenken, uns ganz hinzugeben, uns ‚brechen', ‚austeilen' und ‚verzehren' zu lassen" (Anm. d. Red.).

des Weines ein wenig zu durchdringen. Verzeih uns diesen Wagemut!"[207]

Wenn Chiara so begonnen hat, kann auch ich nur in derselben Haltung über Jesus in der Eucharistie zu sprechen wagen. Sie hatte den Mut dazu gefunden, weil „die Liebe mehr wissen möchte, um besser lieben zu können, damit wir unseren Weg auf Erden nicht beenden, ohne wenigstens ein wenig entdeckt zu haben, wer er ist"[208]. Genau das wünsche ich mir für mich selbst, für jeden Angehörigen der Fokolar-Bewegung, für unsere ganze Bewegung. Wir „müssen" über die Eucharistie sprechen, weil wir Christen sind, in der Kirche leben, die uns Mutter ist, und dort das Ideal der Einheit einbringen bzw. sie mit neuem Leben erfüllen möchten.

Kein Geheimnis unseres Glaubens ist so eng mit der Einheit verbunden wie die Eucharistie. Sie ist das Sakrament, „das die Einheit hervorbringt und sie in ihrer ganzen Tiefe entfaltet". Durch die Eucharistie „vollendet sich die Einheit der Menschen mit Gott und untereinander und auch die Einheit des Kosmos mit seinem Schöpfer"[209]. Hier möchten wir uns jedoch nicht so sehr mit dem Sakrament als solchem befassen, sondern mit dem, was es bewirkt, insbesondere mit dem „Spezifikum" unserer Spiritualität: die Eucharistie, wie sie aus der Perspektive des Charismas der Einheit gesehen und gelebt wird.

---

207   C. Lubich, *In Brot und Wein*, München 1989, 11.
208   Ebd.
209   Ebd.

DIE EUCHARISTIE LÄSST UNS ZU „CHRISTUS" WERDEN

Jesus hat die Eucharistie an dem Tag eingesetzt, an dem er uns auch die gegenseitige Liebe aufgetragen hat. Sie setzt diese Liebe voraus, ja „sie wirkt auf diesem Hintergrund: Sie lässt uns eins werden, ein anderer Christus"[210] und schenkt uns „die Gnade", die wir erhoffen dürfen, wenn wir das „neue Gebot" leben: Jesu Gegenwart unter uns – die Einheit.

Diese Dynamik beinhaltet ohne Zweifel einen asketischen Aspekt, der von uns verlangt ist: die gegenseitige Liebe. Doch sie umfasst auch einen mystischen Aspekt, der von Gott kommt: das, was die Eucharistie wirkt. Sie ist das „Sakrament der Einheit", denn sie lässt die Einheit mit Gott und untereinander wachsen und verstärkt so die Gegenwart Jesu unter uns. Doch sie ist vor allem deshalb „Sakrament der Einheit", weil sie in jedem von uns etwas Außerordentliches bewirkt: unsere Umgestaltung in Jesus. In der Eucharistie geht Jesus selbst in uns ein und verwandelt uns in sich: „Die Eucharistie hat zum Ziel, uns (durch Teilhabe) Gott werden zu lassen. Indem sich das Fleisch Christi, das durch den Heiligen Geist lebt und Leben schafft, mit unserem Fleisch vermischt, werden wir der Seele und dem Leib nach vergöttlicht."[211]

LEBEN MIT DER EUCHARISTIE AM BEGINN DER BEWEGUNG

Das Sakrament der Eucharistie ist im Leben der Bewegung stets von größter Bedeutung gewesen, und sie ist es bis heute. Werfen wir wieder einen Blick auf Chiaras Erfahrung, die

---

210 C. Lubich, *Antworten an die Bewohner von Loppiano*, 18.4.2000, in: AGMF, ACL, Discorsi.
211 C. Lubich, *La dottrina spirituale*, Rom 2006, 196.

durchzogen ist von intensiven Momenten mit Jesus in der Eucharistie. In einem Gespräch sagte sie einmal: „Weißt du, was die Bewegung ist? Was mich betrifft, im Blick auf das, was ich dazu getan habe? Eine Angelegenheit zwischen mir und Jesus in der Eucharistie."[212]

Chiara war noch ein Kind, als sie zur Anbetungsstunde ging. „Du hast die Sonne geschaffen, die Licht und Wärme schenkt. Gib mir durch meine Augen dein Licht und deine Wärme in die Seele."[213] So betete sie immer wieder vor der Monstranz, bis sie die Hostie schwarz und den Rest weiß sah, wie es geschieht, wenn man einen Punkt fixiert. Später finden wir sie im Dom von Trient, wo sie in einer durch ein schmales Fenster erhellten Nische Philosophie studiert. Sie will, dass Jesus in der Eucharistie sie erleuchtet, damit sie die Wahrheit erfassen kann.

Bei der Vorbereitung auf den 7. Dezember 1943, den Tag ihrer Weihe an Gott, stellt der Priester sie auf die Probe: „Sie werden allein bleiben, während Ihre Geschwister heiraten." Chiara antwortet mit Überzeugung: „Solange es auf der Erde einen Tabernakel mit Jesus in der Eucharistie gibt, werde ich nie allein sein."

Bekanntlich versammelten sich am Beginn der Bewegung junge Frauen, die später die ersten Fokolarinnen wurden, jeden Samstag im Massaia-Saal in Trient[214]. Chiara bereitete sich vor, indem sie vor dem Tabernakel immer wieder zu Jesus in der Eucharistie nachdrücklich sagte: „Du bist alles, ich bin nichts."

---

212 C. Lubich, *Antworten an zukünftige Fokolare*, Rocca di Papa, 30.12.1976, in: AGMF, ACL, Discorsi.

213 Ebd.; vgl. auch A. Torno, *Portarti il mondo tra le braccia*, Rom 2011, 8f.

214 Dieser Saal wurde für Begegnungen des Dritten Ordens der Franziskaner genutzt, zu dem in den Anfangsjahren der Bewegung auch Chiara Lubich und ihre ersten Gefährtinnen gehörten (Anm. d. Red.).

Jesus in der Eucharistie begleitete auch die ersten Fokolarinnen auf ihren Reisen, auf denen sie ihr „Ideal" in Italien bekannt machen wollten. Wenn sie mit dem Zug von Stadt zu Stadt fuhren und vom Abteil aus die übers Land verteilten Kirchen sahen, hatten sie den Eindruck, dass Jesus, der in jeder Kirche im Tabernakel gegenwärtig ist, das ganze Land verbinde. Er war sozusagen mit dabei, begleitete sie wie ein „Kavalier", wie Chiara sagte.

Sodann war es die Kommunion mit dem eucharistischen Jesus, in der wie erwähnt der Pakt mit Igino Giordani 1949 seine Wirkung entfaltete.

Und wieder war es Jesus in der Eucharistie, der Chiara in den Prüfungen und in schwierigen Momenten der Bewegung Halt gab. Als ihr niemand Audienz gewährte, weil die Bewegung geprüft wurde, war er – Jesus in der Eucharistie – immer da, zu jeder Stunde. Er erwartete sie und gab ihr zu verstehen: „Ich das Haupt der Kirche."[215] Chiara erklärte: „Der bei weitem wichtigste Augenblick des Tages ist der, in dem du in unser Herz kommst. Es ist unsere Audienz beim Allmächtigen."[216]

Von den vielen Erfahrungen Chiaras sei eine besonders eindrückliche herausgegriffen: ihre Reise ins Heilige Land (1956), die sie nicht so sehr als Pilgerfahrt unternahm, sondern um jemandem einen Gefallen zu tun, aus Liebe zu dieser Person. Damals war Chiara tief bewegt: Dort war Jesus geboren und aufgewachsen; viele Spuren zeugten von ihm. Ganz gepackt von dieser fast physischen Gegenwart Jesu vergaß sie völlig

---

215   C. Lubich, *In Brot und Wein*, 73.
216   C. Lubich, *Alle sollen eins sein*, 121.

die Bewegung und verharrte in Anbetung. Sie betrachtete den Sternenhimmel, die Häuser, Mauern, Steine und Straßen, auf denen Jesus gegangen war ... Am liebsten wäre sie dort geblieben. – Doch plötzlich kam ihr ein Gedanke: Es gibt etwas, das mehr wert ist als das Heilige Land, als jene Steine: Jesus, der in der Eucharistie lebt. Ihn würde sie auch in Italien finden, in Rom, wo sie wohnte, an jedem Punkt der Welt, wo es einen Tabernakel gibt. Deshalb konnte sie auch nach Hause zurückkehren.

Auch heute ist Jesus in der Eucharistie gegenwärtig, in großen Kathedralen wie in jeder kleinen Kirche. Egal, in welchem Land, in welcher Kultur, in welchem Sprachraum, auch fern der Heimat, es ist immer derselbe Jesus. „Nein, die Erde blieb nicht kalt und leer zurück", schreibt Chiara in einer bekannten Betrachtung, „denn du bist bei uns geblieben! Was wäre unser Leben ohne dich ...? Wir beten dich an, Herr, in allen Tabernakeln der Welt. Sie sind in der Nähe, sie sind da für uns. Sie sind nicht fern wie die Sterne am Himmel, die du uns ebenfalls geschenkt hast. Überall können wir dir begegnen, König der Sterne und der ganzen Schöpfung! Danke, Herr, für dieses unermessliche Geschenk! Der Himmel hat seinen Reichtum auf die Erde ausgegossen. Der Sternenhimmel ist klein; groß ist die Erde. Denn sie ist übersät mit der Eucharistie: Gott bei uns, Gott unter uns, Gott für uns."[217]

Die Welt ist „durchsetzt" mit Jesu Gegenwart. Im Grunde ist es das, was Chiara bereits im Jahr 1949 erahnte, als sie schrieb: „Jesus ist nicht auf der Erde geblieben, damit er in der Eucharistie an allen Orten der Welt bleiben kann. Er war

---

217   A. a. O., 279.

Gott, und als göttlicher Same brachte er vielfache Frucht: sich selbst vervielfachend.“[218]

In allen Kämpfen und Leiden war er es, der Chiara Kraft gab. Sie sagte sogar, dass sie viele Male gestorben wäre, hätte Jesus in der Eucharistie, Jesus in der Mitte, dessen Gegenwart durch die Eucharistie verstärkt wird, ihr nicht Halt gegeben.

Aus Chiaras tiefer Beziehung zu Jesus in der Eucharistie sind einige ihrer schönsten Betrachtungen entstanden:

„Wenn du leidest und dein Leiden so groß ist, dass es dich an jeder Tätigkeit hindert, dann denke an die Messe. In der Messe, damals wie heute, arbeitet und predigt Jesus nicht: Er opfert sich aus Liebe. Im Leben kann man vieles tun und vieles sagen, doch die Stimme des Schmerzes, stumm vielleicht und von keinem beachtet, aber aus Liebe geschenkt, ist das eindringlichste Wort: Es erschüttert den Himmel. Wenn du leidest, versenke deinen Schmerz in seinen: Feiere deine Messe! Wenn die Welt das nicht versteht, soll es dich nicht verwirren. Jesus, Maria und die Heiligen verstehen dich, das genügt. Lebe mit ihnen, gib dein Blut zum Segen für die Menschheit – wie Jesus. Die Messe: zu groß, um verstanden zu werden! Seine Messe, unsere Messe.“[219]

Eine andere bekannte Betrachtung geht zurück auf eine spontane Danksagung nach der Kommunion während eines Gottesdienstes in Santa Maria degli Angeli in Rom: „Ich liebe dich, nicht weil ich lernte, dir dies zu sagen, nicht weil das Herz mir diese Worte eingibt, nicht weil der Glaube mir sagt, dass du Liebe bist, nicht einmal nur, weil du für mich gestor-

---

218   C. Lubich, *Text* vom 24.10.1949.
219   C. Lubich, *Alle sollen eins sein*, 30.

ben bist. Ich liebe dich, weil du in mein Leben kamst, mehr als die Luft in meine Lungen, mehr als das Blut in meine Adern. Du hast Eingang gefunden, wo kein anderer es vermochte, als niemand mir helfen konnte, jedes Mal, wenn ich untröstlich war. Jeden Tag habe ich mit dir gesprochen, jede Stunde auf dich geschaut; in deinem Antlitz las ich die Antwort, deine Worte gaben mir Klarheit, in deiner Liebe fand ich die Lösung. Ich liebe dich, denn viele Jahre lebtest du mit mir, und ich lebte aus dir. Ohne es zu merken, trank ich von deinem Gesetz. Ich habe mich davon genährt, daran gestärkt ..."[220]

EUCHARISTIE UND IDEAL DER EINHEIT

Fast könnte man sagen, dass Jesus in der Eucharistie die verborgene Antriebskraft in Chiaras Leben war ...

Es ist bezeichnend, dass Jesus den Vater um die Einheit seiner Jünger und all derer bittet, die nach ihnen kommen werden, nachdem er die Eucharistie eingesetzt hat. Chiara schreibt: „Die Einheit kann in ihrer Fülle dank der Eucharistie gelebt werden. Sie lässt uns eins sein – nicht nur durch unsere Liebe zueinander, sondern dadurch, dass wir ‚ein Leib' mit Christus werden, gleichsam seine Blutsverwandten, die somit auch untereinander verwandt werden. Die Einheit erreicht also ihre größte Fülle durch die Eucharistie."[221] Die Eucharistie und das Ideal der Einheit sind demnach eng miteinander verbunden. Offenkundig hat Gott das Augenmerk von Chiara und ihren ersten Gefährtinnen nicht nur auf Jesu Gebet um die Einheit gelenkt (vgl. Johannes 17,21); er drängte sie auch, sich

---

220 C. Lubich, *Die große Sehnsucht unserer Zeit*, 31.
221 C. Lubich, *Ein Weg in Gemeinschaft*, 34.

dem zuzuwenden, der sie allein verwirklichen kann: Jesus, der sich uns in der Eucharistie schenkt.

Es ist bezeichnend, dass von Anfang an viele, die mit der Fokolar-Bewegung in Berührung kamen, den Wunsch verspürten, täglich die Kommunion zu empfangen – ähnlich wie sich ein neugeborenes Kind instinktiv der Brust der Mutter zuwendet, ohne zu wissen, was es tut ... Angesichts dieses Phänomens fragte sich Chiara: „Wie ist das zu erklären? Was der Instinkt für das Neugeborene ist, ist der Heilige Geist für den Erwachsenen, der durch das Evangelium in der Einheit zu neuem Leben geboren ist. Er fühlt sich hingezogen zum ‚Herzen‘ der Kirche, die ihm Mutter ist, um sich von dem Kostbarsten, das sie ihm geben kann, zu nähren."[222]

DIE EUCHARISTIE LÄSST UNS KIRCHE SEIN: EUCHARISTIE UND GEMEINSCHAFT UNTEREINANDER

Die Eucharistie „vergöttlicht" wie gesagt den Menschen, lässt ihn durch Teilhabe „Gott" werden. Dies wirkt die Eucharistie aber nicht nur am einzelnen Christen, sondern an den vielen Christen, die versammelt sind, um dieses Geheimnis zu feiern. „Da sie alle zu ‚Gott‘ geworden sind, sind sie nicht mehr ‚Viele‘, sondern ‚Einer‘. Sie sind ‚Gott‘ und alle gemeinsam in Gott. Sie sind eins mit ihm, hineinverloren in ihn."[223] Diese Wirklichkeit, welche die Eucharistie hervorbringt, ist die Kirche.

Das bezeugt schon die Urgemeinde der Christen. In der Apostelgeschichte heißt es: „Die Gemeinde der Gläubigen war

---

222 C. Lubich, *Una via nuova*, Rom 2002, 52.
223 C. Lubich, *La dottrina spirituale*, 196.

ein Herz und eine Seele" (Apostelgeschichte 4,32). Benedikt XVI. erklärt: „In der ersten christlichen Gemeinde, die
sich vom Tisch des Herrn nährt, sehen wir das Ergebnis des
einenden Wirkens des Heiligen Geistes. Sie teilten untereinander ihre Güter, wobei jede Bindung an das Materielle durch
die Liebe zu den Brüdern und Schwestern überwunden wurde.
Sie fanden gerechte Lösungen für ihre Meinungsverschie-
denheiten, wie wir es zum Beispiel bei der Beilegung der
Auseinandersetzung zwischen Hellenisten und Hebräern hinsichtlich der täglichen Versorgung sehen können (vgl. Apostelgeschichte 6,1-6). Ihre Liebe war nicht nur auf die Glau-
bensbrüder beschränkt. Sie sahen sich nicht als exklusive und
bevorzugte Empfänger des göttlichen Wohlwollens, sondern
vielmehr als Boten, die gesandt sind, um die Frohbotschaft des
Heils in Christus bis an die Enden der Erde zu tragen. So ver-
breitete sich die Botschaft, die der Auferstandene den Aposteln anvertraut hatte, im ganzen Nahen Osten und darüber
hinaus in der ganzen Welt."[224]

Das Zeugnis der Christen war so offenkundig, dass man
bald von ihnen sagte: „Seht, wie sie einander lieben und bereit
sind, füreinander das Leben zu geben!" (vgl. Tertullian, *Apolo-
getik*, 39). Das ist eine Auswirkung der Eucharistie.

Derselbe Heilige Geist, der in Jerusalem auf die Apostel
herabkam, wirkt weiter, auch jetzt, bei jeder Messfeier, und
zwar bewirkt er ein Zweifaches: „Er heiligt die Gaben von Brot
und Wein, sodass sie zum Leib und Blut Christi werden; und er
erfüllt alle, die diese heiligen Gaben als Nahrung empfangen,

---

224   Benedikt XVI., *Predigt im Sportpalast von Nicosia/Zypern*, 6.6.2010, in: L'Osser-
      vatore Romano deutsch, Nr. 23, 11.6.2010.

126

sodass sie ein Leib und ein Geist werden in Christus."[225] Darum heißt es im eucharistischen Hochgebet: „Schenke uns Anteil an Christi Leib und Blut und lass uns eins werden durch den Heiligen Geist." „Diese Formulierung", so heißt es im Nachsynodalen Schreiben *Sacramentum Caritatis,* „lässt deutlich werden, dass die *res* (Substanz) des eucharistischen Sakramentes die Einheit der Gläubigen in der kirchlichen Gemeinschaft ist. So zeigt sich die Eucharistie an der Wurzel der Kirche als Geheimnis der Communio."[226]

GEMEINSCHAFT MIT GOTT – GEMEINSCHAFT UNTEREINANDER

Wir kennen das eindrucksvolle Bild, mit dem Augustinus diese Wirklichkeit beschreibt: „Die Weizenkörner werden, sobald sie gemahlen sind, zu einem Teig vermischt und gebacken. Dieser Vorgang, der die verstreuten Körner vereint und in ein einziges Brot verwandelt, gibt gut das einende Wirken des Heiligen Geistes über die Glieder der Kirche wieder, das sich auf herausragende Weise durch die Feier der Eucharistie vollzieht."[227]

Chiara schreibt: „Als wahres ‚Sakrament der Einheit' bewirkt die Eucharistie auch die Einheit untereinander. Das ist leicht zu verstehen: Wenn zwei einem Dritten gleichen, Christus, sind sie auch einander ähnlich. Die Eucharistie bringt also – und das ist etwas Wunderbares – die geschwisterliche Gemeinschaft hervor. Wenn die Menschheit diese Tatsache ernst

---

225 Ebd.

226 Benedikt XVI., Nachsynodales Apostolisches Schreiben *Sacramentum Caritatis,* Nr. 15.

227 Augustinus, *Sermo* 272, zit. in: Benedikt XVI., *Predigt im Sportpalast von Nicosia/Zypern,* 6.6.2010, in: L'Osservatore Romano deutsch, Nr. 23, 11.6.2010.

nehmen würde, hätte das unabsehbare Folgen, das Leben bekäme einen Vorgeschmack des Himmels. Wenn die Eucharistie uns untereinander eins macht, ergibt es sich von selbst, dass wir einander als Brüder und Schwestern behandeln. Die Eucharistie bringt die Familie der Kinder Gottes hervor, sie macht uns zu Geschwistern Jesu und untereinander. Bereits in der natürlichen Familie gibt es Verhaltensweisen, die die Welt verändern können, wenn sie aus dem Glauben heraus und auf breiter Ebene Anwendung finden. In der Familie wird alles miteinander geteilt, das Leben, die Wohnung ... In einer guten Familie herrscht eine Atmosphäre des Vertrauens. Einer kennt die Situation des anderen, weil man sich einander mitteilt. Die einzelnen Glieder bringen in ihre Umgebung die Wärme der Familie. Eine gesunde Familie kann einen wertvollen Beitrag leisten zum Aufbau der Gesellschaft. Eine Familie kann sich glücklich schätzen, wenn es ihr möglich ist, sich um den Tisch zu versammeln, gemeinsam zu singen oder zu beten. Wenn nun die Familie eines der schönsten Werke des Schöpfers ist, wie wird dann erst die Familie der Kinder Gottes sein?"[228]

Um dazu beizutragen, dass die Menschheit diese Familie der Kinder Gottes wird, ist jeder von uns aufgefordert, nicht bei sich stehen zu bleiben und sich selbst zu genügen, sondern die Begegnung mit den anderen zu suchen. „Wir dürfen nicht mehr vom ‚Ich' her denken, sondern vom ‚Wir' her", mahnt Benedikt XVI. „Darum beten wir immer Vater ‚unser' und bitten um ‚unser' tägliches Brot. Das Niederreißen der Mauern zwischen uns und unseren Nächsten ist der erste notwendige Schritt, um in das göttliche Leben einzutreten, zu dem

---

228   C. Lubich, *In Brot und Wein*, 56f.

wir berufen sind."[229] Auf dieser Linie liegt auch, was Papst Franziskus bei der Generalaudienz vom 12. Februar 2014 über die Eucharistie sagte. Er richtete an alle sehr eindringlich diese Fragen: „Wenn wir an der heiligen Messe teilnehmen, kommen wir mit Männern und Frauen aller Art zusammen: jungen und alten Menschen, Kindern; Armen und Wohlhabenden; Einheimischen und Fremden; begleitet von den Angehörigen und allein ... Führt mich aber die Eucharistie, die ich feiere, dahin, sie alle wirklich als Brüder und Schwestern zu betrachten? Lässt sie in mir die Fähigkeit wachsen, mich mit den Frohen zu freuen und mit den Weinenden zu weinen? Spornt sie mich an, zu den Armen, den Kranken, den Ausgegrenzten zu gehen? Hilft sie mir, in ihnen das Antlitz Jesu zu erkennen? Wir alle gehen zur Messe, weil wir Jesus lieben und in der Eucharistie an seinem Leiden und an seiner Auferstehung teilhaben wollen. Aber lieben wir die notleidenden Brüder und Schwestern, wie es dem Willen Jesu entspricht?"[230]

Genau das bedeutet Liebe: „sich mit dem anderen einsmachen", sodass er sich gestärkt, getröstet, erleichtert und verstanden fühlt. Durch die Einsetzung der Eucharistie hat Jesus uns ein großartiges Beispiel gegeben. Chiara schreibt: „In der Eucharistie wird er für uns zu Brot, um in alle einzugehen, er lässt sich verzehren, um sich mit allen einszumachen, um allen zu dienen, alle zu lieben."[231]

Und wenn die Liebe zum Nächsten geringer wird? Hier erfordert die Eucharistie als wahres Sakrament der Einheit, dass

---

229   Benedikt XVI., *Predigt im Sportpalast von Nicosia/Zypern*, 6.6.2010, in: L'Osservatore Romano deutsch, Nr. 23, 11.6.2010.
230   Zitiert nach: L'Osservatore Romano deutsch, Nr. 8, 21.2.2014.
231   C. Lubich, *L'Eucaristia fa la Chiesa*, in: *Gen's* 5 (1983), 8.

wir uns sofort mit dem Bruder, der Schwester versöhnen, sooft die Einheit zerbrochen ist. So steht es im Evangelium. Eines der Worte, die Chiara seit den Anfängen unterstrichen hat, damit zuallererst wir, die wir zur Bewegung gehören, es leben, stammt aus der Bergpredigt: „Wenn du deine Opfergabe zum Altar bringst und dir dabei einfällt, dass dein Bruder etwas gegen dich hat, so lass deine Gabe dort vor dem Altar liegen; geh und versöhne dich zuerst mit deinem Bruder, dann komm und opfere deine Gabe" (Matthäus 5,23). Chiara ist zutiefst davon überzeugt, dass „Gottesdienst und die Liebe zueinander, die immer wieder zur Einheit führt, auf keinen Fall auseinander-dividiert werden dürfen".[232]

Eucharistie für das „Ut omnes ..."

In der Eucharistie erfahren wir, dass „Jesus da ist, mit seiner gan-zen Liebe. Er ist da für alle, für jeden Menschen der Erde. Von ihm lernen wir, dass alle Menschen wirklich gleich sind, alle Kin-der Gottes, alle mögliche Jünger und Jüngerinnen, mögliche Glieder an seinem Leib. Jesus bevorzugt niemanden und diskri-miniert niemanden! Jesus in der Eucharistie zeigt uns allein durch seine Präsenz, wie weit unsere Liebe gehen soll: nämlich dass wir uns für die weltweite Geschwisterlichkeit öffnen"[233].

Wenn wir gemeinsam Eucharistie feiern, entsteht also nicht nur Gemeinschaft, weil der Auferstandene unter uns ist. Es ist

---

232   C. Lubich, *Alles besiegt die Liebe*, 72. Vgl. C. Lubich, *Costruendo il castello esterio-re*, Rom 2002, 9-11: „Mit der Eucharistie wird uns die Gabe der Einheit zuteil. Wenn wir uns durch die echte gegenseitige Liebe, die Jesus uns gelehrt hat, auf den Empfang der Eucharistie vorbereiten, wird sie uns allen ihre Gabe schenken: die Einheit."

233   C. Lubich, *L'Eucaristia fa la Chiesa*, 8.

zugleich der Ausgangspunkt, von dem aus wir uns der Welt zuwenden.

So war es bekanntlich bereits in den ersten Tagen der Fokolar-Bewegung. Nach der gemeinsamen Eucharistiefeier ging man auseinander, nach Hause, in die Schulen, die Büros usw. und erzählte von den Erfahrungen in diesem neuen Leben „des Ideals", um die Botschaft des Evangeliums zu bringen. Jedem lag die von Jesus erbetene Einheit, das *„Ut omnes unum sint"* (Johannes 17,21), am Herzen: „Wir richteten unseren Blick auf die ganze Menschheit. Wir wussten, dass es zu ihrem Heil notwendig war, wie Jesus zunächst mit dem eigenen Leben und dann durch das Wort Zeugnis zu geben."[234]

Beeindruckend ist auch die Danksagung nach der Kommunion aus dieser Zeit. Chiara schreibt: „Wir rezitierten immer das letzte Gebet Jesu, das Gebet um die Einheit. Das war unsere Weise zu beten. Wir warteten, bis Jesus nach der Kommunion in uns war. Da man uns gesagt hatte, dass nicht wir ihn empfangen, sondern er uns in sich aufnimmt, empfanden wir uns als anderer Christus und liehen ihm – wie wir sagten – unseren Mund, damit er sein letztes Gebet, das Gebet um die Einheit, wiederholen konnte. Es war ein flehentliches Beten um die Einheit, deren Verwirklichung bereits begonnen hat."[235] Dieser glühende Einsatz, den die erste Generation unserer Bewegung so intensiv bezeugt, sollte auch heute immer mehr unsere Treffen, Schulungskurse und „Mariapolis" prägen.

Wir könnten uns fragen, ob die Messe noch immer zentraler Schwerpunkt unseres Tages ist, sodass wir als Einzelne und gemeinsam die ganze Kraft der Eucharistie als Sakrament der Ein-

---

234   C. Lubich, *In Brot und Wein*, 74.
235   C. Lubich, *Anmerkung zum Text* vom 10.11.1949.

heit erfahren. Auch heute können wir am Ende eines jeden Gottesdienstes diese Freude empfinden, die dazu drängt, in unsere Umgebung zurückzukehren, um die Einheit mit dem auferstandenen Herrn zu bezeugen: in der Familie, zu Hause, am Arbeitsplatz, überall, „mit dem brennenden Wunsch im Herzen, das Evangelium zu verkünden, und in der Gewissheit, dass sich so gemäß seiner Verheißung die Gegenwart des Auferstandenen unter den Menschen verwirklicht (vgl. Matthäus 18,20)".[236]

EUCHARISTIE: GEHEIMNIS DER AUFERSTEHUNG

Die Eucharistie hat noch eine andere fundamentale Auswirkung in dem, der sie in der rechten Haltung empfängt. Chiara hat dies so nachdrücklich betont, dass wir es nicht außer Acht lassen können: die Eucharistie als „Grund der Auferstehung des Leibes"; sie eröffnet uns das ewige Leben. Im Johannesevangelium heißt es: „Wer mein Fleisch isst und mein Blut trinkt, hat das ewige Leben, und ich werde ihn auferwecken am Letzten Tag" (Johannes 6,54). Es sind Worte Jesu.

In der Eucharistie empfangen wir demnach auch die Gewähr für die Auferstehung des Leibes am Ende der Welt. Johannes Paul II. schreibt in seiner Enzyklika über die Eucharistie: „Diese Garantie der künftigen Auferstehung kommt aus der Tatsache, dass das Fleisch des Menschensohnes, das uns zur Speise gereicht wird, sein Leib im verherrlichten Zustand des Auferstandenen ist. Mit der Eucharistie nehmen wir sozusagen das ,Geheimnis' der Auferstehung in uns auf."[237]

---

236 C. Lubich, *Dio è vicino* (ScSp4), Rom 1995, 31f.
237 Johannes Paul II., *Ecclesia de Eucharistia* Nr. 18, in: Verlautbarungen des Apostolischen Stuhls, Nr. 159. Vgl. auch N. Bux, Il „segreto" della Risurrezione, in: L'Osservatore Romano, Nr. 146, 2003.

Die Auferstehung betrifft auch die „Wohnstätte" des Menschen, den Kosmos, die ganze Schöpfung, die – wie Paulus an die Römer schreibt – „sehnsüchtig auf das Offenbarwerden der Söhne Gottes wartet" (Römer 8,19). Jesus, der gestorben und von den Toten auferstanden ist, ist, so Chiara, „gewiss die eigentliche Ursache für die Umwandlung des Kosmos, doch vielleicht wartet Jesus auch auf den Beitrag der Menschen, die durch die Eucharistie ein ‚anderer Christus' geworden sind, um die Erneuerung des Kosmos zu bewirken". Sie fragt sich: „Wenn die Eucharistie Ursache für die Auferstehung des Menschen ist, wäre es dann nicht denkbar, dass der Leib des Menschen, der durch die Eucharistie vergöttlicht wird, dazu bestimmt ist, in der Erde aufgelöst zu werden, um auf diese Weise zur Umwandlung des Kosmos beizutragen?"[238] Diese Intuitionen finden sich übrigens schon in Aufzeichnungen aus dem Jahr 1949.

Die Kirche Jesu, die dank der Eucharistie „aus vergöttlichten, zu Gott [durch Teilhabe] gewordenen Menschen besteht, die vereint sind mit Christus, der Gott ist, und untereinander"[239], diese Kirche ist berufen, zusammen mit der ganzen Schöpfung in den Schoß des Vaters einzugehen. Alles, was aus Gott hervorgegangen ist, kehrt so – durch die Eucharistie – in Gott zurück.

* * *

238   C. Lubich, *Ein Weg in Gemeinschaft*, 72f.
239   C. Lubich, *La dottrina spirituale*, 196.

Es ist ein unaussprechliches Geheimnis, das Chiara so ausdrückt: „Jesus, du hast Großes mit uns vor, und du verwirklichst es durch die Jahrhunderte. Mach uns eins mit dir, damit wir dort sind, wo du bist. Für dich, der du aus der Dreifaltigkeit auf die Erde gekommen bist, war es der Wille des Vaters, dass du dorthin zurückkehrtest – aber nicht allein, sondern mit uns. Dein langer Weg von der Dreifaltigkeit hin zur Dreifaltigkeit führt durch die Geheimnisse von Leben und Tod, durch Schmerz und Herrlichkeit. Wie gut, dass die Eucharistie auch ‚Danksagung‘ ist: Nur so können wir dir in angemessener Weise danken."[240]

Castel Gandolfo, 4. September 2014

---

240   C. Lubich, *In Brot und Wein*, 24f.

Die Einheit:
Geschenk – Auftrag – Ziel

Als Chiara 1981 ausführlich über „die Einheit" sprach, begann sie mit einem Blick auf die Welt und die vielfältigen Spannungen, die damals existierten, und betonte doch, dass die Welt – trotz allem – auf die Einheit zustrebe; die Einheit sei ein Zeichen der Zeit.

„Die Einheit ist der Punkt, in dem alles zusammenfließt und von dem alles ausgehen muss"[241], bekräftigte sie; es gelte, unseren Blick auf den einen Vater zu richten. Jesus, dem wir folgen wollen, habe uns ja vor allem eins gelehrt: „Wir sind Kinder eines Vaters und untereinander Brüder und Schwestern."[242]

Wo stehen wir heute? In unserer Bewegung, untereinander und in unseren Beziehungen „nach außen"? Wenn wir heute auf unsere Welt blicken, zeigt sich einerseits, dass im Vergleich zum Jahr 1981 Spannungen abgebaut werden konnten (denken wir nur an die Spannung zwischen Ost und West, an den Fall der Berliner Mauer ...). Andererseits erleben wir zum

---

241   C. Lubich, *Die Einheit*. Erstes Referat, Treffen der Zonen- und Fokolar-Verantwortlichen, Rocca di Papa, 5.10.1981, in: AGMF, ACL, Discorsi.
242   Vgl. C. Lubich, *Jesus der Verlassene und die Einheit*, 17.

Teil dramatische Spannungen, die wir fast ohnmächtig mit ansehen müssen: kriegerische Auseinandersetzungen an zahlreichen Punkten der Erde; die anhaltende Migration ganzer Völker, die unser Gewissen aufrüttelt; zunehmende religiöse Intoleranz und Rassismus. Die Aufzählung ließe sich fortsetzen.

Als ich (im April 2015) bei der UNO sprach, spürte ich die Verantwortung, diese hochrangige Versammlung darauf hinzuweisen, dass die nationalen und internationalen Konflikte sowie die tiefen Spaltungen, die wir heute auf Weltebene erleben, eine echte Umkehr im politischen Denken und Handeln erfordern. Nur so kann die weltweite Geschwisterlichkeit, die wir alle ersehnen und die als einzig tragfähige Lösung für die Probleme des Zusammenlebens in der heutigen Welt erscheint, vorangebracht werden.

Ich denke, dass gerade wir in der Fokolar-Bewegung zu dieser Umkehr des Herzens aufgerufen sind, denn unsere spezifische Berufung ist es ja, dazu beizutragen, dass sich hier auf der Erde das Testament Jesu verwirklicht: „Vater, alle sollen eins sein" (Johannes 17,21). Das erfordert die Treue zu unserem Charisma und zu jener ersten Intuition, die Chiara schon 1946 folgendermaßen zum Ausdruck brachte: „Wir spüren deutlich, dass Gott von uns die Einheit will. Wir leben, um mit ihm, untereinander und mit allen eins zu sein. Diese herrliche Berufung bindet uns eng an den Himmel und stellt uns gleichzeitig mitten hinein in die Beziehung zu allen Menschen. Es gibt für uns nichts Größeres, kein höheres Ideal."[243]

Schon in diesen wenigen Worten wird deutlich, dass die Einheit, dieses unschätzbare Geschenk Gottes, unseren Einsatz

---

243   A. a. O., 16.

erfordert und uns auf ein Ziel verweist: Es gilt, hier auf Erden wie im Himmel zu leben, auf die so gemarterte Erde das Leben des Himmels zu bringen.

So kommen drei Perspektiven in den Blick: die Einheit als Geschenk, die Einheit als Auftrag, die Einheit als Ziel. Und alle drei sind, so scheint mir, untrennbar miteinander verbunden.

DIE EINHEIT ALS GESCHENK GOTTES

Wieso ist die Einheit vor allem Geschenk? Ein wenig konnten wir das bereits beim Schwerpunktthema „Eucharistie" erahnen, dem „Sakrament der Einheit". Denn es hat ja zum Ziel, die Einheit mit Gott und untereinander zu stärken. Als wir dieses Sakrament vertieften, das Jesus an dem Tag stiftete, an dem er uns das Gebot der gegenseitigen Liebe gab, wurde deutlich, dass die Eucharistie „ihre Wirkung in der Folge unserer gegenseitigen Liebe zeigt: Sie macht uns eins, zu Christus"[244]. Sie schenkt uns die Gnade der Einheit, jene Gnade, zu der uns das Leben des „neuen Gebots" befähigt. Sie war, wie mehrfach gesagt, auch die Basis des „Paktes der Einheit" von 1949.

Die Einheit ist wesentlich, ja ganz und gar Gottes Werk, dessen ist sich Chiara sicher: „Die Einheit ist etwas zu Großes ... Sie ist das Ideal Jesu. Er kam auf die Erde, um die Einheit aller Menschen mit dem Vater und die Einheit der Menschen untereinander zu verwirklichen ... *Er* schafft die Einheit."[245]

---

244   C. Lubich, *Zu Bewohnern von Loppiano*, 18.4.2000, in: Die Eucharistie. Texte von Chiara Lubich, Ottmaring 2014, 56.

245   Vgl. C. Lubich, *Die Einheit*, Beim Fokolar-Fest in der Schweiz, Payerne 26.9.1982, in: AGMF, ACL, Discorsi.

Die Kirche führt sein Werk fort: Mit der Gnade Gottes steht sie im Dienst an der Einheit der Menschen mit Gott und der Einheit der Menschen untereinander.

Anlässlich des „Tags der Einheit der Christen" am 23. Mai 2015 in Phoenix/USA unterstrich Papst Franziskus in seiner Video-Botschaft die Notwendigkeit, „die Gnade der Einheit" zu erbitten. Die Einheit, die ihren Anfang nimmt „mit dem Siegel der einen Taufe, die wir alle empfangen haben". „Die Einheit, die wir vereint suchen, während wir unterwegs sind. Die Einheit des Geistes im Gebet füreinander. Die Einheit im gemeinsamen Einsatz für die Brüder und Schwestern, die an Christus glauben." Angesichts der schmerzlichen Trennung, dieser „Wunde am Leib der Kirche Christi", legte er allen ans Herz, vereint darum zu bitten, dass der Vater den Geist Jesu, den Heiligen Geist, senden möge und uns die Gnade gewähre, dass alle eins seien, „damit die Welt glaube".[246]
In diese Richtung geht auch der Wunsch des Papstes, dass sich alle Christen auf einen gemeinsamen Ostertermin einigen.

Die Einheit nur unter den Christen wäre allerdings nicht genug. Unsere Spiritualität lehrt uns, dass die Einheit dem Plan Gottes für die ganze Menschheit entspricht. Er umfasst die gesamte Geschichte vom Entstehen der Menschheit bis zum Ende, bis zur Wiederkunft Jesu.
Der Weg des Menschen geht von der Dreifaltigkeit zur Dreifaltigkeit.

---

246 Vgl. *Video-Botschaft von Papst Franziskus* anlässlich des Tages für die Einheit der Christen, Phoenix (USA), 23.5.2015.

Die Einheit als Auftrag

Wir lesen in der Heiligen Schrift, dass Jesus selbst den Vater um diese Gnade für uns bittet: „Vater, alle sollen eins sein." Doch dem Geschenk muss eine klare Verpflichtung unsererseits entsprechen. Chiara schreibt: „Die Einheit ist das, was Gott von uns will ... Doch wir können die Einheit nicht aus eigener Kraft verwirklichen. Das geschieht nur durch eine besondere Gnade, die vom Vater kommt, wenn er in uns eine bestimmte Bereitschaft vorfindet, eine unverzichtbare Voraussetzung: die gelebte gegenseitige Liebe, die Jesus uns aufgetragen hat."[247] Das führt wieder zu jener „Norm aller Normen", wie sie in unserem Statut ausgedrückt ist: „Die gegenseitige und beständige Liebe, die die Einheit und die Gegenwart Jesu in der Gemeinschaft ermöglicht, ist für die Angehörigen des Werkes Mariens die Grundlage ihres Lebens in jedem seiner Aspekte: Sie ist die Norm aller Normen, die Voraussetzung für jede andere Regel."[248]

Erinnern wir uns noch einmal an Chiaras Erfahrung in jenem „dunklen Keller". Es war am Christkönigsfest, als sie gemeinsam mit ihren ersten Gefährtinnen Jesus um die Gnade bat, ihnen zu zeigen, wie sie die Einheit leben könnten. Von diesem Moment erzählte Chiara sehr anschaulich beim ersten internationalen Schulungskurs 1961 in Grottaferrata[249]: „Wir

---

247 C. Lubich, *Santità di popolo*, 91f. Vgl. C. Lubich, Die Magna Charta, bei der internationalen Schule der Fokolarinnen, Grottaferrata, 25.11.1961, in: AGMF, ACL, Discorsi.

248 *Allgemeines Statut der Fokolar-Bewegung*, 7.

249 Im dortigen internationalen Schulungszentrum für angehende Fokolarinnen und Fokolare, das 1964 nach Loppiano bei Florenz verlegt wurde. 1982 wurde in Montet/Schweiz ein zweites, kleineres Schulungszentrum für Fokolare errichtet (Anm. d. Red.).

gingen in eine Kirche, versammelten uns im Altarraum, hinter der Kommunionbank, auf der Seite des Priesters. Alle Fokolarinnen wiederholten die Worte, die ich vorsprach. Wir waren sechs oder sieben. Wir beteten: Vater im Himmel, im Namen Jesu – du weißt, was Jesus in seinem Testament gewollt hat – sind wir dazu bereit, uns von dir zu Werkzeugen machen zu lassen, damit sich das Vermächtnis Jesu auf Erden verwirklicht. Wir wissen nicht, was das bedeutet, was Einheit ist und wie man Einheit zustande bringt. Aber wir stellen uns dir zur Verfügung. Wenn du willst, mach uns zu Werkzeugen der Einheit. Wir sind bereit."[250] Im Blick auf die Einheit, auf diesen entschiedenen Einsatz für die Einheit sprach Chiara selbst von „der Magna Charta" der Fokolar-Bewegung.

Uns neu zur Verfügung stellen

Als ich mich näher mit dieser ersten Etappe beschäftigte, spürte ich, dass sie höchst aktuell ist. Angesichts der Ohnmacht, die uns auch heute manchmal befällt, sollten wir vielleicht diesen ersten Schritt wiederholen: uns neu Gott zur Verfügung stellen als Werkzeuge in seinen Händen, damit er auf unserem Nichts die Einheit verwirklichen kann. Das ist unsere vorrangige Aufgabe. Das ist der erste Schritt, den wir als Einzelne und gemeinsam tun sollten.

Jeder ist zur Einheit berufen

In Erzählungen über die Anfänge der Fokolar-Bewegung heißt es oft, dass die Liebe von Chiara und ihren ersten Gefährtinnen vor allem den Bedürftigen galt. Das stimmt – und stimmt

---

250   C. Lubich, *Magna Charta*, Internationale Schule der Fokolarinnen, Grottaferrata, 25.11.1961, Frage 1, in: AGMF, ACL, Discorsi.

doch nicht so ganz. Die Briefe aus der Anfangszeit bezeugen bereits eine enorme Weite, bringen eine universale, indirekt schon auf das *Ut omnes* ... *(„*Alle sollen eins sein") ausgerichtete Dimension zum Ausdruck. Chiara hat ihre Familie im Blick, und zwar jeden mit einer ganz persönlichen Liebe: ihren Vater, ihre Mutter, den kommunistischen Bruder Gino, ihre Schwestern. Sie schenkt ihre Liebe denen, die in die Katholische Aktion aufgenommen werden wollen, den Ordensmännern, Ordensfrauen, dem Arbeiter, der in ihrer Wohnung am Kapuzinerplatz Nr. 2 in Trient die Lampe repariert, der Arbeitskollegin Pierita und so weiter. Schon damals hatte sie die unterschiedlichsten Menschen im Blick; sie sah eine jede und einen jeden zur Einheit berufen. Die Bedürftigen waren nicht „Almosenempfänger", sondern *Menschen*, die es genauso zu lieben galt wie alle anderen; auch sie waren in die „Revolution der Liebe" mit hineinzunehmen.

In den ältesten Dokumenten unserer Geschichte, zum Beispiel im ersten Bericht über die Bewegung, den Chiara am 31. Dezember 1949 für Erzbischof De Ferrari[251] geschrieben hat, ist dies ganz offenkundig. Beeindruckend ist vor allem dieser Abschnitt: „Die Liebe galt allen, für diese Liebe existierten keine Grenzen mehr ... Wir unterschieden nicht mehr zwischen Verwandten und Nachbarn, Freunden und Feinden, zwischen hübschen und weniger hübschen Menschen, zwischen Reichen und Armen, Männern und Frauen: In allen sahen wir Brüder und Schwestern, die wir lieben und denen wir dienen wollten, um so Gott unsere aufrichtige Liebe zu zeigen. Und wenn man

---

251 Carlo de Ferrari (1885–1962) war von 1941 bis zu seinem Tod Erzbischof von Trient. Vgl. L. Abignente, *„Qui c'è il dito di Dio". Carlo de Ferrari e Chiara Lubich*, Rom 2017 (Anm. d. Red.).

liebt, wird man wiedergeliebt. So entstand ein Netz der Geschwisterlichkeit zwischen unterschiedlichsten Menschen, die vorher einander gleichgültig oder zerstritten waren."[252]

Die Einheit ist wichtiger als die „Werke"
Als ich die Anfänge unserer Geschichte aus dieser Warte betrachtete, fiel mir etwas auf, das wir auch heute in unseren Reihen öfter beobachten, nicht nur unter den Jüngeren: Viele verspüren den Wunsch, Initiativen zu starten, die in besonderer Weise auf die Bedürftigen ausgerichtet sind, auf Menschen, die materielle Not leiden, auf Strafgefangene und so weiter. Es handelt sich um Aktionen für Personengruppen, denen die sogenannten leiblichen Werke der Barmherzigkeit gelten. Diese Initiativen sind nützlich, notwendig und entsprechen dem Evangelium; daran besteht kein Zweifel. Freilich erschöpft sich darin nicht der Auftrag, für den Gott Chiara und so der Fokolar-Bewegung insgesamt das Charisma der Einheit geschenkt hat: Da kommen ja *alle* Menschen in den Blick, es richtet sich auf Menschen aller sozialen Schichten, jeden Alters, jeder Volkszugehörigkeit und jeder Kultur.

Angesichts der heutigen Situation von Kirche und Welt mit all den dramatischen sozialen Gegebenheiten ist es auf jeden Fall wünschenswert, dass auch wir an der Seite der „Letzten" sichtbar präsent sind. Papst Franziskus ruft beständig dazu auf. Im Übrigen hat Chiara genau das von uns verlangt, als sie uns aufforderte, bei den Ärmsten der Stadt zu beginnen, die Schuld gegenüber den ausgebeuteten Ländern Afrikas zu begleichen, für „die eigenen Leute das Leben zu geben". Doch bei all dem

---

252 C. Lubich, *Un po' di storia del „Movimento dell'unità"*, 31.12.1949, in: AGMF, ACL, Discorsi.

dürfen wir die universale Dimension des Charismas, die uns auf alle hin öffnet und niemanden ausschließt, nie aus dem Blick verlieren, ja müssen sie wieder neu entdecken. „Wir sind die Bewegung der Einheit" (nicht die Bewegung für das „Wort des Lebens"), betonte Chiara bei einem Treffen von Verantwortlichen im Jahr 1981: „Unsere besondere Berufung ist die Einheit; sie ist das Kennzeichen der Fokolar-Bewegung." Es gebe einzigartige, wunderbare Wege zu Gott, bei denen andere Aspekte im Vordergrund stünden, „zum Beispiel die Armut in der franziskanischen Bewegung, der Gehorsam bei den Jesuiten, der ‚kleine Weg' bei Therese von Lisieux oder die Anbetung bei den Karmeliten in der Nachfolge der großen heiligen Teresa. *Unsere* Spiritualität ist in dem Wort Einheit zusammengefasst. Darin sind für uns auch die anderen Wahrheiten des Glaubens enthalten, alles, was wir tun, die Gebote, unser ganzes religiöses Leben"[253].

Was erwartet Gott also von den Angehörigen der Fokolar-Bewegung? Er lädt sie ein, im eigenen Umfeld zu wirken, die Mitmenschen vor Ort für die Einheit zu gewinnen, aber stets mit der Offenheit für alle anderen. Das würde genügen, sagte Chiara damals.

Sie betonte auch ausdrücklich, dass Gott von uns vor allem eines möchte: dass wir uns *einsmachen* – mit den Nächsten neben uns; mit denen, die unser Leben teilen oder die wir Tag für Tag kennenlernen, und sei es nur durch die Kommunikationsmittel. Wir sind also aufgerufen, jeden Augenblick unseres Lebens die Einheit zu leben, Tag für Tag, so wie es am Anfang war.

---

253 C. Lubich, *Jesus der Verlassene und die Einheit*, 14f.

Ich greife den Bericht auf, den Chiara für Erzbischof De Ferrari verfasst hat. Da heißt es: „Die Einheit wurde zum Fundament all unseres Tuns (wir liebten einander aufrichtig, bevor wir irgendetwas zu irgendeinem Zweck begannen ...; hier kam das Evangelium ins Spiel, das die Versöhnung mit dem Bruder, der Schwester verlangt, bevor man seine Gaben zum Altar bringt!). Darin bestand unsere Weise, die Mitmenschen zu lieben (wir machten uns mit allen eins; wir weinten mit dem, der weinte; wir freuten uns mit dem, der froh war; auf diese Weise wollten wir den Nächsten lieben wie uns selbst; Grundlage von allem war die beständige gegenseitige Liebe, vor jeder Diskussion, vor jedem Interesse und so weiter). Die Einheit war unser Ziel, denn sie war das Ziel des Lebens Jesu, der gestorben ist, um die Brüder und Schwestern zur einen Herde zurückzuführen. Ihn wollten wir nachahmen, was auch immer unsere Berufung wäre, denn er ist für alle Licht."[254]

Jesus der Verlassene – Maß der gegenseitigen Liebe und
Weg zur Einheit

In den Evangelien, auch im Testament Jesu, das Chiara aufgreift, ist mit einer gewissen Nachdrücklichkeit vom „Wie" als Maßstab die Rede: „Wie du, Vater, in mir bist ..., so sollen auch sie in uns sein"; wir sollen den Nächsten lieben wie uns selbst. Dieses „Wie" finden wir auch im „neuen Gebot": „Wie ich euch geliebt habe, so sollt auch ihr einander lieben." In diesem „Wie" liegt ein Erkennungsmerkmal der Christen. Auch für uns in der Fokolar-Bewegung ist es von großer Bedeutung. Was es heißt, ging uns auf, so Chiara, als „das Licht Gottes unsere Auf-

---

254   C. Lubich, *Un po' di storia del „Movimento dell'unità"*, 31.12.1949, in: AGMF, ACL, Discorsi.

merksamkeit auf Jesu Schrei am Kreuz lenkte: ‚Mein Gott, mein Gott, warum hast du mich verlassen?‘ (Matthäus 27,46). Hier fanden wir dieses ‚Wie‘, das Maß seiner Liebe und der gegenseitigen Liebe, die auch von uns verlangt ist: eine Liebe ohne Maß, die alles gibt, nichts für sich zurückbehält und bereit ist, nicht nur das Leben, sondern auch allen geistigen und materiellen Reichtum zu geben."[255]

Dieses Maß der gegenseitigen Liebe geht weit über ein gutes Einvernehmen unter Freunden oder ein gewisses Wohlwollen hinaus. Es erfordert „die materielle und geistige Loslösung" von uns selbst, um uns miteinander „einsmachen" zu können. Nur so schaffen wir „die besten Voraussetzungen, um die Gnade der Einheit zu erlangen"[256].

Das Maß der Einheit ist der gekreuzigte und verlassene Jesus, der wie die zweite Seite der Medaille ist. Chiara wollte diese unauflösliche Verbindung zwischen der Einheit auf der einen und Jesus dem Verlassenen auf der anderen Seite auch im Statut des Werkes explizit festhalten. Auch in ihrem Buch „Der Schrei der Gottverlassenheit" betont sie: „Im Bestreben, die Einheit zu verwirklichen, bringen die Angehörigen der Bewegung dem gekreuzigten und verlassenen Jesus eine bevorzugte Liebe entgegen und suchen ihm in ihrem persönlichen Leben gleichförmig zu werden, ihm, der zum Urheber und zum Weg der Einheit der Menschen mit Gott und untereinander wurde, als er auf dem Höhepunkt seiner Passion schrie: ‚Mein Gott, mein Gott, warum hast du mich verlassen?‘ (Markus 15,34; Matthä-

---

255   C. Lubich, *Spiritualität der Einheit und trinitarisches Leben*, Verleihung der Ehrendoktorwürde in Theologie vonseiten der Universität Trnava/Slowakei, Castel Gandolfo, 23.6.2003, in: AGMF, ACL, Discorsi.
256   Ebd.

us 27,46).“[257] „Er erleidet die unendliche Uneinheit, um uns die vollkommene Einheit zu schenken“[258]. So hat er „die Menschen wieder mit dem Vater und untereinander vereint“; „der gekreuzigte und verlassene Jesus ist Ursprung und Schlüssel der Einheit; er wird sie auch heute wirken.“[259]

Bei einer Begegnung 2001 mit Priestern der Schönstatt-Bewegung wurde Chiara die Frage gestellt, was die Wirklichkeit von Jesus dem Verlassenen in der Geschichte der christlichen Spiritualität an Neuem bringe. In ihrer Antwort unterstrich Chiara: Das Wichtigste daran sei, dass diese Erkenntnis, die einer Erleuchtung gleichkam, dazu führte, mit neuer Klarheit und in größerer Fülle die „Spiritualität der Gemeinschaft“ zu leben, von der Johannes Paul II. sprach. Eine solche Spiritualität, so Chiara, sei kennzeichnend für die ersten christlichen Gemeinden gewesen. Heute komme sie, auch dank des Charismas der Einheit, wieder stärker zum Tragen.

Einheit mit Jesus

„In seiner Verlassenheit lehrt Jesus uns die Einheit, die göttliche Einheit.“[260] In ihm gilt es verwurzelt zu sein; die tiefe, innere Beziehung mit ihm ist grundlegend für die Einheit. Das kommt in einem Text aus dem *Paradies '49* besonders schön zum Ausdruck: „Bevor man sich den Mitmenschen zuwendet, gilt es, mit Gott eins zu sein. ... Wir sollen nichts tun, nicht einmal den Arm heben oder lächeln, wenn Jesus nicht in uns

---

257   Vgl. C. Lubich, *Der Schrei der Gottverlassenheit*, München 2001, 24.

258   C. Lubich, *Jesus der Verlassene und die Einheit*, 52; vgl. C. Lubich, *Der Schrei der Gottverlassenheit*, 49.

259   C. Lubich, *Die Einheit*. Zweites Referat, Treffen der Zonen- und Fokolarverantwortlichen, Rocca di Papa, 5.10.1981, in: AGMF, ACL, Discorsi.

260   C. Lubich, *Der Schrei der Gottverlassenheit*, 24.

ist. In allem, was wir tun, sollen wir uns von dem leiten lassen, was Jesus tun würde; von nichts anderem. Er und nur er und immer nur er soll in uns leben. Jeder Augenblick unseres Lebens soll einen weiten Atem haben: weit wie Gott, denn in diesen Augenblick sollen wir all unsere Kraft hineinlegen. Alles soll immer vollendet sein.

Der Mensch, der in vollkommener Einheit mit Jesus in sich lebt, ist ein anderer Christus. Er spürt, dass er Jesus ist, denn nun ist Jesus ganz und gar in ihm gegenwärtig; und dass er ein anderer Jesus ist und ihm in seinem Innern begegnen kann, wann immer er es will. Dahin gelangt man, indem man sich ständig bemüht, der Gnade zu entsprechen und großzügig zu sein."[261]

Und in einem anderen Text heißt es: „... heute Morgen habe ich auf neue Weise die Worte Jesu in seinem Testament verstanden: ‚Wie du, Vater, in mir bist und ich in dir bin, sollen auch sie in uns sein, damit die Welt glaubt, dass du mich gesandt hast' (Johannes 17,21). Um Jesus zu bezeugen, muss man in ihm und im Vater sein, wie der Vater in ihm ist. Man muss also mit Jesus eins sein, Jesus sein. Wenn also Jesus in uns lebt, geben wir von ihm Zeugnis. Demnach bezeugen wir ihn nicht dadurch, dass wir untereinander eins sind, sondern wenn wir mit ihm eins sind. Diese Einheit setzt natürlich voraus, dass man den Bruder liebt wie sich selbst; doch die geschwisterliche Einheit ist Mittel zur Einheit mit Jesus, Ziel und folglich Zeugnis."[262]

„Eins sein mit Jesus" und „eins sein mit den Brüdern und Schwestern", das ist in unserer Spiritualität untrennbar mitein-

---

261 C. Lubich, *Text* vom 23.11.1950.
262 C. Lubich, *Text* vom 5.12.1950.

ander verbunden; das eine setzt das andere voraus. In einem unvergesslichen Vortrag zögerte Chiara nicht zu sagen: „Damit Jesus unter uns sein kann, müssen wir zuerst Jesus sein ... Aber dieses Zuerst ist auch ein Danach. Wir sind nämlich dann auf vollkommene Weise ein anderer Christus, wenn er unter uns ist."[263]

Die göttliche Dreifaltigkeit als vollkommenes Vorbild

In einem Vortrag erzählte Chiara, wie sie [und ihre Gefährt/innen] sich trotz ihrer „Grenzen und Schwächen bemühten, mit der Gnade Gottes so zu leben. Auf diese Weise stellten wir fest, dass Jesus wirklich die Lebensweise des Himmels auf die Erde gebracht hatte. Die Treue, mit der wir die gegenseitige Liebe lebten und darin den gekreuzigten und verlassenen Jesus zum Vorbild nahmen, mündete in der Einheit gemäß dem innertrinitarischen Leben."[264]

Wir dürfen nicht außer Acht lassen, dass das höchste Vorbild der Einheit die Dreifaltigkeit selbst ist. Indem wir Jesu Vermächtnis leben, werden wir in dieses Geheimnis hineingenommen, haben wir Anteil daran.

Kürzlich las ich einen beeindruckenden Artikel, in dem ein kurzer Ausschnitt aus einer Rede von Papst Paul VI. zitiert wurde. Darin bezieht sich der Papst auf das „neue Gebot" Jesu, „das die Freundschaft in geschwisterliche Liebe verwandelt und auf eine höhere Ebene hebt, insofern es uns dazu aufruft, einander zu lieben, wie Jesus uns geliebt hat". Paul VI. unterstreicht,

---

263   C. Lubich, *Das Paradies '49 und die Einheit*, Treffen der Fokolar-Priester, Castel Gandolfo 13.1.2000, in: AGMF, ACL, Discorsi.

264   C. Lubich, *Spiritualität der Einheit und trinitarisches Leben*, Verleihung der Ehrendoktorwürde in Theologie vonseiten der Universität Trnava/Slowakei, Castel Gandolfo, 23.6.2003, in: AGMF, ACL, Discorsi.

dass Jesus so weit geht, seinen Jüngern „die Gemeinschaft in Fülle, das heißt die Einheit des Lebens" anzubieten; das war sein Wunsch, wie in seinem Gebet zum Vater deutlich wird: „Alle sollen eins sein: Wie du, Vater, in mir bist und ich in dir bin" (Johannes 17,21). Der Papst fährt fort: „Hier befinden wir uns wirklich auf dem Gipfel einer aus menschlicher Sicht unvorstellbaren und unerreichbaren Höhe. Hier mündet die Freundschaft, die sich bereits in Liebe verzehrt hat, in eine mystische Identität, die ihr Vorbild in der unaussprechlichen trinitarischen Beziehung zwischen Vater und Sohn im Geist findet."[265]

Gemeinsam heilig werden

Diese grundlegende Dimension christlichen Lebens finden wir im Zweiten Vatikanischen Konzil folgendermaßen ausgedrückt: „Wenn der Herr Jesus zum Vater betet, ,dass alle eins seien, wie auch wir eins sind' (vgl. Johannes 17,20-22) und damit Horizonte aufreißt, die der menschlichen Vernunft unerreichbar sind, legt er eine gewisse Ähnlichkeit nahe zwischen der Einheit der göttlichen Personen und der Einheit der Kinder Gottes in der Wahrheit und der Liebe."[266]

Die Konzilsväter sprechen also von Horizonten, „die der menschlichen Vernunft unerreichbar sind", aber zugänglich für den, der zulässt, dass Gott weiterhin in unserer Mitte lebt. Es ist das trinitarische Leben, das sich hier auf der Erde widerspiegeln kann. Nach diesem Vorbild gilt es zu streben. Diesen Weg müssen wir auch heute gehen, um authentische Christen zu sein, um das Leben des Himmels auf die Erde zu bringen.

---

265   Paul VI., *Generalaudienz*, 26.7.1978, in: Insegnamenti di Paolo VI, XVI (1978), Libreria Editrice Vaticana 1979, 571.
266   Pastoralkonstitution *Gaudium et Spes*, Nr. 24.

Hierin besteht auch die für uns typische Heiligkeit, die Chiara uns vor Augen stellt, wenn sie sagt: „Jeder von uns soll ganz im anderen sein, wie die Personen der Dreifaltigkeit, denn als Glieder des Mystischen Leibes sind wir gerufen, diesen Leib auch zum Ausdruck zu bringen, und das heißt, dass der eine im anderen ist. Doch damit sich das vollziehen kann, braucht es Jesus den Verlassenen."[267] So wird die Einheit zu einem „regelrechten Trainingsfeld für die Heiligkeit, denn sie verlangt den ‚Tod' des Egos in der brennenden Liebe im Dienst des Nächsten"[268]. Chiara hebt hervor, dass es gelte, *miteinander* diesen Weg der Heiligung zu gehen und gemeinsam zu Gott zu kommen; sie spricht davon, „Jesus in der Mitte zu heiligen"[269].

Die Einheit als Ziel

„Alle sollen eins sein, damit die Welt glaubt" (Johannes 17,21): Diese Ausrichtung markiert den Weg, der uns zu unserer typischen Evangelisierung befähigt. Werfen wir einen Blick auf die Welt, in der wir leben, eine Welt voller Nöte und dramatischer Situationen, wie ich eingangs kurz anriss. Wie können wir uns dem stellen? Und wie Abhilfe schaffen?

Machen wir es wie in den Anfängen der Bewegung. Seien wir uns vor allem bewusst, dass wir – wo immer wir uns befinden –, einen Reichtum mitbringen: die Einheit. Was Chiara uns 1981 nachdrücklich ans Herz legte, ist ungebrochen aktu-

---

267 C. Lubich, *Das Paradies '49 und die Einheit*, Treffen der Fokolar-Priester, Castel Gandolfo 13.1.2000, in: AGMF, ACL, Discorsi.

268 Vgl. C. Lubich, *Un po' di storia del „Movimento dell'unità"*, 31.12.1949, in: AGMF, ACL, Discorsi.

269 C. Lubich, *Das Paradies '49 und die Einheit*, Treffen der Fokolar-Priester, Castel Gandolfo 13.1.2000, in: AGMF, ACL, Discorsi.

ell: „Unsere besondere Aufgabe als Fokolar-Bewegung ... besteht darin, überall lebendige Zellen mit Jesus in der Mitte entstehen zu lassen. Wir bemühen uns, in den Familien, Büros, Fabriken, Schulen, Pfarrgemeinden, Klöstern ein immer größeres Feuer zu entzünden."[270]

Heute können wir hinzufügen: in den Flüchtlingslagern, den Krankenhäusern mit Kriegsverletzten, in Luftschutzkellern, bei öffentlichen Kundgebungen, in der Warteschlange derer, die vergeblich nach Arbeit suchen, in den Häfen voller Migranten, in den Universitäten, in den Forschungszentren ..., die Aufzählung ließe sich endlos fortsetzen. „Wir möchten ein immer größeres Feuer entzünden, um so beizutragen, dass in Kirche und Gesellschaft die Liebe Gottes wächst. Nicht umsonst nennt man uns und unsere Gemeinschaften ‚Fokolare' [wörtlich: wärmende Herdfeuer]."[271] Die zahlreichen Erfahrungen, die uns aus den verschiedenen Ländern erreichen, zeigen, dass es immer möglich ist, solche Feuer zu entzünden und am Brennen zu halten.

Es geht also darum, neuen Eifer zu entfachen und ausgerichtet auf die von Jesus erbetene Einheit das Feuer der Liebe in der Welt zu schüren. Auch in dieser Phase der Fokolar-Bewegung, in der wir mit einer Neuausrichtung beschäftigt sind, sagt Chiara uns erneut: „*Diese* Orientierung müssen wir unserer Bewegung geben oder zurückgeben, damit Gott unser Bemühen segnen kann."[272]

Wir sind aufgerufen, es mit Freude zu tun. Die Freude ist eine Gabe, die Gott mit der Einheit schenkt. Sie ist, wie schon Chi-

---

270 C. Lubich, *Jesus der Verlassene und die Einheit*, 33f.
271 Ebd.
272 A. a. O., 34.

ara sagte, ein Reichtum, der uns vielleicht nicht genügend bewusst ist. „Weil der Fokolar aus der Einheit lebt, ist er glücklich. Weil er die Einheit bringt, kann er die Freude weitergeben ... Die Freude ist die Tracht des Fokolars, und das Glück ist das Geschenk, das er der Welt machen kann. Andere sind dazu berufen, den Menschen Brot, Unterkunft, einen Rat, Unterweisung oder ein Dach über dem Kopf zu geben ... Der Fokolar bringt die Freude – ohne all diese Dinge oder auch zusammen mit ihnen, denn ‚sich einsmachen‘ kann auch heißen, den Hunger und Durst zu stillen, Arbeit zu beschaffen, jemanden zu besuchen, lästige Menschen zu ertragen oder ganz einfach an der Situation des anderen Anteil zu nehmen. In jedem Fall ist es unsere Aufgabe zu helfen, Frieden und Licht zu bringen, vor allem aber die Freude zu schenken, damit die Welt sich freuen kann."[273]

Wir können es auch auf den fünf Dialogfeldern tun, die es zu vertiefen gilt:
– im Dialog innerhalb der katholischen Kirche, in der die Bewegung entstanden ist, beziehungsweise – für die Christen der verschiedenen Konfessionen – innerhalb der je eigenen Kirche;
– im Dialog unter den Christen aller Kirchen, um gemeinsam einen Beitrag zur vollen Gemeinschaft zu geben;
– im interreligiösen Dialog, der Beziehungen mit den Angehörigen der verschiedenen Religionen knüpft;
– im Dialog mit Menschen ohne religiöses Credo, die aber das Gute wollen;
– und schließlich im Dialog mit der zeitgenössischen Kultur.

---

273   A. a. O., 28f.

Dabei geht es nie um einen abstrakten Dialog, sondern zunächst einmal um die Begegnung mit *Menschen*, mit Brüdern und Schwestern, die es zu lieben gilt. So war es für Chiara und so ist es auch für uns heute, die wir aufgefordert sind, „hinauszugehen" ... – um beizutragen zu jener universalen Geschwisterlichkeit, die Himmel und Erde verbindet, auf dass Jesu Wunsch in Erfüllung geht: „Vater, alle sollen eins sein!"

* * *

Ich möchte schließen mit einem kurzen Abschnitt aus dem *Paradies '49*; er lässt uns den weiten Horizont erahnen, wie ihn Chiara voraussah, wenn sie an das „Alle sollen eins sein" dachte. Sie schrieb damals: „Ich nehme in mir das Leben aller Geschöpfe der Welt, der ganzen Gemeinschaft der Heiligen wahr. Das ist wirklich so, denn mein Ich ist die Menschheit mit allen Menschen, die waren, die sind und die sein werden. Diese Wirklichkeit nehme ich wahr und lebe ich; ich empfinde in mir sowohl die Freude des Himmels als auch die verzweifelte Angst der Menschheit, die ein einziger großer ‚Verlassener Jesus' ist."[274]

In diesen Zeilen scheint vorweggenommen, was Chiaras Leben ausgemacht hat und worin auch wir uns spiegeln möchten. Könnte es eine bessere Möglichkeit geben, in Fülle jene Barmherzigkeit zu leben, zu der uns Papst Franziskus aufruft und die uns mit jedem Menschen zutiefst solidarisch sein lässt?

Castel Gandolfo, 14. September 2015

---

274   C. Lubich, *Text* vom 6.9.1949.

Jesus der Verlassene

Fenster Gottes – Fenster für die Menschheit

Wir haben die Einheit in den Brennpunkt gestellt ..., aber wir wissen nur zu gut, dass sie in jeder Hinsicht ein schwieriges Unterfangen ist. Möglich wird sie nur, wenn Jesus in seiner Gottverlassenheit am Kreuz als unser Ein und Alles die Mitte unseres Herzens ist. „Jede Erkenntnis über die Einheit kommt aus diesem Schrei"[275], betont Chiara und bezieht sich dabei auf den Schrei, den Jesus am Kreuz an den Vater richtet: „Mein Gott, mein Gott, warum hast du mich verlassen?" (Markus 15,34; Matthäus 27,46).

In der Zeit, in der wir leben, genügt schon ein rascher Blick, um zu erkennen, dass die Menschheit ein einziger „großer verlassener Jesus" ist. Sein Schrei schallt uns mit großer Eindringlichkeit aus verschiedensten Situationen entgegen: von den Randzonen der menschlichen Existenz, aber auch aus vertrauten Umgebungen wie unserer Berufswelt, unseren Familien, unseren zwischenmenschlichen Beziehungen, ja aus uns selbst ... Jedes Mal, wenn uns die Einheit, die Jesus vom Vater

---

275   C. Lubich, *Ein Weg in Gemeinschaft*, 29.

erbeten hat, wie ein unerreichbares Ideal vorkommt, eine schier
unerfüllbare Hoffnung, ist Jesus der Verlassene, wie wir ihn zu
nennen pflegen, da. Er ermutigt uns zu einer noch tieferen Beziehung mit sich, und er scheint auch uns zu wiederholen, was
er einst Chiara zu verstehen gegeben hat: „Wer wird mich lieben, wenn nicht du, wenn nicht ihr?"

Zur Vorbereitung dieser Ausführungen habe ich das Buch
„Der Schrei der Gottverlassenheit" wieder in die Hand genommen. Welches Buch wäre geeigneter als jenes, das Chiara selbst
als einen „Liebesbrief an Jesus den Verlassenen" bezeichnet hat?
Dieses Mal hat mich besonders eine der letzten Seiten beeindruckt, wo Chiara ihn als „Fenster" bezeichnet: „das weit geöffnete Fenster Gottes zur Welt und das Fenster der Menschheit, durch das man Gott sieht"[276]. Dieses Bild hat sie erstmals
in jener Phase tiefer Einsichten verwendet, die wir *Paradies '49*
nennen.

Dieser Gedanke allein würde genügen, um zu erahnen, dass
Jesus der Verlassene – wie auch die Einheit – nicht ein Punkt
unserer Spiritualität ist wie alle anderen, sondern ein Dreh-
und Angelpunkt: Das Maß der Einheit findet sich im gekreuzigten und verlassenen Jesus; er ist die Kehrseite der einen Medaille [auf deren Vorderseite „Einheit" steht].

Betrachten wir zunächst Jesus den Verlassenen als „das auf die
Welt hin geöffnete Fenster Gottes", um dann unseren Blick auf
ihn als „das Fenster der Menschheit" zu richten, „durch das
man Gott sieht". Es ist wie eine Reise, die ausgeht von der Dreifaltigkeit und zur Dreifaltigkeit zurückkehrt: Gott wird

---

276 C. Lubich, *Text* vom August 1949. Vgl. C. Lubich, *Der Schrei der Gottverlassenheit*, 117.

Mensch in dieser Welt, um die gesamte Menschheit wieder zu sich zurückzuholen. Und das Bindeglied ist Jesus in seiner Verlassenheit am Kreuz.

JESUS DER VERLASSENE ALS „DAS AUF DIE WELT HIN GEÖFFNETE FENSTER GOTTES"

Gehen wir vom Evangelium aus, so wie Chiara es uns – wie in einem Vermächtnis – nahegelegt hat.

Eine der wohl schönsten Stellen des Johannesevangeliums lautet: „Gott hat die Welt so sehr geliebt, dass er seinen einzigen Sohn hingab" (Johannes 3,16). „Diese Wahrheit", so kommentierte Johannes Paul II., „verwandelt von Grund auf das Bild der Geschichte des Menschen und seiner irdischen Situation". Und dies geschieht „trotz der Sünde, die sich in dieser Geschichte eingewurzelt hat ... Gottvater hat den eingeborenen Sohn geliebt, das heißt, er liebt ihn immerwährend; aus dieser alles übersteigenden Liebe ‚gibt' er darum in der Zeit den Sohn ‚hin', damit er die Wurzeln des menschlichen Übels berühre und so auf heilbringende Weise der ganzen Welt des Leidens, an welcher der Mensch teilhat, nahekomme."[277] „Nur weil der Sohn Gottes wirklich Mensch geworden ist, kann der Mensch in ihm und durch ihn wirklich Kind Gottes werden."[278]

Gott ist in die Menschheitsgeschichte eingetreten; Jesus ist auf die Erde gekommen, um die Menschen (die sich durch die Sünde von Gott entfernt hatten) in die volle Gemeinschaft mit ihm zurückzuführen. Am Kreuz nimmt er alles Negative des

---

277   Johannes Paul II., *Salvifici doloris*, Nr. 15.
278   Johannes Paul II., *Novo Millennio Ineunte*, Nr. 23.

Menschen auf sich: seine Schmerzen, seine Ängste, seine Verzweiflung, sein Leid, seine Sünden ... Er, der Unschuldige, macht sich dem sündigen Menschen gleich.

Wie erfährt Chiara diese Wirklichkeit? Hier müssen wir zu den Wurzeln der Geschichte unserer Bewegung zurückkehren, zu einer Episode im Januar 1944 im Haus von Dori Zamboni, einer Gefährtin Chiaras, die krank das Bett hüten musste. Chiara hatte einen Priester gebeten, ihr die Krankenkommunion zu bringen. Nach der Kommunion fragte der Priester Chiara, die zugegen war, wann ihrer Meinung nach Jesus wohl am meisten gelitten habe. Sie antwortete, vielleicht im Ölgarten, als er vor Angst Blut schwitzte. Der Priester hingegen erwiderte, dass Jesus am meisten gelitten habe, als er am Kreuz schrie: „Mein Gott, mein Gott, warum hast du mich verlassen?" Chiaras spontane Reaktion: „Wenn Jesus am meisten unter dem Verlassensein vom Vater gelitten hat, so wollen wir ihn zu unserem Lebensinhalt machen und diesem Jesus nachfolgen."[279]

Diese Entscheidung hatte sichtbare Konsequenzen. Chiara und ihre ersten Gefährtinnen schafften die wenigen ärmlichen Möbel aus ihrer kleinen Wohnung am Kapuzinerplatz Nr. 2 in Trient, die das erste Fokolar beherbergte, fort und ließen in ihrem Zimmer „nur einige Matratzen, die als Betten dienten, und an der weißen Wand ein Bild, das Jesus den Verlassenen darstellte: das erste äußere Zeichen für unsere Entscheidung, zeit unseres Lebens Jesus den Verlassenen über alles zu lieben. Dieses Bild, das ihn in seiner Einsamkeit und Entblößung zeigte, erinnerte uns jeden Morgen beim Aufwachen daran, dass wir

---

für unser ganzes Leben allein ihn, den gekreuzigten und verlassenen Jesus, gewählt hatten"[280].

Auf jene Zeit geht ein Stoßgebet zurück, das sie jeden Morgen beim Aufwachen aus vollem Herzen – fast wie eine Liebeserklärung – an Jesus und Maria richteten: „Weil du der Verlassene bist, weil du die Desolata, die Untröstliche bist ..." Dieses Gebet brachte die innere Ausrichtung für den Tag zum Ausdruck; viele in der Fokolar-Bewegung praktizieren es auch heute noch.

Jesus der Verlassene zeigt sich Chiara also von Anfang an „als der lebendige Beweis der Liebe Gottes hier auf Erden"[281]. In einem Brief an eine Freundin schreibt sie 1945: „Ich weiß, du wirst wieder versagen. Auch ich versage immer wieder. Doch wenn ich die Augen zu ihm erhebe, der unfähig ist, sich zu rächen, weil er sich im Übermaß der Liebe ans Kreuz nageln ließ, lasse ich mich von seiner grenzenlosen Barmherzigkeit umfangen. Und ich weiß, dass sie allein in mir den Sieg davontragen wird. Wozu wäre er sonst grenzenlose Barmherzigkeit? Wozu, wenn nicht für unsere Sünden? ... Gott will von dir nicht dies und jenes, sondern dein Herz."[282]

Ähnlich äußerte sich Papst Franziskus in seiner Predigt beim Weltjugendtag auf dem Petersplatz (20.3.2016), in der er über Gottes Barmherzigkeit sprach: „Um in allem mit uns solidarisch zu sein, erfährt er am Kreuz auch die geheimnisvolle Verlassenheit durch den Vater. In der Verlassenheit aber betet und vertraut er sich an ... Jesus offenbart genau hier, auf dem Gipfel der Entäußerung, das wahre Antlitz Gottes, der Barmherzigkeit ist. Er vergibt denen, die ihn ans Kreuz schlagen; er öffnet

280   C. Lubich, *Der Schrei der Gottverlassenheit*, 32.
281   C. Lubich, *Costruendo il castello esteriore*, 51.
282   C. Lubich, *Lettere dei primi tempi*, 97.

dem reuigen Schächer die Pforten des Paradieses und berührt das Herz des Hauptmanns. So abgründig das Geheimnis des Bösen auch ist, so unendlich ist die Wirklichkeit der Liebe, die dieses Geheimnis durchschritten hat und bis zum Grab und in die Unterwelt gelangt; die unser ganzes Leid angenommen hat, um es zu erlösen; um Licht in die Finsternis zu bringen, Leben in den Tod, Liebe in den Hass."[283]

Licht in der Finsternis, Leben im Tod, Liebe im Hass, diese Formulierung erinnert uns an ein Dank- und Lobgebet, das Chiara einmal Jesus dem Verlassenen gewidmet hat: „Damit wir das Licht hätten, hast du dich zum Blinden gemacht. Damit wir die Einheit hätten, hast du die Trennung vom Vater erfahren. Damit wir die Weisheit besäßen, hast du dich zur ‚Unwissenheit' gemacht. Damit wir mit Unschuld bekleidet würden, bist du ‚Sünde' geworden. Damit wir Hoffnung hätten, bist du fast verzweifelt ... Damit Gott in uns sei, hast du ihn fern von dir erfahren. Damit der Himmel unser sei, hast du die Hölle gespürt. Damit wir uns auf Erden wohlfühlten, unter hundert und mehr Brüdern und Schwestern, wurdest du ausgestoßen vom Himmel und von der Erde, von den Menschen und von der Natur. Du bist Gott, du bist mein Gott, unser Gott unermesslicher Liebe."[284]

In diesem Gebet wird anschaulich, wer Jesus der Verlassene ist und wer wir sind. Er „steigt herab", um uns dort zu begegnen, wo wir sind, um unser Menschsein anzunehmen. So wird er zum „Fenster Gottes" auf die Welt, zum „lebendigen Beweis der Liebe Gottes hier auf Erden"[285].

---

283   Papst Franziskus, *Predigt*, XXXI. Weltjugendtag, Petersplatz, 20. März 2016.
284   C. Lubich, *Text* vom Sommer 1950.
285   Vgl. C. Lubich, *Construendo il „castello esteriore"*, 51.

Durch dieses Maß der Liebe – einer maßlosen Liebe –, das Jesus der Verlassene für jeden Menschen in jeder Epoche und jeder Kultur aufgebracht hat, sind all unsere Schmerzen verwandelt, ist jede Leere aufgefüllt, jede Sünde erlöst. Chiara war davon dermaßen überzeugt, dass sie im Wörterbuch alle Adjektive mit negativer Bedeutung heraussuchen wollte; sie war sich sicher, dass es keines gibt, in dem sich nicht „ein Gesicht von Jesus dem Verlassenen" entdecken ließe.

Sie schreibt: „Jesus der Verlassene war die Gestalt des Verstummten: Er kann nicht mehr sprechen, er weiß nichts mehr zu sagen als ‚*et nescivi* – ich verstehe es nicht' (Psalm 73,22). Er verkörpert den Blinden: Er sieht nichts. Und den Tauben: Er hört nichts. Er ist der Müde, der nur noch klagt. Er scheint verzweifelt. Er hat Hunger ... nach der Einheit mit Gott. Er verkörpert den Enttäuschten und Verratenen und scheint gescheitert zu sein. Er hat Angst. Er hat die Orientierung verloren. Der verlassene Jesus ist die Dunkelheit, die Traurigkeit, der Widerspruch; er verkörpert alles, was unverständlich und absurd ist; denn er ist ein Gott, der um Hilfe schreit. Er ist der Nicht-Sinn. Er ist der Einsame, Verstoßene, der zu nichts mehr nütze scheint."[286] Auf vielerlei Weise zeigte sich ihr sein Antlitz: „Alles, was uns oder andere traf, erinnerte uns an ihn: unvorhergesehene Ereignisse, Zeiten bangen Wartens, Unglücksfälle, böse Überraschungen, Zweifel, Anklagen, Prozesse, Verbannung, Exkommunikation, Exil, der Tod eines lieben Menschen, Scheidung, Tragödien ... Man könnte endlos fortfahren. In diesem Tal der Tränen, das unsere Erde ist, wird er uns in immer neuer Gestalt begegnen."[287]

---

286 C. Lubich, *Der Schrei der Gottverlassenheit*, 39.
287 A. a. O., 43.

In Jesus dem Verlassenen, der Höhepunkt des Schmerzes und zugleich Gipfel der Liebe ist, finden wir den Schlüssel zu einem tiefen Geheimnis: dem Geheimnis von Schmerz und Leid, das das Leben jedes Menschen und der gesamten Menschheit umfängt. In Jesus dem Verlassenen (der all das auf sich genommen hat und der uns in all dem begegnet), in der Beziehung zu ihm zeigt es sich für Chiara als ein Geheimnis der Liebe. Es ist ein Geheimnis, ein tiefes Geheimnis, das ihr Herz zutiefst berührt. Dies klingt auch an, wenn sie schreibt: „Jesus auf Erden ..., Jesus – unser Bruder! Er, der Sohn Gottes, stirbt für uns unter Verbrechern, wie einer von ihnen ... Im Grunde bist du zu uns gekommen, weil dich unsere Schwäche angezogen und unser Elend zu Mitleid gerührt hat. Kein Vater und keine Mutter auf Erden erwarten einen verlorenen Sohn so sehr und tun so viel für seine Rückkehr wie der Vater im Himmel."[288]

Das Apostolische Schreiben *Novo Millennio ineunte* hebt dies deutlich hervor: „Um dem Menschen das Angesicht des Vaters zurückzugeben, musste Jesus nicht nur das Gesicht des Menschen annehmen, sondern sich sogar das ‚Gesicht' der Sünde aufladen."[289] Nachdem er alles Böse auf sich genommen hatte – das genau genommen nichts anderes ist als ein Mangel an Liebe –, macht er am Kreuz die abgrundtiefe Erfahrung, nicht

---

288 C. Lubich, *Alle sollen eins sein*, 38.

289 Johannes Paul II., *Novo Millennio Ineunte* Nr. 25. Vgl. Katechismus der Katholischen Kirche, Nr. 603: „Jesus ist nicht [von Gott] verworfen worden, als hätte er selbst gesündigt [Vgl. Johannes 8,46]. Vielmehr hat er uns in seiner Erlöserliebe, die ihn immer mit dem Vater verband [Vgl. Johannes 8,29], so sehr angenommen in der Gottferne unserer Sünde, dass er am Kreuz in unserem Namen sagen konnte: ‚Mein Gott, mein Gott, warum hast du mich verlassen?' (Markus 15,34; Psalm 22,2). Da ihn Gott so solidarisch mit uns Sündern gemacht hat, ‚hat er seinen eigenen Sohn nicht verschont, sondern ihn für uns alle hingegeben' (Römer 8,32), damit wir ‚mit Gott versöhnt [werden] durch den Tod seines Sohnes' (Römer 5,10)."

einmal mehr die Einheit mit dem Vater zu spüren (vgl. Markus 15,34; Matthäus 27,46). Doch trotz dieser Erfahrung des Getrenntseins von Gott überlässt er sich ihm und wird so „zum Urheber und zum Weg der Einheit der Menschen mit Gott und untereinander"[290].

Nach dem Lukasevangelium hat sich Jesus unmittelbar vor seinem Tod an den Vater gewandt: „Vater, in deine Hände lege ich meinen Geist" (Lukas 23,46). Er verwandelt so in diesem Moment seine Erfahrung des Verlassenseins vom Vater in eine vollständige Hingabe an den Vater. „Er wird zum Nichts, versöhnt so die Kinder mit dem Vater"[291] und schenkt uns den Heiligen Geist.

Chiara leitet daraus noch etwas Wichtiges ab: „Wie er sich nach seinem Schrei der Verlassenheit dem Vater anvertraut und in ihm stirbt, so können auch wir im Blick auf ihn als Vorbild die Einheit wiederherstellen, gleich wo und durch wen sie zerbrochen ist."[292]

JESUS DER VERLASSENE: „DAS FENSTER DER MENSCHHEIT, DURCH DAS MAN GOTT SIEHT"

Wir sind in der Anfangszeit unserer Bewegung, im Jahr 1944, noch mitten im Zweiten Weltkrieg. Chiara entdeckt in jenem „Schrei" den größten Schmerz Jesu und fühlt sich berufen, gemeinsam mit ihren ersten Gefährtinnen (und allen, die ihrem Ideal folgen würden), eine „Antwort der Liebe"

---

290   C. Lubich, *Der Schrei der Gottverlassenheit*, 24.
291   A. a. O., 23.
292   C. Lubich, *Lettere dei primi tempi*, 146.

auf diesen Schrei zu sein. Sie schreibt einer von ihnen: „Kennst du Jesus den Verlassenen? Weißt du, dass er uns alles geschenkt hat? Was hätte uns ein Gott mehr schenken können, als dass er aus Liebe vergisst, dass er Gott ist? Wir, die wir mit dir diesem schönsten, faszinierendsten Ideal folgen, haben uns ganz und gar in die neue Wunde der Verlassenheit versenkt! ... Und von dort aus erkennen wir die Unermesslichkeit der Liebe Gottes, die sich auf die Erde verströmt. Begib auch du dich dorthinein! Du wirst das Licht der Liebe finden; denn Jesus ist das Licht der Welt.“[293]

Sie bezeichnet es als „Glücksfall“, ihm, der „verlassenen Liebe“, folgen zu können, und fährt fort: „Er hat uns nach seinem unerforschlichen Plan unter Tausenden und Abertausenden erwählt, damit wir seinen Schmerzensschrei vernähmen: ‚Mein Gott, mein Gott, warum hast du mich verlassen?‘ Und weil er Gott ist, hat er diesen Schrei zum Maßstab eines neuen Lebensstils gemacht ...“[294]

Im Johannesevangelium finden wir grundlegende Aussagen für unser Leben: „Das ist mein Gebot: Liebt einander, so wie ich euch geliebt habe. Es gibt keine größere Liebe, als wenn einer sein Leben für seine Freunde hingibt“ (Johannes 15,12f). Dieses „wie ich euch geliebt habe“, das seinen Höhepunkt in Jesu Verlassenheit findet, nimmt auch uns in die Pflicht: „Gott lieben bedeutet, bereit zu sein, das Leben füreinander hinzugeben (vgl. Johannes 15,13).“[295]

---

293 A. a. O., 62f.
294 Ebd.
295 C. Lubich, *Der Schrei der Gottverlassenheit*, 28.

Es gibt eine bezeichnende Episode in Chiaras Leben, in der sich – in einem für sie sehr schweren Moment – ihr Ja zu Jesus dem Verlassenen in der Hingabe an die Schwestern und Brüder konkretisiert hat:

Am Ende des Sommers 1949 hieß es für Chiara, die Trentiner Berge zu verlassen, wo sie jene außerordentliche Erfahrung von „Paradies" gemacht hatte, und nach Trient zurückzukehren. Den tiefen Schmerz darüber beschreibt sie folgendermaßen: „Ich wollte das Paradies nicht verlassen. Ich fühlte mich nicht in der Lage, mich von jenem Himmel zu entfernen, in dem wir etwa zwei Monate lang gelebt hatten. Ich sah keinen Grund dafür und verstand ihn nicht: nicht aus Anhänglichkeit oder aus einer Laune heraus, sondern weil ich unfähig war, mich wieder der Erde anzupassen, nachdem ich mich an den Himmel gewöhnt hatte. Ich glaubte, dass Gott das nicht wollen konnte. Foco (Igino Giordani) war es, der mir Mut machte. Er öffnete mir die Augen, indem er mich daran erinnerte, dass Jesus der Verlassene mein Ideal war und dass ich ihn zu lieben hatte in der Menschheit, die mich erwartete. Damals habe ich unter Schmerzen und Tränen geschrieben: „Ich habe auf der Erde nur einen Bräutigam. Ich habe keinen anderen Gott außer ihm. In ihm [ist] die ganze Menschheit, in ihm die Dreifaltigkeit. Was mir weh tut, ist mein. Ich werde durch die Welt gehen ..."[296]

Auch von Chiara hat Gott also – um es in einer Analogie auszudrücken – verlangt, „hinabzusteigen", um die Schmerzen der Menschen zu teilen und in ihrem Herzen all das anzunehmen, „was nicht Friede, Freude, was nicht schön, liebenswürdig, unbeschwert ist ... – kurz: all das was nicht Paradies ist ... –

---

296   C. Lubich, *Paradiso '49* [1961], in: *Come frecciate di luce*, Rom 2013, 22f.

und vorüberzugehen wie Feuer, das verzehrt, was vergehen muss, und nur die Wahrheit bestehen lässt"[297].

„Ich werde durch die Welt gehen ..." – Seit jenem Ereignis im Jahr 1949 sind viele Jahre vergangen. Chiara hat einen Weg vorgezeichnet, den zu gehen uns auch heute aufgegeben ist: hinauszugehen auf die Straßen der Welt, um ihm zu begegnen, der unser Ideal, unser Ein und Alles ist.

Aber wo? Wie, in wem sollen wir ihn lieben? Als wäre sie vom Zauber einer ganz neuen Entdeckung erfasst, hat Chiara einmal in einer Telefonkonferenz mit den Mitgliedern der Fokolar-Bewegung aufgefordert, unsere Grundentscheidung zu erneuern und Jesus den Verlassenen allem anderen vorzuziehen: „Ihn in allen Menschen lieben! Aber vor allem in denen, die ihm gleichen und die in irgendeiner Weise leiden"; nicht zuletzt „in den sogenannten ‚Fernstehenden' ..."[298] All jenen, die uns anvertraut sind und die uns am meisten an Jesus den Verlassenen erinnern, gehöre zuerst „unsere ganze Aufmerksamkeit, für sie setzen wir als Erstes die Zeit ein, die wir zur Verfügung haben"[299]. Und wir sollten die Menschen so lieben, „dass sie zu Gott finden" und in die „Revolution der Liebe" einbezogen werden könnten.[300]

Im Blick auf die zurückliegenden Jahre können wir dankbar feststellen: Es stimmt, *er* hat uns an sich gezogen. Er hat uns in der historischen Epoche, in der wir leben, „auf besondere Weise teilhaben lassen an dem großen Drama seiner Passion, durch

---

297 C. Lubich, *Der Schrei der Gottverlassenheit*, 51f.
298 C. Lubich, *In cammino col Risorto*, Rom 1988, 13.
299 Ebd.
300 A. a. O., 48.

die alles in ihm vereint worden ist (vgl. Epheser 1,10)"[301]. Zugleich aber hat er uns auch auf verschiedenste Weise an seiner Auferstehung teilhaben lassen.

In Jesus dem Verlassenen haben wir mit Chiara das größte „Geheimnis der Liebe" erkannt, den wahren „Lehrer der Einheit"[302]. Er ist derjenige, „der alle physischen und inneren Schmerzen in sich vereint"[303]. Er ist unser Vorbild, „unsere Art zu lieben"[304].

In vielerlei schmerzlichen Situationen haben wir ihn erkannt und umarmt, angefangen in unserer eigenen Bewegung:

– in den vielen Schwächen und Grenzen der Einzelnen wie der Gemeinschaft, die manche entmutigen und dazu veranlassen, ein Leben aufzugeben, das zu anspruchsvoll erscheint angesichts dessen, was die Welt zu bieten hat;

– in der zurückgehenden Zahl von Mitgliedern unserer Bewegung, von fähigen und engagierten Personen, die für das *Ut omnes* alles geben, und in der damit verbundenen Abnahme von Kräften und materiellen Ressourcen für die vielen Werke, die wir begonnen haben;

– in der Schwierigkeit, angemessene und wirksame Antworten zu geben auf die Fragen der Menschheit, die uns umgibt und in der man den Eindruck gewinnen könnte, dass das Böse unaufhaltsam voranschreitet;

– im gelegentlichen Verblassen jenes Glanzes, der gottgeweihte Menschen normalerweise umgibt und der die Anziehungskraft eines solchen Lebensstils auf junge Menschen ausmacht;

---

301   C. Lubich, *Der Schrei der Gottverlassenheit*, 11.
302   A. a. O., 24, 46. Vgl. Allgemeines Statut der Fokolar-Bewegung, Art. 8, Abs. 8.
303   C. Lubich, *Der Schrei der Gottverlassenheit*, 44.
304   C. Lubich, *Jesus der Verlassene und die Einheit*, 45.

– in der Tatsache, dass nach und nach jene ersten Zeuginnen und Zeugen ihr irdisches Leben beenden, die uns mit ihrem unerschütterlichen Glauben an die Kraft des Charismas eine wertvolle Stütze waren.

Die Aufzählung ließe sich fortsetzen. Aber schauen wir nun über unseren eigenen Kreis hinaus: Wie oft sind wir Jesus dem Verlassenen begegnet in verschiedensten Formen von Spaltung, in tiefen Verletzungen, in der wechselseitigen Geringschätzung in Familien, zwischen den Generationen, zwischen Armen und Reichen, zwischen den verschiedenen Kirchen, den Religionen, zwischen denen, die glauben und denen, die ohne religiöses Bekenntnis sind, in den vielen Ausdrucksformen einer vielfach leidenden, orientierungslosen, zerstrittenen und sich bekriegenden Menschheit – mit allem, was dies mit sich bringt!

Dann aber denken wir auch an den Weg der Einheit, den wir in der Ökumene zurückgelegt haben! Davon geben unter anderem die mit dem Patriarchen Bartholomäus[305] entstandenen tiefen Beziehungen Zeugnis. Denken wir auch an die gerade in diesem kritischen Moment der Geschichte so bedeutsamen interreligiösen Begegnungen, die uns trotz allem in der Erfahrung der Geschwisterlichkeit weiterbringen! Denken wir an die Inkulturation unseres Charismas in die unterschiedlichsten Kulturen rund um den Globus! Denken wir an die Lebendig-

---

305   Bartholomäus I., mit bürgerlichem Namen Dimitrios Archondonis, geb. 1940, ist seit 1991 griechisch-orthodoxer Ökumenischer Patriarch von Konstantinopel mit Sitz in Istanbul. Er ist der 270. Nachfolger des Apostels Andreas. Der Patriarchenstuhl von Konstantinopel ist der erste und somit sein Inhaber *Primus inter pares* („Erster unter Gleichen") unter den anderen Oberhäuptern autokephaler Kirchen orthodoxer Christen in aller Welt. Bartholomäus I. setzt den von seinen Vorgängern Athenagoras I. und Demetrius I. eingeleiteten Dialog mit der katholischen Kirche fort, fördert aber auch den Dialog mit anderen christlichen Konfessionen, mit dem Islam und dem Judentum (Anm. d. Red.).

keit unseres facettenreichen Dialogs mit der zeitgenössischen Kultur! Denken wir an das Leben und das Engagement in unseren offenen Bewegungen! Jesus der Verlassene lehrt uns, mit allen Schwestern und Brüdern „die Einheit aufzubauen". „Ich finde ja keinen Zugang zum anderen, solange ich innerlich voll bin; um einen anderen zu lieben, muss ich ‚die Armut des Geistes' leben, damit ich nichts besitze außer der Liebe."[306]

Diese Haltung jedem Nächsten gegenüber, die aus der Liebe zu Jesus dem Verlassenen erwächst, vermag die Gesellschaft von innen her zu erneuern und geschwisterliche Beziehungen unter den Völkern der Erde aufzubauen, indem sie die Identität eines jeden ins Licht rückt. Sie ist imstande, die Wunden zu heilen, unter denen die Welt von heute so leidet, eine Welt, in der Gott – vor allem in der westlichen Welt – mehr denn je abwesend zu sein scheint.

Täglich sind wir über die Massenmedien mit tragischen Bildern konfrontiert: Boote voller Flüchtlinge; ganze Bevölkerungsgruppen, die aus Hunger oder Kriegsangst ihre Heimat verlassen; von Menschenhand zerstörte Städte; die mutwillige Vernichtung antiker Kulturgüter; fundamentalistische Weltanschauungen und Gewalttaten auf praktisch allen Ebenen. Hinzu kommt, heute mehr denn je, ein Phänomen, das Benedikt XVI. als „kulturelle Nacht" bezeichnet hat: „Wie viele Glaubensmeinungen haben wir in diesen letzten Jahrzehnten kennengelernt, wie viele ideologische Strömungen, wie viele Denkweisen ... Jeden Tag entstehen neue Sekten, und dabei tritt ein, was der heilige Paulus über den Betrug unter den Men-

---

306   C. Lubich, *Der Schrei der Gottverlassenheit*, 47.

schen und über die irreführende Verschlagenheit gesagt hat
(vgl. Epheser 4,14) ..., wohingegen der Relativismus, das sich
‚vom Windstoß irgendeiner Lehrmeinung Hin-und-hertreiben-
Lassen‘, als die heutzutage einzige zeitgemäße Haltung erscheint. Es entsteht eine Diktatur des Relativismus, die nichts
als endgültig anerkennt und als letztes Maß nur das eigene Ich
und seine Gelüste gelten lässt."[307]

In diese „Nacht" hinein, die die leidende Menschheit um uns
herum zu umfangen scheint, hält uns Chiara erneut Jesus als
Vorbild vor Augen, der laut hinausschreit: „Mein Gott, mein
Gott, warum hast du mich verlassen?" „Das ist die dunkelste
Nacht, der Höhepunkt seines Leidens ... Unendliches Geheimnis. Abgrundtiefer Schmerz, den Jesus als Mensch erfahren hat
und der uns das Maß seiner Liebe zu den Menschen offenbart.
Er nahm die Trennung der Menschen von Gott, ihrem Vater,
und voneinander auf sich und hat sie so überwunden."[308] Aber
in diesem Schrei, der etwas Paradoxes an sich hat, in diesem
qualvollen Schmerz sind die zahllosen Namen der Schmerzen
der Menschheit zusammengefasst.

Der gekreuzigte und verlassene Jesus ist der Leitstern auf diesem Weg. Er verleiht uns den Mut und die nötige Klarheit, um
alle diese Situationen anzugehen: „In der Liebe zu Jesus dem
Verlassenen finden wir Motivation und Kraft, diesen Spaltungen, diesem Negativen nicht auszuweichen, sondern es auf uns
zu nehmen, es in uns durchzutragen und so persönlich und gemeinsam dieser Not entgegenzuwirken."[309]

---

307 J. Ratzinger, *Predigt in der Missa pro eligendo Romano Pontefice*, Rom, St. Peter,
     18.4.2005; s. unten 17f. Vgl. auch Benedikt XVI., *Caritas in Veritate,* Nr. 21-33.
308 C. Lubich, *Licht in der Nacht.* Grußbotschaft zur Jubiläumsveranstaltung der
     Freiwilligen, Budapest, 14.9.2006, in: Neue Stadt, Sondernummer 11/2006, 29.
309 Ebd.

In Jesus dem Verlassenen zeigt uns Chiara das Licht, dem wir folgen sollen, gerade indem wir durch die Finsternis hindurchgehen, bis wir erfahren, dass der Satz des heiligen Laurentius wahr ist: „Meine Nacht kennt keine Dunkelheit, alle Dinge erstrahlen im Licht."[310] Dies ist möglich, weil der gekreuzigte und verlassene Jesus den Tod besiegt hat und auferstanden ist. Wie schon gesagt: Je tiefer Chiara in das Geheimnis eindrang, das Jesus in der Verlassenheit durchlebt hat, desto stärker erkannte sie darin ein Licht, das imstande ist, jede Erfahrung des Schmerzes und des Verlassenseins, die der Mensch im persönlichen wie im gesellschaftlichen Kontext machen kann, zu erhellen und ihr einen Sinn zu geben.

Bestärkt durch eine Aussage Leo des Großen[311] hat Chiara nicht gezögert, im Schrei Jesu eine tiefe „Lehre" zu sehen, die nicht nur auf die Theologie ein neues Licht werfen könnte, sondern auch auf die Philosophie und andere Disziplinen, letztlich auf alle menschlichen Lebensbereiche. Unsere Studiengruppe der *Scuola Abba* ist dabei, dies zu vertiefen.

Jesu Schrei, der alles Nichts integriert, hat von jeher die Geschichte des Menschen begleitet. Chiara hat dies in einem der eindrucksvollsten Texte von 1949 so formuliert:

„Jesus ist Jesus der Verlassene, denn Jesus ist der Heiland, der Erlöser, und er erlöst, wenn er durch die Wunde der Verlassenheit das Göttliche über die Menschheit ausgießt. Diese Wunde ist die Pupille im Auge Gottes auf die Welt: eine unendliche Leere, durch die Gott auf uns schaut, das weit geöffnete Fens-

---

310   Zitiert in: C. Lubich, *Licht in der Nacht*. 29.
311   Leo der Große, *Sermo LXVII*, 16. Predigt über das Leiden des Herrn, Nr. 7.

ter Gottes zur Welt und das Fenster der Menschheit, durch das man Gott sieht."[312]

Viele Jahre später betrachtete sie diesen Text aus dem *Paradies '49* wieder und betonte: Jesus „ist die Liebe des Vaters, die auf die Erde gekommen ist … Und er hat uns geliebt, indem er uns alles gegeben, alles weggegeben hat, sogar Gott. Geblieben ist die Leere. Wenn wir leben wie er, dann können wir … hineinschauen und Gott, den Vater, sehen. Und der Vater kann hineinschauen und uns sehen"[313].

In seiner Verlassenheit „vollzieht Jesus die Erlösungstat; er ist der Mittler, der selbst zum Nichts wird und so die Kinder mit dem Vater versöhnt"[314]. Sein Leiden und Sterben ist, wie öfter gesagt, „der große Erweis der Liebe Gottes zur Menschheit". An dieser Erkenntnis gilt es festzuhalten. Diese Liebe ist so machtvoll, dass sie die Auferstehung erwirkt und alle an sich zieht (vgl. Johannes 12,32): So entsteht die Einheit des neuen Gottesvolkes, das unterwegs ist zu ihm.

Der verlassene und auferstandene Jesus – „Weg zur Heiligkeit"

Kommen wir nun zurück zu unserem persönlichen Leben, zu unserem „Eccomi – Hier bin ich!" als Frucht und Antwort auf die Liebe Jesu des Verlassenen zu uns. Es ist klar, dass das Kreuz für uns nicht mehr Zeichen des Fluches und des Todes ist, weil Jesus es durch die Auferstehung in ein Werkzeug des Sieges über den wahren Tod, die Sünde, verwandelt hat.

---

312 C. Lubich, *Text* vom August 1949.
313 C. Lubich, *Anmerkung zum Text* vom August 1949.
314 C. Lubich, *Der Schrei der Gottverlassenheit*, 23.

Deshalb kann „das Kreuz nicht mehr von der Herrlichkeit, der Gekreuzigte nicht mehr vom Auferstandenen getrennt werden. Es sind dies zwei Aspekte desselben Geheimnisses Gottes, der Liebe ist ... Diese kostbare Unterweisung des Gekreuzigten-Auf-erstandenen ... wird uns auch zeigen, welche Rolle der Schmerz, der in unserem Leben auf uns zukommen kann, hat und wie außergewöhnlich fruchtbar er ist", schrieb Chiara und ermutig-te uns zugleich: „Tag um Tag, wenn kleine oder große Leiden uns treffen, ... wollen wir uns bemühen, sie anzunehmen und sie Jesus zu schenken als Ausdruck unserer Liebe. Wenn wir so le-ben, können wir ungewöhnliche und unverhoffte Auswirkun-gen erleben: Unser Inneres wird durchdrungen sein von Friede, Liebe, von reiner Freude, von Licht. Wir werden in uns eine neue Kraft entdecken können. Wir werden erkennen: Wenn wir die Kreuze eines jeden Tages umfangen und uns durch sie mit dem gekreuzigten und auferstandenen Jesus vereinen, dann können wir bereits hier auf Erden an seinem Leben als Aufer-standener teilhaben. Bereichert durch diese Erfahrung, werden wir unseren Brüdern und Schwestern wirksamer helfen kön-nen, mitten unter Tränen Seligkeit zu erfahren und alles Be-drängende in Unbeschwertheit zu verwandeln. So können wir für viele zu Werkzeugen der Freude und des Glücks werden, jenes Glücks, nach dem sich jedes Menschenherz sehnt."[315]

In Jesus dem Verlassenen bekommt auch die Sinnlosigkeit des menschlichen Schmerzes einen Sinn. Er, der Mittler zwi-schen Gott und den Menschen, ist die Antwort auf jede Sinn-losigkeit, denn er gibt uns die Möglichkeit, in jeder Situation Gott von Angesicht zu Angesicht zu begegnen. Er, Jesus der

---

315   C. Lubich, Kommentar zu Johannes 12,32, in: *Neue Stadt* 1/1984, 16.

Verlassene, ist das Fenster Gottes und das Fenster für die Menschheit: Gott kann den Menschen sehen, weil Jesus der Verlassene der Mensch ist; und der Mensch kann Gott sehen, weil Jesus der Verlassene Gott ist.

* * *

Am Ende dieser Ausführungen ist uns bewusst, dass wir nur einige wenige Aspekte jener so reichen „Lehre" gestreift haben, die Chiara in Jesus dem Verlassenen wahrgenommen hat. In der direkten Begegnung mit ihm werden wir Gelegenheit haben, weitere Nuancen zu erahnen.

Es gibt freilich noch einen Punkt, den ich nicht unerwähnt lassen möchte, eine sehr intime Erfahrung von Chiara ... Einmal vertraute sie uns an: „Ich möchte einzig und allein als Braut von Jesus dem Verlassenen in Erinnerung bleiben, als ein Mensch (so gesagt ist es leichter nachvollziehbar), dessen Seele Braut des verlassenen Jesus ist. Wenn mein Leben so beschrieben werden könnte – Gott möge mir dabei helfen! –, wäre das wunderbar; dahin zu kommen ist ein sehr hohes Ziel, das immer noch vor mir liegt. Und doch empfinde ich genau dies als meine Berufung. Wir wissen, ... um heilig zu werden, muss man von einer einzigen Idee beseelt sein, in der alles andere enthalten ist. Für uns ist das die Einheit. Doch diese erreichen wir nur, wenn unsere Seele die ‚Braut von Jesus dem Verlassenen' ist."[316]

1949 schrieb Chiara: „Jesus der Verlassene ist die Heiligkeit, denn aus der durch die Verlassenheit zerrissenen Seele bricht

---

316   C. Lubich, *Costruendo il „castello esteriore"*, 88f.

das Licht Gottes durch, das Licht, das Gott ist."[317] Und weiter: „Wie froh bin ich bei dem Gedanken, dass ich alles habe, um heilig zu werden. Ich brauche keine Approbationen für mein Institut, keine Hilfe von irgendjemandem, keine Menschen, die mit mir gehen (auch wenn mein Ideal die Einheit ist und dazu wenigstens zwei notwendig sind), noch sonst irgendetwas. Mir genügt das Kreuz, das Augenblick für Augenblick auf mich zukommt. Er schickt es mir, und es ist eines der vielen Gesichter meiner ‚verlassenen Liebe', die an Leib und Seele gekreuzigt ist ..., ganz mein, mein Ein und Alles. So gehe ich – ohne irgendetwas oder irgendjemanden zu benötigen – sicher den Weg, den er mir vorgezeichnet hat, ohne dass mich jemand hindern könnte; denn das Hindernis selbst ist mir zur Leidenschaft geworden, zu meinem Aufschwung der Liebe."[318]

Wünschen wir einander, dass auch unser Leben „ein Aufschwung der Liebe" sei.

Braga (Portugal), 5. August 2016

---

317 C. Lubich, *Text* vom August 1949.
318 C. Lubich, *Text* vom 14.10.1949.

Maria – unser Vorbild

In einem bedeutsamen Vortrag in der Basilika Santa Maria Maggiore in Rom hat Chiara 1987 „über den spirituellen Einfluss Marias auf den Menschen von heute" gesprochen.[319] Für uns als Angehörige der Fokolar-Bewegung ist es ein Impuls, uns unsere Berufung zu vergegenwärtigen: „eine Präsenz von Maria in der Welt zu sein und gleichsam ihr Wirken fortzusetzen", wie es in unserem Statut[320] heißt. Wir wollen darüber nachdenken, was das für uns heute bedeuten kann, die wir versuchen, die Identität unserer Bewegung tiefer zu erfassen ... Dazu wollen wir unsere Beziehung zu Maria vertiefen.

---

319 C. Lubich, *Maria trasparenza di Dio*, Rom 2003, 65-79.

320 *Allgemeines Statut*, Art. 2: „Die Fokolar-Bewegung trägt den Namen Werk Mariens, weil sie aufgrund ihrer typischen Spiritualität, die der Welt – nach dem Vorbild von Maria – Christus auf geistliche Weise schenkt, aufgrund der Vielfalt ihrer Zusammensetzung, ihrer weltweiten Verbreitung, ihrer Beziehungen mit Christen verschiedener Kirchen und kirchlicher Gemeinschaften, mit Angehörigen verschiedener Religionen und mit Menschen nichtreligiöser Überzeugungen sowie aufgrund der Präsidentschaft eines Laien, und zwar einer Frau, die besondere Verbindung dieses Werkes mit Maria aufzeigt, der Mutter Christi und eines jeden Menschen. Das Werk möchte – soweit dies möglich ist – eine Präsenz von Maria in der Welt sein und gleichsam ihr Wirken fortsetzen."

Ich möchte dem in drei Schritten nachgehen:

– Erstens in der Rückkehr zur Quelle, zu unseren Wurzeln. Dabei werden wir uns wichtige Etappen der „Entdeckung" Marias bei Chiara in Erinnerung rufen.

– Zweitens, indem wir uns fragen: Welchen Einfluss hat Maria auf unseren spezifischen Weg der Heiligung – in unserem persönlichen Leben wie im Leben des Werkes?

– Drittens anhand der Frage: Was macht heute das Werk Mariens aus, worin liegt seine Aufgabe?

RÜCKKEHR ZUR QUELLE

Maria war in Chiaras Leben schon sehr früh, schon vor der Entstehung der Fokolar-Bewegung präsent. Lassen wir uns mitnehmen in Marias „Haus", nach Loreto, an „den Ort, wo Maria zum ersten Mal liebevoll auf uns geschaut hat", wie Chiara sagt.[321] Dort hatte Chiara im Jahr 1939 die erste Intuition dessen, was später entstehen sollte. Sie erkannte, dass Gott einen neuen Weg – sie nannte ihn den „vierten Weg" – für eine neue geistliche Familie in der Kirche vorbereitet hatte: unsere „Familie", das Fokolar. An dem Ort erahnte sie, dass eine Schar jungfräulicher Menschen diesen Weg mit ihr gehen würde. Später erzählte sie: „Ja, Maria war da, schon damals in Loreto; und mit ihrer schweigenden Präsenz erwartete sie alle, die ihr in ihrem Werk folgen würden."[322]

Mit dem Krieg, der dann ausbrach, ist eine weitere Etappe verbunden, die Chiara im Blick auf Maria etwas Neues verste-

---

321   C. Lubich, *Die hl. Klara und Maria*, Bulle (Schweiz), 10. August 2003, in AGMF, ACL, Discorsi.

322   C. Lubich, *Maria trasparenza di Dio*, 16f.

hen ließ. Nach einem schweren Bombenangriff, bei dem sie knapp dem Tod entgangen war, vertraute Chiara, noch von Staub bedeckt, ihren Gefährtinnen an: „Ich habe einen heftigen inneren Schmerz empfunden, als wir eben in Lebensgefahr waren: den Schmerz, hier auf Erden nie mehr das ‚Gegrüßet seist du, Maria' beten zu können" – und, wie sie später erläuterte, sie zu ehren durch das gerade entstehende Werk.[323]

Einige Jahre vergingen. In der sich entfaltenden Bewegung kristallisierten sich die ersten Schwerpunkte der Spiritualität heraus: Gott, die Liebe, der Wille Gottes, die Liebe zum Mitmenschen, das neue Gebot der gegenseitigen Liebe, die Einheit, Jesus der Verlassene. Und schließlich wieder Maria: So, wie sie zuvor im Hintergrund geblieben war, zeigte sie sich Chiara nun in ihrer eigentlichen Größe, „in unbeschreiblicher Schönheit: ganz bekleidet mit dem Wort Gottes, das die Schönheit des Vaters ist; verschwiegene Hüterin des Geistes in ihrem Innern"[324]. Dies weckte in Chiara eine ganz neue Liebe zu ihr.[325] In dieser Zeit, 1949 in den Dolomiten, erahnte Chiara auch deutlicher die künftige Gestalt der entstehenden Bewegung, ebenso ihre Bestimmung: ähnlich wie damals Maria Jesus das Leben geschenkt hatte, ihn heute in die Welt zu bringen – „durch dieses Werk, das aus Laien, Priestern und gottgeweihten Personen, aus ehelos Lebenden und Verheirateten, aus Erwachsenen und Kindern bestand" und das in seiner lebendigen Vielfalt etwas vom Leben der Dreifaltigkeit widerspiegeln sollte.[326]

---

323 A. a. O., 17f.
324 C. Lubich, *Text* vom 19.7.1949. Vgl. *Maria trasparenza di Dio*, 88. Zur weiteren Vertiefung vgl. M. Cerini, *La realtà di Maria in Chiara Lubich*. Prime fondamentali intuizioni e nuove prospettive per la mariologia, in: Nuova Umanità Nr. 110 (1997/2), 231-242.
325 Vgl. C. Lubich, *Text* vom 8.12.1949.
326 C. Lubich, *Vortrag für die Mariapoli 1959* (Manuskript), in: AGMF, ACL, Discorsi.

„Weil ich sie in dir aufs Neue sehen möchte", 1957

Das Jahr 1957 markiert eine weitere Etappe, beginnend mit einer Erfahrung Chiaras, die für viele zu einer Quelle der Inspiration geworden ist. Sie erzählt: „Eines Tages betrat ich eine Kirche, gedrängt vom Heiligen Geist, wie ich glaube, der mir dann auch die Worte in den Mund legte. Voll Vertrauen fragte ich Jesus, warum er, der in der Eucharistie überall auf der Welt gegenwärtig geblieben ist, keine Möglichkeit gefunden habe, auch seine Mutter bei uns zu lassen, wo wir doch auf unserem Lebensweg Hilfe brauchten. Vom Tabernakel her glaubte ich seine Antwort zu vernehmen: ‚Ich habe sie euch nicht gelassen, weil ich sie in dir aufs Neue sehen möchte'.“[327]

„Maria Desolata", 1962

In den 1960er-Jahren wurde Chiaras Blick auf Maria unter dem Kreuz gelenkt: auf die „Desolata", die allen Trostes beraubte Mutter, „ein Monument aller Tugenden". Sie erkennt in ihr eine Art Urbild, ein „Modell der Vollkommenheit".[328]

Wie schon gesagt, war es Chiara und ihren Gefährtinnen im ersten Fokolar zur Gewohnheit geworden, jeden Tag mit einem Stoßgebet zu beginnen, als bewusste Ausrichtung für den ganzen Tag: „Weil du verlassen bist, Jesus, weil du die Desolata (die allen Trostes beraubte) bist, Maria ...“[329] Letzteres deutet Chiara in dem Sinne, dass Maria alles verloren hat, dass ihr nichts blieb, außer lebendiges „Wort" zu sein.[330] Und in einer Anmerkung fügte Chiara hinzu: „Folglich alles andere loslassen", da-

---

327   C. Lubich, *Maria trasparenza di Dio*, 33f.

328   A. a. O., 47-49.

329   Vgl. C. Lubich, *Jesus der Verlassene und die Einheit*, 42.

330   Vgl. C. Lubich, *Text* vom 27.7.1949.

mit „das Wort" in uns lebt. Dies sah sie in Maria unter dem Kreuz verkörpert, in der „alle Tugenden aufleuchten".[331]

Im Jahr 1962 schrieb Chiara: „Ich habe hier auf Erden nur eine Mutter: Maria Desolata." Dieser Text ist wie ein Spiegelbild des anderen, oben zitierten grundlegenden Textes: „Ich habe nur einen Bräutigam auf Erden: Jesus den Verlassenen ...". 2003 hat sie diese Meditation über Maria aufgegriffen und in einen aktuellen Kontext gestellt; es ist fast eine Relecture, eine Aktualisierung vor dem Hintergrund ihrer Erfahrung:

„Ich habe hier auf Erden nur eine Mutter: Maria Desolata. Ich habe keine andere Mutter außer ihr. In ihr ist die ganze Kirche für die Ewigkeit – *Maria ist Mutter der Kirche* – und das gesamte Werk in der Einheit – *Maria ist Mutter des ganzen Werkes*.

In ihrer Bestimmung liegt die meine – *ihre Bestimmung als Desolata ist auch meine Bestimmung und ... die eines jeden*.

Ich werde durch die Welt gehen und wie sie zu leben suchen. Jede Trennung soll mein sein – *alles, alles loslassen, um ganz und gar im gegenwärtigen Augenblick den Willen Gottes zu leben*.

Jede Loslösung vom Guten, das ich wirken durfte – *eine der schwierigsten Weisen des Loslassens: sich lösen vom Guten, das ich wirken durfte* –, ein Beitrag, damit Maria Gestalt annimmt – *in mir und im Werk*.

In ihrem ‚Stabat' mein Stehen – *in ihr, der Desolata, meine Lebensweise*.

In ihrem ‚Stabat' mein Gehen – *in ihr meine Art zu handeln*.

Verschlossener Garten, versiegelter Quell (vgl. Hohelied 4,12) – *nichts und niemand kann mein Alleinsein mit Gott un-*

---

331   Vgl. A. a. O., *Anmerkung zum Text* vom 27.7.1949.

terbrechen, auch nicht die Mitmenschen, denn in ihnen erkenne ich Jesus.

Ihre Tugenden will ich leben – *die Tugenden der Selbstverleugnung, die alle der Liebe entspringen. Warum?*

Damit im Schweigen meines Nichts ihre Weisheit aufstrahle – *wenn wir die Desolata leben, hat das diese Auswirkung. Sie ist vergleichbar mit der Liebe zu Jesus dem Verlassenen, durch die wir unmittelbar den Auferstandenen in uns erfahren. Wenn wir die Desolata so leben, das heißt alles loslassen, um jeweils ganz im Jetzt zu leben, dann erfahren wir sie als die „Glorreiche", die ganz von Weisheit erfüllt ist.*

Und viele, alle ihre geliebten Söhne und Töchter, die Menschen, die ihrer barmherzigen Liebe besonders bedürfen, mögen überall ihre mütterliche Gegenwart erfahren ... in einer anderen kleinen Maria."[332]

Dies ist nicht nur eine schöne Betrachtung; es ist ein Programm auch für unser „Stehen" und unser „Gehen".

* * *

Ich erinnere mich gut an eine Zusammenkunft in Flüeli in der Schweiz, bei der Chiara über Maria sprach. Sie bezog sich auf Aufzeichnungen von 1949, die Maria in ihrer ganzen Größe zeigten – als „Mutter Gottes": „Gott hat sie größer gemacht als sich selbst. Bisher kannte ich Maria von den Darstellungen, die sie mit dem Mond verglichen, der größer ist als die Sterne, welche die Heiligen repräsentierten, aber kleiner als die Sonne, die

---

332   C. Lubich, *Die hl. Klara und Maria,* Bulle (Schweiz), 10. August 2003, in: AG-MF, ACL, Discorsi.

Gott repräsentierte. Jetzt sah ich Maria wie den blauen Himmel, der sowohl die Sonne als auch den Mond und die Sterne umfing. Alles war in ihr enthalten."[333] Chiara kommentierte, ihr sei aufgegangen, wie groß Maria ist; in ihr verwirkliche sich „ganz und gar, was Jesus zum Vater gewandt gesagt hat: ,Du hast die Meinen ebenso geliebt, wie du mich geliebt hast' (vgl. Johannes 17,23). Ich habe Maria so groß gesehen, als sie sich mir als ,Mutter Gottes' geoffenbart hat. Hierin, also in ihrer göttlichen Mutterschaft, verwirklicht sich meines Erachtens jenes ,wie'; hier wird Maria vom Vater ebenso geliebt, ,wie' der Sohn geliebt wird. In der göttlichen Mutterschaft liegt ihre Größe ..."[334]

Einmal wurde Chiara gefragt: „Kannst du uns sagen, warum Gott sich wohl Maria ausgedacht hat?" Sie antwortete spontan: „Ich denke, dass er sie in erster Linie geschaffen hat, weil er Freude daran hatte. Nachdem er die Erde mit den Menschen geschaffen hatte, wollte er sich ein kleines ,Modell' dessen machen, wie er sich diese Schöpfung gewünscht hätte, auch, damit wir alle, die wir später kommen würden, dieses zwar nie ganz erreichbare, aber uns doch auch nahe Vorbild vor uns hätten". Und ergänzte, dass er sie selbstverständlich zunächst für Jesus „erfunden" habe, „damit er bei seiner Menschwerdung eine würdige Mutter hätte"[335]. Dann fügte sie – halb im Spaß, halb im Ernst – an, wenn es Maria nicht gegeben hätte, wäre auf der Frauenseite eine große Lücke geblieben; Gott habe Maria wohl auch aus Gerechtigkeit erfunden.

---

333 C. Lubich, *Text* vom 8.12.1949.
334 Vgl. C. Lubich, *Anmerkung zum Text* vom 19.7.1949.
335 Vgl. C. Lubich, *Antwort* Nr. 7 zu den Fokolaren und Fokolarinnen in Europa, Rocca di Papa, 25. Dezember 1972, in: AGMF, ACL, Discorsi.

Maria „sein" – im persönlichen Leben und im Leben der Fokolar-Bewegung

In einem Text von Chiara heißt es: „Maria ist die Tür, die zu Gott führt. Und eine Tür ist keine richtige Tür, wenn sie nicht aufgeht und Durchgang gewährt. Eine stets verschlossene Tür ist wie eine Mauer. Wer an der Tür stehen bleibt, gelangt nicht zu Gott. Die Tür ist da, um zu Jesus gelangen zu können."[336] Ich möchte diese Meditation über Maria hier nicht theologisch vertiefen,[337] sondern gehe nur kurz auf eine aktuelle Thematik ein: die Ökumene.

Maria auf dem Weg der Ökumene

Welche Rolle spielt die Gestalt Marias auf dem Weg der Ökumene? Wie wird sie in den anderen Kirchen wahrgenommen?

Ich habe mich sehr gefreut über einen Brief von einer evangelischen Fokolarin, die mich auf die Predigt eines evangelischen Theologen am Fest Maria Verkündigung in der evangelisch-lutherischen Kirche in Rom aufmerksam gemacht hat.[338] Er stellte Maria vor allem als „Frau des Glaubens" vor, „die bei der Verkündigung des Engels antwortet: „Ich bin die Magd des Herrn; mir geschehe, wie du es gesagt hast" (Lukas 1,38). Seine Ausführungen ließen mich an Aussagen von Papst Benedikt XVI. denken, der auf Marias Zustimmung „zum Eintritt des Ewigen in die Zeit" eingeht und fortfährt: „Sie ist die Gestalt der Kirche, die auf das Wort Gottes hört, das in ihr Fleisch

---

336   C. Lubich, *Maria trasparenza di Dio*, 21.

337   Ich verweise auf die entsprechenden kirchlichen Dokumente, z. B. Kirchenkonstitution des Zweiten Vatikanischen Konzils *Lumen gentium*, Kap. 8; Johannes Paul II., Enzyklika *Redemptoris Mater* Nr. 7f.

338   Predigt von Prof. Dr. Notger Slenczka (Berlin), Rom, 25. März 2017.

wird. Maria ist auch Symbol der Öffnung gegenüber Gott und dem Nächsten; sie ist aktives Hören, das verinnerlicht, assimiliert, in dem das Wort Lebensform wird."[339]

„Wenn wir Maria als gelebtes ,Wort Gottes' sehen", so bemerkte Chiara einmal, „dann hat das durchaus Konsequenzen, besonders im Bereich der Ökumene. Es ist in der Tat so, dass das Verständnis von Maria ein Hindernis für die volle Einheit mit den evangelischen Schwestern und Brüdern sein kann. Wie also mag es sein, wenn sie, die den Wert der Schrift so betonen, in ihr deren Personifizierung entdecken?"[340]

Papst Franziskus sagt über das „Ja" Marias: „Es war nicht einfach, mit einem ,Ja' auf die Einladung des Engels zu antworten: Dennoch antwortete sie, eine Frau noch in der Blüte ihrer Jugend, mit Mut, obgleich sie nichts wusste über das Schicksal, das sie erwartete. Maria erscheint uns in jenem Augenblick wie eine der vielen Mütter unserer Welt, die mutig sind bis zum Äußersten, wenn es darum geht, in ihrem Schoß die Geschichte eines neuen Menschen anzunehmen, der geboren wird. Dieses ,Ja' ist der erste Schritt einer langen Reihe von Akten des Gehorsams, die ihren Weg als Mutter begleiten werden."[341]

Ähnlich erläuterte Chiara: „Maria weist mit ihrem ,Siehe, ich bin die Magd des Herrn; mir geschehe, wie du es gesagt hast' ... auf etwas sehr Wichtiges hin: die Erfüllung des Willens Gottes." Und sie fuhr fort: „Wenn alle Christen sich klarmachten, dass es bei der Heiligung nicht so sehr darum geht, auf andere Heilige zu schauen, ..., sondern darum, wie sie den Willen Gottes zu erfüllen ...; wenn die Christen dies verstünden, dann

---

339 Benedikt XVI., Nachsynodales Apostolisches Schreiben *Verbum Domini* Nr. 27.
340 C. Lubich, *Maria trasparenza di Dio*, 23.
341 Papst Franziskus, *Generalaudienz* 10.5.2017.

würden zwei scheinbar widersprüchliche Aspekte zusammen-passen: das geistliche Leben einerseits und das Leben mitten in der Welt – in der Familie, der Politik, der Kunst, der Wissenschaft, der Kultur ...“[342] In all diesen Lebensbereichen, in denen wir stehen, in den verschiedenen Dialogfeldern, von der Ökumene über den interreligiösen zum interkulturellen Dialog, sind wir gefragt. Überall dort wartet Maria auf uns, wenn man so sagen kann.

Im *Magnifikat* beschreibt Maria gewissermaßen die nie veraltende „Magna Charta" der christlichen Soziallehre. „Er vollbringt mit seinem Arm machtvolle Taten: Er zerstreut, die im Herzen voll Hochmut sind; er stürzt die Mächtigen vom Thron und erhöht die Niedrigen. Die Hungernden beschenkt er mit seinen Gaben und lässt die Reichen leer ausgehen" (Lukas 1,51-53).

Maria hat ihren Alltag mit dem Evangelium durchdrungen: als „Hausfrau" und „Sitz der Weisheit". Schritt für Schritt folgte sie ihrem Sohn in seinem öffentlichen Leben, vom glanzvollen Auftritt bei der Hochzeit in Kana bis hinauf nach Golgota unter das Kreuz. Und auch nach dem Tod ihres Sohnes finden wir sie in der entstehenden Kirche, wo sie den Aposteln beisteht.

Auch heute zeigt sich Maria als Vorbild für uns, besonders uns Laien, die wir in Kirche und Welt verantwortungsvolle Aufgaben wahrzunehmen haben. Chiara lädt uns ein, Maria nicht nur als Mutter Gottes, als ohne Erbsünde Empfangene, als die in den Himmel Aufgenommene, als Königin zu sehen, sondern auch „als die vollkommene Christin, die Verlobte, die Ehefrau, die Mutter, die Witwe, die Jungfrau, das Vorbild für jeden Christen. Sie ist Laie wie wir ..., aber sie ist immer aktiv in der

---

342   C. Lubich, *Interview* für Radio Vatikan, Rocca di Papa, 4. Juni 1987, in: AGMF, ACL, Discorsi.

Kirche: Sie ist Mutter, sie wirkt durch die Liebe, die sie bewegt und bereit macht, sich zu verschenken und mit ihrem Sohn zu leiden. Maria zeigt uns, dass das Wesen des Christentums Liebe ist, dass auch jeder Priester und Bischof zuerst ganz Christ sein muss: bereit zu lieben, wie Christus uns geliebt hat, als er am Kreuz seine Kirche gründete."[343]

In einer Spiritualität, die sich vor allem auf die Liebe konzentriert, steht uns Maria, die „Frau der Liebe", wie Chiara sie nannte, als das Vorbild schlechthin vor Augen. Sie zeigt uns und vielen anderen Menschen einen Weg zu einem authentischen Christsein in unserer Zeit. Die verschiedenen Momente im Leben Marias können uns, auch wenn es sich um außergewöhnliche Ereignisse handelt, auf unserem Weg zu Gott leiten; wir können sie als Etappen verstehen, die auch wir einzeln wie miteinander durchlaufen, und wohl auch die eine oder andere Parallele zu Momenten in unserem Leben entdecken ...

„Das Werk Mariens" in Kirche und Welt heute

Greifen wir nun die Frage vom Anfang auf, was es für die Fokolar-Bewegung bedeutet, „eine Präsenz von Maria in der Welt zu sein und gleichsam ihr Wirken fortzusetzen". 1957 hatte Chiara den Eindruck, Jesus würde ihr sagen: „Ich habe sie nicht auf Erden gelassen, weil ich sie in dir, in euch aufs Neue sehen möchte." Auch heute möchte Jesus, dass wir unsere Arme und unser Herz wie eine Mutter für die Menschheit öffnen, um Schmerzen zu lindern, Wunden zu heilen, Tränen zu trocknen ... Und wenn wir auf den Weg blicken, den wir in diesen

---

343 Vgl. C. Lubich, *Alles besiegt die Liebe*, 11f.

Jahren zurückgelegt haben, dann dürfen wir, wohlwissend, dass wir intensiver und besser leben können ..., zur Ehre Gottes mit Maria in ihr *Magnifikat* einstimmen: „Meine Seele preist die Größe des Herrn ... Denn der Mächtige hat Großes an mir getan" ... Bei einem nüchternen Blick auf unsere Wirklichkeit zeigen sich allerdings auch viele Schwachpunkte: Die physischen Kräfte nehmen ab; wir sind weniger geworden. Nicht wenigen Herausforderungen stehen wir hilflos gegenüber. Oft müssen wir auch unsere Fehler eingestehen; wer könnte nicht eine lange Liste seiner Fehler zusammenstellen? Dies zeigt uns, dass das Magnifikat des Werkes Mariens eher eine Zielvorstellung denn Realität ist. Trotzdem entmutigt uns das nicht; denn je mehr wir uns unserer Schwächen bewusst werden, umso mehr zeigt sich die Größe dessen, was Gott uns anvertraut hat.

„... auf die Niedrigkeit seiner Magd hat er geschaut." Maria unter dem Kreuz kann uns lehren, alles loszulassen. Sie hilft uns immer wieder, jedem Bruder, jeder Schwester in einer dienenden Haltung zu begegnen, im Bewusstsein, dass wir aus uns nichts sind. Nur so kann das Wirken Gottes hervorgehoben und seine Botschaft der Liebe, wie es im Magnifikat heißt, „von Geschlecht zu Geschlecht" weitergegeben werden.

Auch heute zerstreut Gott die, „die im Herzen voll Hochmut sind. Er stürzt die Mächtigen vom Thron und erhöht die Niedrigen". Maria drängt uns, in *jedem* Menschen ein Kind Gottes zu erkennen, einen Bruder, eine Schwester. Das schafft bei voller Achtung aller Besonderheiten eine grundlegende Gleichheit, die durch keinerlei Unterschiede infrage gestellt werden kann. In einem Lied aus den ersten „Mariapolis" hieß es: „Straßenbahnfahrer, Studenten und Ärzte, Drogisten und Abgeordnete ... –

sobald sie hier ankommen, sind sie alle gleich. Was zählt schon die Stellung, wenn wir hier doch Geschwister sind?"

„Die Hungernden beschenkt er mit seinen Gaben und lässt die Reichen leer ausgehen." Maria drängt uns, die Herzen, die Güter, unseren Dienst in die Gemeinschaft einzubringen, damit eine wirkliche Familie entsteht, in der keiner im Überfluss lebt und Dinge verschwendet und niemandem das Nötige fehlt. Maria erinnert uns und alle, dass Gott all seinen Kindern Barmherzigkeit verheißen hat. Und sie lehrt uns, wie Papst Franziskus sagt, „die Tugend des Wartens, auch wenn alles sinnlos erscheint: Sie ist stets voll Vertrauen auf das Geheimnis Gottes, auch wenn dieser aufgrund des Bösen in der Welt zu verschwinden scheint."[344] Maria drängt uns, stets zu hoffen und allen zu helfen weiterzugehen, den Blick auf den Horizont gerichtet, in der Gewissheit, dass Gott die Geschichte lenkt, Gott, der die Liebe ist.

Maria will auch durch uns mit ihrer mütterlichen Liebe die Menschen umfangen, wer immer sie sind, in jedweder Situation. Denken wir nur an die ganze Breite unterschiedlichster Dialogfelder. Maria war es, die uns in besonderer Weise auf die Ökumene ausgerichtet hat. Sie hat uns, die wir als Christen verschiedener Kirchen durch das Charisma der Einheit vereint sind, gedrängt, Zeugnis davon zu geben. Sie hat uns gezeigt, wie stark das Band der gemeinsamen Taufe ist, und bewegt uns, alles daranzusetzen, dass die volle, sichtbare Einheit bald erreicht wird. Denken wir weiter an die vielen Initiativen, Frieden zu stiften, Konflikte zu lösen und Brücken zu bauen. Dazu engagieren wir

---

344 Papst Franziskus, *Generalaudienz,* 10.5.2017.

uns auch in anderen Werken und Initiativen, die auf das Wohl des Menschen ausgerichtet sind. Wir versuchen sie zu unterstützen und gemeinsam dazu beizutragen, dass sich der Lebensstil des Evangeliums in der Welt verbreitet – auch durch unsere sogenannten „Aktivitäten mit Breitenwirkung", in Wirtschaft und Politik, in der Pädagogik, Medizin und Kunst.

Marias schweigende, aber aktive Präsenz umfängt alle und führt wie im Pfingstsaal alle in Einheit zusammen ...

Maria, die Mutter mit einem Herzen aus Fleisch

Chiara sagte einmal, Maria sein bedeute, „ein Herz aus Fleisch zu haben": „Wer ein Herz aus Fleisch hat, ist Maria ... Sie ist die Mutter! Eine Mutter liebt ihr Kind mit einem Herzen aus Fleisch. Wenn ein Kind zum Beispiel operiert werden muss, nimmt die Anwesenheit der Mutter ihm die schlimmsten Ängste. Die Mutter ist es, die weint, die stunden- und tagelang am Bett des Kindes ausharrt. Sie hält den Kontakt zum Arzt, zu allen, damit das Kind beruhigt sein kann."[345] Chiara bringt viele andere Beispiele für die Weite eines Mutterherzens, die ich hier nicht anführen kann. Das leuchtendste Beispiel ist, wie Papst Franziskus verdeutlicht, Maria, „die Mutter, die Jesus uns allen geschenkt hat": Sie ist „genau im entscheidenden Augenblick wieder da, als ein großer Teil der Freunde Jesu aus Angst verschwunden ist. Mütter enttäuschen nicht, und keiner von uns kann sagen, was in jenem Augenblick unter dem Kreuz das grausamere Leiden war: das Leiden eines unschuldigen Menschen, der am Kreuz stirbt, oder das Leiden einer Mutter, die

---

345   C. Lubich, *Ein Herz von Fleisch – Maria die Mutter = Berufung des Fokolars*, Treffen der Fokolare und Fokolarinnen aus Italien, Rocca di Papa, 3. Juni 1973, in: AGMF, ACL, Discorsi.

die letzten Augenblicke beim Todeskampf ihres Sohnes begleitet. Die Evangelien sind lakonisch und äußerst diskret. Sie ver-
zeichnen die Gegenwart der Mutter mit einem einfachen Verb:
Sie ‚stand' (Johannes 19,25) ... Sie stand da, in den schlimmsten, grausamsten Momenten und litt mit dem Sohn. ‚Sie stand.'
Maria ‚stand'; sie war einfach da. Da ist sie wieder, die junge
Frau aus Nazaret, jetzt mit ergrautem Haar, weil die Jahre vergangen sind. Und noch immer hat sie es zu tun mit einem Gott,
den es nur anzunehmen gilt, und mit einem Leben, das an der
Schwelle der tiefsten Dunkelheit angekommen ist. Maria
‚stand' in der tiefsten Dunkelheit, aber sie ‚stand'. Sie ging nicht
weg. Maria ist dort, in Treue gegenwärtig, wo immer an einem
nebligen Ort eine Kerze am Brennen gehalten werden muss.
Nicht einmal sie weiß um die Bestimmung zur Auferstehung,
die ihr Sohn in jenem Augenblick für alle Menschen eröffnet.
Sie ist dort aus Treue zum Plan Gottes, als dessen Magd sie sich
am ersten Tag ihrer Berufung bezeichnet hat, aber auch aufgrund ihres tiefen Empfindens als Mutter, die einfach leidet,
jedes Mal, wenn ein Kind eine Passion durchmacht."[346] So beschreibt Papst Franziskus Maria.

„Was kann ich tun, um ein Herz aus Fleisch zu haben?", fragte sich Chiara. „Wenn ihr wüsstest, wie viel es kostet, ein Herz
aus Stein in ein Herz aus Fleisch zu verwandeln! Wenn ihr
wüsstet, wie viele Meißel Gott in letzter Zeit gebraucht hat, um
mein Herz in ein Herz aus Fleisch zu verwandeln!"[347] Für andere Mutter sein, das ist auch mit Schmerzen verbunden ...
Auch dies gehört zu unserem Weg ...

---

346 Papst Franziskus, *Generalaudienz* 10.5.2017.
347 C. Lubich, *Ein Herz von Fleisch – Maria die Mutter = Berufung des Fokolars*, Treffen der Fokolare und Fokolarinnen aus Italien, Rocca di Papa, 3. Juni 1973, in:
AGMF, ACL, Discorsi.

In Tagebuchnotizen von Chiara aus dem Jahr 2002 heißt es: „Therese von Lisieux erklärte: ‚In der Kirche, meiner Mutter, werde ich die Liebe sein.' Wir könnten sagen: ‚In der Kirche, meiner Mutter, werde ich Maria sein.' Das ist unsere Berufung: Maria zu sein, wenn auch, verglichen mit ihr, die so groß ist, eine kleine Maria ...

Mir kam in den Sinn, was mein Vermächtnis sein sollte: allen Jesus in der Mitte zu hinterlassen ... Denn selbst wenn ich jedem die ganze Welt hinterlassen würde, wäre es nicht das Gleiche: Jesus ist das höchste Gut ... Wenn wir unsere Spiritualität leben, einen Schwerpunkt nach dem anderen, werden wir der Welt Jesus schenken können. Vielleicht können wir deshalb sagen: ‚In der Kirche, meiner Mutter, werde ich Maria sein.' Maria hat, vom Heiligen Geist überschattet, Jesus physisch der Welt geschenkt; wir können ihn durch das Licht eines Charismas auf geistige Weise schenken."[348]

Wir werden dann dem Plan Gottes für das Werk Mariens entsprechen, wenn wir beständig „Jesus in der Mitte" Raum geben. Aber „nicht als Selbstzweck, sondern als ‚Ausgangspunkt', um alle lieben zu können und in der Welt die Liebe zu entzünden ..., um am Aufbau des Reiches Gottes mitzuwirken und um Maria die Möglichkeit zu geben, durch das Werk aufs Neue ihr Magnifikat zu singen."[349] Darin liegt unsere eigentliche Identität, und auch wenn wir sie nie ganz erreichen werden, ist das unsere Berufung.

Biella (Schweiz), 29. Juli 2017

---

348   C. Lubich, *Tagebuchnotizen* vom 30.11.2002 und 1.12.2002, in: AGMF, ACL, Diari.

349   C. Lubich, *In unità verso il Padre*, Rom 2004, 25-27.

Der Heilige Geist –
Seele der Kirche und der Welt

Wir kommen zu den beiden nächsten Schwerpunkten der Fokolar-Spiritualität, die ich unter der Überschrift „Der Heilige Geist – Seele der Kirche und der Welt" gemeinsam behandeln möchte.

Es ist ja *der Heilige Geist*, der *die Kirche* hervorbringt, der sie belebt, voranbringt und fortwährend erneuert. Er ist gewissermaßen ihre Seele, wie kein Geringerer als der hl. Augustinus es formuliert: „Was die Seele für den Leib ist ..., das ist der Heilige Geist für die Kirche."[350]

Nun könnte man fragen: Aber von welcher Kirche ist hier die Rede?

Es ist zweifellos etwas sehr Kostbares, ein Reichtum, der noch nicht in seiner Tiefe ausgelotet worden ist, dass der Heilige Geist durch das Charisma der Einheit nicht nur katholische Christen, sondern auch Orthodoxe, Angehörige der orientalischen Kirchen, Anglikaner, evangelische und reformierte Christen, Angehörige der Pfingstkirchen etc. in das Werk Ma-

---

350   Augustinus, *Serm.* 267, 4.4.

riens gerufen hat. Gemeinsam setzen wir alle uns dafür ein, die Trennungen und Missverständnisse zwischen denen zu überwinden, die sich als Jüngerinnen und Jünger des einen Christus bezeichnen, und vertrauensvoll bitten wir jeden Tag den Vater im Himmel, die Stunde der vollen Gemeinschaft aller Kirchen zu beschleunigen.

Auf die Frage, warum der Heilige Geist die Spaltungen der Christenheit zugelassen habe, antwortete Johannes Paul II. prophetisch: „Könnte es nicht auch so sein, dass diese Auseinanderentwicklungen ein Weg waren und sind, um die Kirche die vielfältigen Reichtümer entdecken zu lassen, die im Evangelium Christi ... enthalten sind? Vielleicht hätten diese Reichtümer anders nicht ans Licht gelangen können."[351] Versuchen wir, zumindest einige dieser Reichtümer zu entdecken und einander zu schenken. An dieser Stelle kann ich freilich auf das Thema Ökumene nicht weiter eingehen. Ich spreche im Folgenden von „Kirche" im Singular und beleuchte Ereignisse im Leben von Chiara und Intuitionen, die sie uns hinterlassen hat.

---

351   Johannes Paul II., *Die Schwelle der Hoffnung überschreiten*, Hamburg 1994, 179f.

Die Kirche

Wir haben versucht, Maria tiefer kennenzulernen und ihr nachzueifern. Nun führt sie uns diskret, aber entschieden zum nächsten Schwerpunkt unserer Spiritualität; denn sie ist ja „Vorbild jedes Christen" und zugleich „Typus und Urbild der Kirche".[352]

Die Nähe von Maria zur Kirche und umgekehrt war ein Thema, das bereits die Kirchenväter sowohl des Ostens als auch des Westens beschäftigte. Chiara notierte 1958 während eines Besuchs in Lourdes in ihrem Tagebuch: „Ich glaube, nichts erklärt besser, wer Maria ist, als die Kirche, und niemand erklärt besser, was die Kirche ist, als Maria."[353]

In Maria als Abbild und Gestalt der Kirche finden wir das Verständnis, das wir von der Kirche haben wollen. Als die katholische Kirche im Zweiten Vatikanischen Konzil von Maria sprach, fand sie in der Tat keine bessere Weise, als dies innerhalb der Dogmatischen Konstitution *Lumen gentium* zu tun, dem Dokument über die Kirche.

Doch was ist die Kirche? Nach der außerordentlichen Begegnung mit Papst Franziskus am 10. Mai 2018 in Loppiano kommt mir spontan als erste Antwort: „Die Kirche ist Mutter." Gewiss, um die Kirche als Mutter zu verstehen, muss man ‚von oben' auf sie blicken, vom Einen her. Der Papst selbst sagte uns,

---

352 Vgl. C. Lubich, *Zu Bischöfen der Fokolar-Bewegung*, Castel Gandolfo, 8.2.1988, in: C. Lubich, *Maria trasparenza di Dio*, 2003, 47.

353 C. Lubich, *Alle sollen eins sein*, 177.

wir sollten lernen, die Dinge so zu sehen, wie Gott sie sieht. Deshalb wollen wir mit Chiara von Gott her auf die Kirche schauen und aus dieser Perspektive einige ihrer besonderen Kennzeichen betrachten: Sie ist mütterlich, Leib Christi, Volk Gottes, also Familie; sie erweist sich als Präsenz und Spiegel des Göttlichen in der heutigen Menschheit.

„Erinnert euch an die früheren Tage ...", hat uns Papst Franziskus ans Herz gelegt.[354] Kehren wir also zu unseren Anfängen zurück und bleiben wir in unserem Ursprung verwurzelt: im Evangelium.

Wer das Wort Gottes lebt, entdeckt die Kirche

Durch das Wort Gottes hat sich Chiara die Kirche erschlossen. Ihr erster Impuls war ja, das Evangelium zu leben. Und eines der ersten Worte Jesu, auf das sie gestoßen ist, war: „Wer euch hört, hört mich" (Lukas 10,16).

Natürlich war Chiara ein Kind ihrer Zeit. Als die Bewegung entstand, dachte man in katholischen Kreisen beim Wort „Kirche" gewöhnlich vor allem an das Amt, an die kirchliche Autorität, an den Papst, den Bischof, die Priester. Chiara blieb nicht bei ihnen stehen ...; ihr Blick richtete sich auf die Präsenz Jesu und seines Geistes in den Strukturen der Kirche. Das zeigt sich auch in ihrem spontanen Gehorsam. Als zum Beispiel ein Priester ihr sagt: „Gott liebt dich über alle Maßen", hegt sie nicht den geringsten Zweifel an seinen Worten und überlässt sich mit absolutem Vertrauen diesem Gott, der sich ihr als Liebe gezeigt hat.[355] Oder als ihr Beichtvater ihr sagt, dass es nicht

---

354   Papst Franziskus, *Ansprache bei der Begegnung mit der Fokolar-Bewegung* in Loppiano, 10.5.2018.

355   Vgl. A. Torno, *PortarTi il mondo fra le braccia*, Rom 2011, 16 (Anm. d. Red.).

Gottes Wille für sie sei, ins Kloster einzutreten, ist es für Chiara, als würde Gott selbst ihr das sagen, und sie ist bereit, seinen Willen zu tun.[356] Oder als sie dem Bischof die entstehende Gemeinschaft von Trient vorstellt, ist sie sicher – unabhängig von den Irritationen, die diese in vielen hervorruft –, dass das, was er antworten würde, das wäre, was Gott von ihr wollte. Und „der Bischof sah in dieser Bewegung ... die Hand Gottes; er hat uns anerkannt und uns stets geholfen, solange wir in Trient waren und später auch."[357]

Chiara entdeckt die Kirche als Mutter; den Glauben daran hat sie immer bewahrt. Und sie hat ihn denen, die ihr gefolgt sind, immer wieder ans Herz gelegt. Sie hat sich ganz zu eigen gemacht, was die Kirche ihr vorschlug, gerade weil sie die Kirche als Mutter verstand: eine Mutter, die dem Kind nahe ist, ihm hilft, es versteht, ihm verzeiht, es unterstützt, wenn nötig korrigiert, aber immer wie eine Mutter.

In der Mariapoli 1995 in Grächen/Schweiz sagte Chiara: „Wir sind sicher, dass wir Kinder einer großen Mutter sind. Das gibt uns eine enorme Freiheit. Wir brauchen uns keine Sorgen zu machen, ob wir richtig liegen und richtig denken. Wir überlassen uns dem liebenden Blick der Mutter, und die Mutter sagt uns, ob wir auf dem richtigen Weg sind oder nicht."[358]

Vom Charisma der Einheit her erschloss sich Chiara auch, dass die Kirche *Volk Gottes* ist – zu einer Zeit, in der dies eine neue Sicht auf die Kirche bedeutete. Chiara sah sie als „eine Familie,

356 Vgl. L. Abignente, *Memoria e presente. La spiritualità del Movimento dei Focolari in prospettiva storica*, Rom 2010, 76 (Anm. d. Red.).
357 C. Lubich, *Antwort*, Mariapoli in Grächen (Schweiz), 21.7.1995, in: AGMF, ACL, Discorsi.
358 Ebd.

in der jeder seinen besonderen Platz hat, seine eigene Berufung, aber alle sich als Brüder und Schwestern verstehen"[359]. Seit der Anfangszeit der Fokolar-Bewegung bricht sich also das Verständnis von Kirche als Volk Gottes Bahn, wie es dann im Zweiten Vatikanischen Konzil ausgefaltet wird: Die gesamte Konstitution *Lumen gentium* ist dem Nachdenken über die Kirche gewidmet, die vom Mysterium der Dreifaltigkeit her verstanden wird als Volk Gottes, das auf Erden die trinitarische Wirklichkeit lebt und somit wesentlich Gemeinschaft ist.

Kirche als Gemeinschaft

Unvergesslich bleibt der Besuch von Papst Johannes Paul II. 1984 im internationalen Zentrum der Bewegung. Damals sagte er mit großer Entschiedenheit zu den Anwesenden: „Ich sehe, dass ihr sehr authentisch jener Sicht von Kirche folgt, jener Beschreibung, die im Zweiten Vatikanischen Konzil die Kirche von sich selbst gegeben hat"[360], eben jener Sicht von Kirche als Gemeinschaft ...

Mit Freude haben wir dann festgestellt, dass sich im Apostolischen Schreiben *Novo millennio ineunte* von Johannes Paul II. Grundprinzipien der Spiritualität der Einheit wiederfinden. Ich möchte einige Abschnitte zitieren: „Die Kirche zum Haus und zur Schule der Gemeinschaft machen, darin liegt die große Herausforderung, die in dem beginnenden Jahrtausend vor uns steht, wenn wir dem Plan Gottes treu sein und auch den tiefgreifenden Erwartungen der Welt entsprechen wollen."[361]

---

359   C. Lubich, *Ein Weg in Gemeinschaft*, 35.

360   Johannes Paul II., *Ansprache an die Fokolar-Bewegung* im internationalen Zentrum in Rocca di Papa (dem damaligen Mariapoli-Zentrum), 19.8.1984.

361   Johannes Paul II., Apostolisches Schreiben *Novo millennio ineunte*, Nr. 43.

Dann fragt er: „Was bedeutet das konkret? ... Spiritualität der Gemeinschaft bedeutet vor allem, den Blick des Herzens auf das Geheimnis der Dreifaltigkeit zu lenken, das in uns wohnt und dessen Licht auch auf dem Angesicht der Brüder und Schwestern neben uns wahrgenommen werden muss. Spiritualität der Gemeinschaft bedeutet zudem die Fähigkeit, den Bruder und die Schwester im Glauben in der tiefen Einheit des mystischen Leibes zu erkennen, d. h. es geht um ‚einen, der zu mir gehört‘, damit ich seine Freuden und seine Leiden teilen, seine Wünsche erahnen und mich seiner Bedürfnisse annehmen und ihm schließlich echte, tiefe Freundschaft anbieten kann. Spiritualität der Gemeinschaft ist auch die Fähigkeit, vor allem das Positive im anderen zu sehen, um es als Gottesgeschenk anzunehmen und zu schätzen: nicht nur ein Geschenk für den anderen, der es direkt empfangen hat, sondern auch ein ‚Geschenk für mich‘. Spiritualität der Gemeinschaft heißt schließlich, dem Bruder ‚Platz machen‘ können, indem ‚einer des anderen Last trägt‘ (Galater 6,2).“[362]

Wenn man heute diese Worte hört, überrascht es immer noch, dass die Kirche hier für das dritte Jahrtausend die gleiche Dynamik empfiehlt, die unseren geistlichen Weg prägt. Für uns ist es ein neuer Anstoß, auch entsprechend zu leben, um authentische „Werkzeuge der Gemeinschaft“ im kirchlichen und gesellschaftlichen Gefüge zu sein.

In dieselbe Richtung zielt, was die Kirche der Fokolar-Bewegung durch Papst Franziskus als besonderen Auftrag gibt: „Das Charisma der Einheit“, so sagte er in Loppiano, „ist ein von der Vorsehung geschenkter Impuls und eine mächtige Hilfe, die

---

362 Ebd.

dem Evangelium entsprechende Mystik des *Wir* zu leben, also gemeinsam unterwegs zu sein in der Geschichte der Männer und Frauen unserer Zeit, gleichsam ‚ein Herz und eine Seele‘ (Apostelgeschichte 4,32), einander entdeckend und einander konkret liebend als ‚Glieder, die zueinander gehören‘ (Römer 12,5). Darum hat Jesus zum Vater gebetet: ‚Alle sollen eins sein: Wie du, Vater, in mir bist und ich in dir bin‘ (Johannes 17,21). Und er hat uns in sich selbst den Weg dahin gezeigt bis zur völligen Selbsthingabe in der abgrundtiefen Entäußerung des Kreuzes (vgl. Markus 15,34; Philipper 2,6-8) ... Diese Spiritualität des Wir, die ihr voranbringen sollt, rettet uns vor jedem Egoismus und vor jedem egoistischen Interesse."[363]

Eine *Spiritualität des Wir* ist als unser Spezifikum und unser Auftrag das, was wir der Kirche und der Menschheit anzubieten haben. Nach der Funktion der Fokolar-Bewegung innerhalb der Kirche gefragt, lud Chiara schon 1984 dazu ein, ein Zeugnis der gegenseitigen Liebe zu geben, die wie der „Mörtel" zwischen den Gliedern der Kirche sei: „Die Kirche ist das Volk Gottes. Und dieses Volk Gottes hat natürlich eine Ordnung. Der heilige Paulus spricht von Gliedern; von Personen, die dieses Volk zu leiten, durch die Sakramente zu stärken, mit Weisheit zu lehren haben; wir brauchen auch Bischöfe und den Papst. Die Kirche ist schon erbaut, es ist klar, dass nicht wir das tun müssen. Doch in diesem Gebilde aus Steinen wird der Mörtel zwischen ihnen oft brüchig, die gegenseitige Liebe nimmt ab. Und ihr versteht, eine Kirche aus Steinen, und seien es noch so viele, die aber nichts hat, was die Steine miteinander verbindet, ist ein wenig instabil, einsturzgefährdet. Und wel-

---

[363] Papst Franziskus, *Ansprache bei der Begegnung mit der Fokolar-Bewegung* in Loppiano, 10.5.2018.

cher Mörtel fehlt? Die gegenseitige Liebe, die Einheit untereinander; man ist nicht ‚ein Herz und eine Seele‘. Jesus hat gesagt: ‚Daran wird man erkennen, [dass ihr meine Jünger seid,] wenn ihr einander liebt‘ (vgl. Johannes 13,35). Das ist der Weg, um Kirche zu sein ... Es geht darum, eine Kirche zu präsentieren, die wirklich das lebt, was sie ist.“[364] Eine solche Kirche bringt mit der Schönheit ihrer verschiedenen Teile einen Widerschein des göttlichen Lebens auf die Erde.

Berufen, „das Göttliche aufstrahlen" zu lassen

Chiara merkt an: „Immer wieder meinte man, und manchmal ist es auch heute noch so, dass zwischen einer vom Papst und den Bischöfen geleiteten Kirche und einer von besonderen Geistesgaben animierten charismatischen Kirche ein Gegensatz bestehe. In Wahrheit ist es nicht so: Es handelt sich um zwei komplementäre Aspekte der einen Kirche. Christus hat die Kirche ‚auf das Fundament der Apostel und Propheten gebaut‘ (vgl. Epheser 2,20) ... Mit einem – allerdings reichlich ungenauen – Vergleich könnten wir sagen: Die Kirche ohne das Charisma der Apostel ist wie ein Baum, der fast ausschließlich aus Blättern, Blüten und Früchten besteht, ohne Stamm und Äste; die Kirche nur mit den Aposteln wäre wie ein Baum, der fast ausschließlich aus Stamm und Ästen besteht. Sowohl die Hierarchie als auch die Propheten dienen der Kirche, doch obgleich sie diesen Dienst auf unterschiedliche Weise ausüben, sind beide durch den Heiligen Geist hervorgerufen und mit Charismen begabt, um sie zu erbauen.“[365]

---

364 C. Lubich, *Antworten an die Bewohner von Loppiano*, 30.5.1984, in: AGMF, ACL, Discorsi.

365 C. Lubich, *Der Heilige Geist und die Charismen*, in: *Nuova Umanità* Nr. 32 (1984), 3.

In diesem Verständnis stehen auch die kirchlichen Bewegungen, die vor allem nach dem Zweiten Vatikanischen Konzil entstanden sind, für die neuen Gaben, die der Heilige Geist der Kirche zum Wohl der Menschheit weiterhin schenkt. Sie möchten ein entschiedeneres Leben nach dem Evangelium fördern und bringen die unterschiedlichsten Berufungen hervor, die sich in verschiedensten Lebensbereichen verwirklichen, sie beleben das Streben nach Heiligkeit, unterstützen häufig den Weg der Ökumene und den Einsatz für den Frieden, sie erschließen Möglichkeiten für den Dialog unter den Religionen. Sie geben Anlass zu neuer Hoffnung für die Kirche des dritten Jahrtausends und für die Welt.

Die *Spiritualität des Wir*, die wir auf Chiaras Spuren leben möchten, drängt uns auch, uns all den großartigen Gaben zu öffnen, mit denen Gott seine Kirche bereichert hat. Am Pfingstfest 1998 hat Chiara Johannes Paul II. zugesagt, sich für die Gemeinschaft unter den kirchlichen Bewegungen und neuen Gemeinschaften wie auch mit all den anderen Charismen einzusetzen. In der „Einheit der Charismen" sah sie eine besondere Möglichkeit, der Welt eine besonders schöne Ausdrucksform der Kirche zu zeigen.

Auch Papst Franziskus erinnert daran, dass „schon das Wort ‚Kirche', vom griechischen *ekklesia* her, ‚Versammlung bedeutet': Gott ruft uns zusammen, er spornt uns an, aus dem Individualismus herauszukommen, aus der Tendenz, sich in sich selbst zu verschließen, und ruft uns, Teil seiner Familie zu sein". Und weiter: „Die Kirche geht hervor aus dem Wunsch Gottes, alle Menschen zur Gemeinschaft mit sich zu rufen, in seine Freundschaft, ja sogar dazu, als seine Kinder an seinem göttlichen Leben teilzuhaben." Diese Berufung zur Vertrautheit mit

Gott hat ihren Ursprung in der Schöpfung: „Gott hat uns geschaffen, damit wir in einer Beziehung enger Freundschaft zu ihm leben, und auch als die Sünde diese Beziehung zu ihm, zu den anderen und zur Schöpfung zerstört hat, hat Gott uns nicht verlassen. Die ganze Heilsgeschichte ist die Geschichte Gottes, der den Menschen sucht, ihm seine Liebe anbietet, ihn annimmt.“[366]

Die Grenzen der Kirche decken sich mit denen der ganzen Welt, sie umfassen alle, für die Christus am Kreuz gestorben ist, um sie zu erlösen, das heißt alle Männer und Frauen unseres Planeten. Den Evangelisten Johannes (11,51f) kommentierend, sagt der italienische Theologe Raniero Cantalamessa: „Die Einheit der Jünger – und durch sie des ganzen Menschengeschlechts – ist für Johannes der Grund, warum Christus stirbt: ‚um die versprengten Kinder Gottes wieder zu sammeln‘.“[367]

Für Chiara war dieser Ruf zur weltweiten Geschwisterlichkeit so stark, dass er vor keinem Unterschied Halt machte und sie drängte, mit jedermann eine Beziehung zu suchen. In diesem Ruf liegt das Fundament unserer „Dialoge“. Im Blick auf die Bemühungen um die Gemeinschaft aller Getauften zum Beispiel stellte Chiara fest: „Statt der jahrhundertelang gewohnten Polemik erwacht die Liebe. Das Gebet Jesu um die Einheit der Christen wird zum Gebet dieses Jahrhunderts.“[368]

---

366 Papst Franziskus, *Generalaudienz*, 29.5.2013.
367 Predigt von Pater Raniero Cantalamessa, O.F.M. cap., Karfreitagsliturgie, Basilika St. Peter, 21.3.2008. Vgl. auch die Dogmatische Konstitution *Lumen gentium*, Nr. 16, die sich auf einen Gedanken von Thomas von Aquin bezieht: „Alle zum Heil vorherbestimmten Menschen sind in irgendeiner Weise Glieder Christi; von daher besteht die Kirche, die der Mystische Leib Christi ist, aus allen Menschen, seit Beginn der Welt bis zum Ende“ (vgl. S. Th., III, q, 8, a. 3, ad 1.).
368 C. Lubich, *Im Dienst an allen*, München 1978, 80.

Im Blick auf das äußerst weite Aktionsfeld der Kirche unterstreicht Papst Franziskus: „Die Kirche ist kein karitativer, kultureller oder politischer Verein, sondern ein lebendiger Leib, der in der Geschichte unterwegs ist und wirkt."[369]

Papst Paul VI. sagte: „Die Kirche bleibt, sie bleibt inmitten aller Stürme der Geschichte. Die Kirche bleibt fest und stark in den Ereignissen dieser Welt, *um allen das ewige Evangelium vom Heil zu verkünden*; sie bleibt in Erwartung der letzten und siegreichen Wiederkehr des Retters Jesus. Das, so möchten wir euch erinnern, ist eine Leuchte, eine Hoffnung für alle, die nicht erlischt und auch dem gegenwärtigen Leben Sinn und Schönheit gibt."[370]

Die Fokolar-Bewegung fügt sich in diese Kirche ein und wirkt mit an ihrer Sendung, in der Welt das Göttliche aufstrahlen zu lassen, das in ihr ist aufgrund der Gegenwart Christi. Diese Wirklichkeit hat Chiara schon ganz früh thematisiert in einem tiefen und prophetisch inspirierten Text, der den Titel trägt: „Die goldene Stadt". Darin wird die Kirche beschrieben als göttlicher Widerschein der Dreifaltigkeit und Gott als das Gold der Stadt, aller unserer Städte. Chiara schreibt:

„Ich stelle mir eine goldene Stadt vor, in der das Göttliche aufstrahlt und das Menschliche im Schatten bleibt, Hintergrund, vor dem das Licht noch heller scheint.

Jede Kirche, jeder Tabernakel leuchtet heller als die Sonne; denn dort ist die Liebe zugegen. In denen, die der Kirche vorstehen, in der Hierarchie, die diese vom Himmel der Erde geschenkte Gemeinschaft ordnet, finde ich zahllose herrliche Per-

---

369   Papst Franziskus, *Generalaudienz*, 19.6.2013.
370   Zit. in: Leonardo Sapienza, *La barca di Paolo*, Cinisello Balsamo 2018, 41f.

len: Gnaden, die Gott uns durch Maria reicht. So will Gott mich mit Licht erfüllen und mit himmlischer Speise sättigen, wie keine Mutter ihr Kind nähren kann.

Wenn ich mich in Gott sammle, das Buch des Lebens öffne und die ewigen Worte lese, erklingt in meiner Seele eine herrliche Melodie, und der Heilige Geist erfüllt mich mit seinen Gaben.

Wem immer ich begegne – ob vornehm oder bettelarm – jedes Gesicht wandelt sich mir in das allerschönste Antlitz: das des menschgewordenen Wortes, Licht vom Licht.

Trete ich in ein Haus ein, in dem alle einander lieben, in dem Familien in Christus vereint sind, begegnet mir in ihrer Gemeinschaft ein göttlicher Abglanz der Dreifaltigkeit, und ich spüre: Sie bringt das Wort zum Ausdruck, das Leben ist: Gott.

Gott ist das Gold meiner Stadt. Vor ihm verblasst die Sonne, wird der Himmel klein; alle Pracht der Natur tritt zurück, glücklich, dienender Rahmen zu sein.

Diese Stadt findet sich in jeder Stadt, und alle können sie sehen, wenn nur unser Herz selbstvergessen in Gott erlischt und neu entbrennt im Feuer der göttlichen Liebe."[371]

---

371   C. Lubich, *Alle sollen eins sein*, 56f.

Der Heilige Geist –
Der große Akteur unserer Geschichte

In der Apostelgeschichte heißt es: „Als der Pfingsttag gekommen war, befanden sich alle am gleichen Ort. Da kam plötzlich vom Himmel her ein Brausen, wie wenn ein heftiger Sturm daher fährt, und erfüllte das ganze Haus, in dem sie waren. Und es erschienen ihnen Zungen wie von Feuer, die sich verteilten; auf jeden von ihnen ließ sich eine nieder. Alle wurden mit dem Heiligen Geist erfüllt und begannen, in fremden Sprachen zu reden, wie es der Geist ihnen eingab" (Apostelgeschichte 2,1–4).

Hier entsteht die Kirche. Und hier findet sie ihre Führung: im Heiligen Geist, den Jesus verheißen hatte: „Der Beistand aber, der Heilige Geist, den der Vater in meinem Namen senden wird, der wird euch alles lehren und euch an alles erinnern, was ich euch gesagt habe" (Johannes 14,26). „... ihr werdet die Kraft des Heiligen Geistes empfangen, der auf euch herabkommen wird; und ihr werdet meine Zeugen sein in Jerusalem und in ganz Judäa und Samarien und bis an die Grenzen der Erde" (Apostelgeschichte 1,8).

Auch unsere Bewegung weiß sich vom Geist geleitet. Ihn sehen wir als den großen Akteur unserer Geschichte, den Geber unseres Charismas, unseren Lehrmeister; und wir vertrauen darauf, dass er uns auch in Zukunft immer wieder erleuchten, führen und in unserem Handeln stützen wird.

In den Anfangsjahren waren wir uns dessen, ehrlich gesagt, nicht genügend bewusst. Der Akzent lag auf dem Vater, auf Jesus, auf der gegenseitigen Liebe, auf der Einheit ... Chiara bemerkt, dass wir viele Jahre gar nicht über das Wirken des Geistes gesprochen haben und erklärt: „Das geschah nicht aus Nachlässigkeit oder Interesselosigkeit, sondern – so scheint uns –, weil er selbst es so gewollt hat. Er hielt sich sorgsam verborgen, war gewissermaßen verschwunden. Er hatte sich ganz zurückgenommen, um uns eine Lektion zu erteilen, die wir nie vergessen werden: Er lehrte uns, was die Liebe ist, die er ja personifiziert: für die anderen leben, sie ins Licht rücken."[372]

Doch wurde Chiara im Sommer 1949 ein besonderes Verständnis über den Heiligen Geist geschenkt, und zwar aufgrund einer, so könnte man sagen, mystischen Erfahrung. Mit einem Bild gesagt: Gott führte sie gleichsam durch das Paradies, ließ sie tiefer erkennen, worin das Leben dort besteht ... Chiara selbst sagte, dass es Einblicke waren – auch in Bezug auf die Dreifaltigkeit –, „die man das ganze Leben nicht mehr vergisst"[373]. In ihrer Beschreibung dieser Erfahrung folgt sie den Aufzeichnungen aus jener Zeit:

„Ich betrat die Kirche für die übliche Meditation mit denen, die mit mir die Eine Seele[374] bildeten. Ich schaute auf den Tabernakel und erwartete auf dem Nichts von mir, dass Gott sein Licht senden würde.

Ich hatte den Eindruck, dass Jesus im Tabernakel atmete, und dass mir dieser Atem wie ein Lufthauch entgegenkam. Ich hob den Kopf, um mein Gesicht davon berühren zu lassen (das war kein physisches Geschehen). Dieser Hauch, der sich über

---

372 C. Lubich, *Der Heilige Geist und die Fokolar-Bewegung*, Kongress der katholischen Charismatischen Erneuerung, 22.9.2003, in: AGMF, ACL, Discorsi.

373 C. Lubich, *Dritte Lektion an die Gen*, Castel Gandolfo, 20.12.2003.

374 So nannte Chiara Lubich die kleine Gruppe, die im Sommer 1949 nach der Kommunion in der Messe miteinander den Pakt der Einheit schlossen, mit der Bitte, Jesus möge sie zu einer einzigen Seele verbinden. Vgl. *Il Patto del '49 nell'esperienza di Chiara Lubich*, Rom 2012 (Anm. d. Red.).

mir und zwischen mir und der Marienstatue erhob, die in einer Nische auf der rechten Seite des Hauptaltars stand, veranschaulichte sich – den Augen der Seele – plötzlich als Taube mit ausgebreiteten Flügeln … Sie zog einige Kreise über meinem Kopf und nahm eine Haltung ein, als wolle sie erleuchten. Aber sie erleuchtete nicht.

Verwirrt verstand ich, dass es der Heilige Geist war und dass der Heilige Geist der Atem Jesu war, all seine Wärme, sein Leben, dass er *die Luft des Himmels* bildete, von der der ganze Himmel durchdrungen ist, dass er Zephyr war und Säuseln.

Ich erinnere mich, dass ich den Herrn um eine Bestätigung bat, bevor ich mit meinen Gefährtinnen darüber sprach, die ein Recht darauf hatten, weil sie meine Eine Seele waren.

Als ich aus der Kirche kam, war der Himmel rot vom Sonnenuntergang und drei kleine Vögel saßen regungslos auf den Stromleitungen, angeordnet wie eine Dreiheit. Einer näherte sich von einer Seite der Kirche und flog über meinen Kopf. Darin erkannte ich die Bestätigung. Zum ersten Mal verstand ich auf unwiderrufliche Weise, dass jeder der Drei in der Trinität Gott ist, und dass der Heilige Geist Gott ist. Das heißt, man kann Gott auch ganz als Heiligen Geist verstehen, bekleidet mit Heiligem Geist."[375]

Im Heiligen Geist sah Chiara den Urheber der nach und nach sich entfaltenden Spiritualität. Im Rückblick entdeckt sie in deren einzelnen Elementen die Spuren seiner diskreten, aber aktiven Präsenz, durch die sich ihr das Evangelium neu erschloss; Worte wie Liebe und Einheit, die Verlassenheit Jesu am Kreuz

---

375   C. Lubich, *Text* vom 26. Juli 1949, Abschn. 275-279.

etc. erhellten sich wie unter einem Vergrößerungsglas, etwas Neues brach auf. „Wer gab uns Licht, als wir das Evangelium lasen und uns dabei war, als würde Licht hinter jedem Wort aufgeblendet, sodass wir den enormen Unterschied erkannten zwischen den Worten Gottes und anderen Worten? Wir merkten, dass die Worte Gottes universal, ewig, eindringlich und für alle geschaffen waren. Was war jenes Licht? Es war der Heilige Geist, der uns die Worte Gottes erhellte."[376]

Man könne die Geschichte der Fokolar-Bewegung neu schreiben, sagte Chiara einmal, indem man sie ganz dem Heiligen Geist zuschreibt. Die entstehende Bewegung erschien ihr wie „eine Invasion von Heiligem Geist, eine Invasion des Geistes Gottes; ... Wer hat mir denn das Wort Gottes tiefer erschlossen, wenn nicht der Heilige Geist ...?"[377] Darum empfand Chiara eine große Dankbarkeit ihm gegenüber und spürte das Verlangen nach einer tieferen Beziehung zu ihm – ein Impuls, den sie auch anderen weitergab, so in einer Begegnung mit Jugendlichen: „Bemüht euch, ihn zu lieben, wie es euch spontan kommt. Er ist ja Gott wie der Vater und der Sohn. Aber es wird der Moment kommen, in dem ihr ihn wirklich erkennt als den, der er ist. Ihr werdet ihn hochschätzen und lieben, weil ihr ihn kennengelernt habt; ich möchte sagen, vor allem weil er im Verborgenen geblieben ist, was ja gerade ein Kennzeichen der Liebe ist. Weil er zunächst verborgen blieb, konnte alles Übrige in seiner ganzen Schönheit hervortreten: Maria, Jesus in der Mitte ... Wegen seines stillen, verborgenen Wirkens, in dem er hei-

---

376 C. Lubich, *Der Heilige Geist und die Fokolar-Bewegung*, zu Bischöfen, Anzère, 6.8.1989, in: AGMF, ACL, Discorsi.
377 C. Lubich, *Zur ersten Gen-Schule*, Grottaferrata, 2.6.1976, in: AGMF, ACL, Discorsi.

ligt und stärkt, ohne groß Aufsehen zu erregen, werdet ihr den Heiligen Geist lieben."[378]

Auf den Heiligen Geist hören

Was können wir tun, um die Beziehung mit ihm, der dritten göttlichen Person der Dreifaltigkeit, zu vertiefen?

In ihrem Vortrag beim Kongress der Katholischen Charismatischen Erneuerung[379] 2003 erinnerte Chiara daran, dass der Heilige Geist im Leben und Beten der Bewegung von Anfang an mehr oder weniger ausdrücklich präsent war. Zum Beispiel war es uns wichtig, auf „jene Stimme" zu hören, das heißt auf die Stimme des Heiligen Geistes, der in uns wohnt. Es ist an sich eine kräftige Stimme, doch wir können sie nur in dem Maße hören, wie unsere Liebe „destilliert", ungetrübt rein geworden ist, ganz „Heiliger Geist ... Und sie wird destilliert", so Chiara, „indem sie durch Jesus den Verlassenen hindurchgeht. Jesus der Verlassene ist das Nichts, er ist der Punkt (= die aufs Äußerste reduzierte Liebe, die alles gegeben hat), durch den nur die Einfachheit hindurchgeht, die Gott ist: die Liebe. Nur die Liebe dringt durch"[380]. Die Liebe zu Jesus dem Verlassenen lässt uns die Stimme des Heiligen Geistes hören; wenn wir ihn in allem Leid umarmen, ist er in uns als der Auferstandene; und der Auferstandene bringt den Heiligen Geist mit sich.

Nicht selten hindern uns irgendwelche falschen Anhänglichkeiten daran, die Stimme des Heiligen Geistes zu vernehmen. Da kann uns Maria unter dem Kreuz eine Lehrmeisterin sein,

---

378 A. a. O.

379 Die Katholische Charismatische Erneuerung (CE) gehört zu den neuen geistlichen Bewegungen in der katholischen Kirche. (Anm. d. Red.)

380 C. Lubich, *Text* vom 2. September 1949.

„die losgelassen, die verloren hat, sogar ihren Sohn, der Gott war"[381]. Sie kann auch uns helfen, all das loszulassen, was nicht dem Willen Gottes entspricht, damit der Heilige Geist unser Leben Augenblick für Augenblick erleuchten kann.

Chiara lädt ein, „auf seine geheimnisvollen, leisen Hinweise" zu achten: „Lassen wir nichts außer Acht, was eine Eingebung von ihm sein könnte ... Hinter den Ideen eines Menschen, der sein Leben auf die Liebe ausrichtet, kann sich eine Eingebung des Heiligen Geistes verbergen. Er schenkt sie uns, um uns und der Welt Gutes zu erweisen und die ‚Revolution der Liebe' weiterführen zu können."[382]

Zahlreiche Erfahrungen zeigen, dass die Stimme des Heiligen Geistes verstärkt wird durch die Gegenwart von Jesus in unserer Mitte (vgl. Matthäus 18,20). „In der Bewegung lernen wir nicht nur, auf den Heiligen Geist in unserem Innern zu hören. Wir wissen, dass er auch dort unter uns präsent ist, wo wir im Namen des Auferstandenen vereint sind. Wir halten es für sehr wichtig, auf die Stimme des Geistes zu hören, wenn Jesus in unserer Mitte ist: Das hilft uns, besser auf seine Stimme in unserem Innern zu achten. Die Stimme des Geistes, die wir vernehmen, wenn Jesus in unserer Mitte ist, ist wie ein Verstärker seiner Stimme in unserem Innern."[383] Wenn wir in uns hineinhören und versuchen, seine Stimme in uns zu vernehmen, wird das, was wir zu verstehen glauben, oftmals in der Gemeinschaft mit anderen, mit Jesus unter uns, unterstrichen, verstärkt oder auch korrigiert. Auf jene Stimme hören bedeutet darum immer

---

381 C. Lubich, *Antwort an Priester*, 23.1.1991, in: AGMF, ACL, Discorsi.
382 C. Lubich, *La Vita un viaggio*, 125.
383 C. Lubich, *Zu den Delegierten des Werkes*, 3.10.1989, in: AGMF, ACL, Discorsi.

auch, darauf zu achten, dass Jesus in unserer Mitte sei. Er ist es, der uns zu der gemeinschaftlichen Entscheidungsfindung befähigt, an die Papst Franziskus uns erinnert hat. Der Geist ist es, der uns die Zeichen der Zeit erkennen lässt und im Licht des Charismas der Einheit Wege zeigt, um auf die Nöte der Menschheit heute zu antworten. Werden wir vertraut mit ihm. Diese Vertrautheit kann zum Beispiel wachsen, wenn wir ihm im Laufe des Tages bewusst die Momente des Gebets schenken, wie Chiara einmal vorschlug. Die Vertrautheit mit ihm ermutigt uns, auch die kühnsten Bitten an ihn zu richten, wenn wir gemeinsam im *Consenserint* (vgl. Matthäus 18,19 vulg.), wie wir sagen, etwas erbitten; wie oft haben wir erlebt, dass wir erhört werden, wenn wir vereint im Namen Jesu bitten, wie uns im Evangelium verheißen wird.

Das folgende innige Gebet von Chiara vermittelt eine Ahnung von ihrer Beziehung zum Heiligen Geist:

„Immer wieder müssten wir dir danken, Heiliger Geist, doch so selten tun wir es! Zwar wenden wir uns oft an Christus und den Vater, mit denen du ganz eins bist, aber das rechtfertigt unsere Unterlassung nicht. Wir wollen in deiner Nähe sein ... Denn du ermutigst die Verlassenen, bist unser innigster Freund, lässt uns wieder aufleben.[384]

Du bist Licht, Freude, Harmonie.

Du reißt die Menschen mit, bringst Schwung und Tiefe in unser Leben. Du hilfst uns, entschlossen und mit ganzem Einsatz nach Vollkommenheit zu streben.

---

384   Vgl. die *Pfingstsequenz*: „Tröster in Verlassenheit, Labsal voll der Lieblichkeit, du süßer Seelenfreund".

Was alle gut gemeinten Worte auf der Welt nicht erreichen können, das bewirkst du: unsere Heiligung.

Heiliger Geist, so unaufdringlich bist du und lässt uns frei. Gewiss, manchmal bist du stürmisch und mitreißend, doch meistens wehst du wie ein linder Wind, den nur wenige wahrnehmen. Schau auf uns. Sieh, wie schwerfällig wir sind, mach uns offen für dich. Kein Tag soll vergehen, an dem wir nicht zu dir rufen, dir danken, dich anbeten und lieben und auf deine Stimme hören. Darum bitten wir dich. Und schließ uns ein in dein großes Licht der Liebe, besonders in der Stunde der dichtesten Finsternis, wenn dieses Leben erlischt und wir in das ewige Leben eingehen."[385]

Gaben und Auswirkungen des Heiligen Geistes

„Und schließ uns ein in dein großes Licht der Liebe ...", heißt es am Ende des Gebets. Der Heilige Geist umschließt uns mit seinem großen Licht, indem er uns seine Gaben schenkt ...

Zum Beispiel den Geschmack an der Weisheit, das heißt den Sinn für die Schönheit der göttlichen Wahrheit, den Verstand, mit dessen Hilfe wir den Sinn unserer Geschichte verstehen. Viele kennen die Erfahrung, dass die entschiedene Hinwendung zu Gott einen die eigene „Lebensgeschichte mit ganz neuen Augen" sehen lässt: „Wir erkennen sozusagen den roten Faden, der alles in Vergangenheit, Gegenwart und Zukunft miteinander verbindet und jedem Ereignis Sinn verleiht. Wir entdecken (durch den Heiligen Geist) immer wieder das Eingreifen der Liebe Gottes, des Vaters, in unserem Leben."[386]

---

385 C. Lubich, *Alles besiegt die Liebe*, 66f.
386 C. Lubich, *Der Heilige Geist und die Fokolar-Bewegung*, Rocca di Papa, 3.10.1989, in: AGMF, ACL, Discorsi.

Oder die Gottesfurcht, die Ehrfurcht vor Gott, eine andere Gabe des Heiligen Geistes, die uns hilft, immer wieder anzufangen, uns mit neuem Schwung auf den eingeschlagenen Weg zu begeben, in dem Bewusstsein, dass wir aus uns selbst Nichts sind, und gleichzeitig im völligen Vertrauen auf Gott.

Und was bewirkt der Heilige Geist mit seiner Gegenwart und seinen Gaben in unserem Leben? Wir haben zahlreiche Auswirkungen erfahren. In vielen hat die Begegnung mit dem Charisma der Einheit eine tiefe innere Erneuerung bewirkt, die an die Verheißung im Buch Ezechiel denken lässt: „Ich schenke euch ein neues Herz ... und gebe euch ein Herz von Fleisch" (vgl. Ezechiel 36,26f). Gott hat sich als *das* Ideal gezeigt, und viele haben ihn als das Ein und Alles ihres Lebens gewählt. Wir könnten uns fragen, wie es bei uns heute um diese Entscheidung steht ...

In der Apostelgeschichte wird erzählt, dass die ersten Christen, erfüllt vom Heiligen Geist, ohne Furcht das Wort zu verkünden begannen, die Lehre der Apostel hörten, die gegenseitige Liebe und die Gütergemeinschaft lebten (vgl. Apostelgeschichte 2,42; 4,31f). Viele Menschen haben, angestoßen durch die Begegnung mit der Spiritualität der Einheit, begonnen, Gott zu bezeugen, indem sie andere an ihren Erfahrungen teilhaben ließen. Viele haben sich bemüht, die Mitmenschen zu lieben und die gegenseitige Liebe gelebt (vgl. Johannes 17,12). Sie haben erfahren, dass sie ein Herz und eine Seele sind, und ganz spontan angefangen, materielle und geistige Güter zu teilen. Viele haben den tiefen Wunsch gespürt, beständig aus dem Wort Gottes zu schöpfen und es im Alltag zu leben und auch aktiv am kirchlichen Leben teilzunehmen in einer immer neuen „Bekehrung des Herzens".

Eine weitere Auswirkung des Heiligen Geistes ist das Streben nach Heiligkeit, als Einzelne und gemeinsam. Viele haben ihre Verantwortung für andere gespürt und versucht, sie auf ihrem je eigenen Weg zu begleiten ...

Eine Gabe des Heiligen Geistes ist auch die von einer tiefen Einheit geprägte Atmosphäre, die durch die Gegenwart Jesu und seines Geistes bewirkt wird. So manches Mal ist sie regelrecht spürbar; es gibt Momente, in denen man sich umhüllt und aufgerichtet fühlt ... Chiara sprach öfter über diese „ganz besondere Atmosphäre, die in unseren Gemeinschaften, in unseren Siedlungen, bei unseren kleinen oder großen Treffen entsteht. Sie ist eine Auswirkung der Präsenz des Auferstandenen, der in unserer Mitte ist, wenn wir die gegenseitige Liebe unter uns lebendig halten. Jesus hat ja verheißen: ‚Wo zwei oder drei in meinem Namen versammelt sind, da bin ich mitten unter ihnen' (Matthäus 18,20). Und Jesus bringt seinen Geist mit sich, den Heiligen Geist."[387]

Das Wirken des Heiligen Geistes in Kirche und Welt
Wir haben erwähnt, dass sein Wirken am Pfingsttag die Gründung der Kirche markiert, die in den zwei Jahrtausenden ihres Bestehens weiterhin seine Führung erfährt, um mehr und mehr die ganze Wahrheit zu erfassen; dass sie getragen ist von seinen Gaben, um das sichtbare Zeichen der Einheit zu sein. Ein besonderes Eingreifen des Heiligen Geistes in der Kirche kann man die Jahrhunderte hindurch auch in der Entstehung der verschiedenen Charismen sehen, die das Evangeli-

---

387 A. a. O.

um sichtbar verkörpern. Auch unsere Zeit hat ihre Bewegungen und religiösen Familien, die den heutigen Erfordernissen entsprechen. Eine Zeit, die gekennzeichnet ist von Uneinheit, Spaltungen, Hass und Spannungen, braucht Worte wie Austausch, Gemeinschaft, Einheit. Der Heilige Geist ruft alle dazu auf, eine einzige Sache zu sein, diese Erde wie ein einziges „Haus" zu bewohnen, als eine einzige Familie zu leben, und lässt uns die Kirche wiederentdecken als „Haus und Schule der Gemeinschaft"[388], „die auf die verzehrenden und dringlichen Erfordernisse der gegenwärtigen Zeit antworten kann und muss"[389].

Der Heilige Geist ist immer schon in der Menschheit am Werk; er lenkt den Lauf der Zeit, erfüllt das Universum, wie das Zweite Vatikanische Konzil wiederholt betont. Er deutet die Geschichte, erschließt uns den tieferen Sinn der Ereignisse und hilft uns, den Plan der Liebe Gottes, der stets präsent ist, darin zu erkennen. So durchdringt er unser Leben und erneuert von innen her jede menschliche Wirklichkeit, um die ganze Menschheit zur Erfüllung des ursprünglichen Projekts Gottes zu führen. Dank des Heiligen Geistes kann die Dynamik des innertrinitarischen Lebens zu einer lebendigen Erfahrung in den zwischenmenschlichen Beziehungen werden.

Chiara hat es einmal so beschrieben: „Mir wurde klar, dass ich von Gott als Geschenk für meinen Nächsten geschaffen bin und der Nächste als Geschenk für mich, wie der Vater in der Dreifaltigkeit ganz für den Sohn da ist und der Sohn ganz für den Vater. Deshalb ist die Beziehung unter uns der Heilige

---

388 Johannes Paul II., *Novo Millennio ineunte*, Nr. 43.
389 C. Lubich, *Der Heilige Geist und die Charismen*, in: *Nuova Umanità*, Nr. 32 (1984), 6.

Geist, die gleiche Beziehung, wie sie unter den Personen der Dreifaltigkeit besteht."[390]

Häufig konnten wir erleben: Wenn die gegenseitige Liebe, die ein Widerschein der dreifaltigen Liebe ist, zur Grundlage der Beziehungen zwischen den Menschen wird, kann die Welt wirklich verwandelt werden – in allen Bereichen: in Politik und Wirtschaft, in Kultur und Gesellschaft, in der Kunst, in der Erziehung ... Nicht von ungefähr werden viele Initiativen und Ausdrucksformen des Werkes als „neu" bezeichnet, so die Gen-Bewegung (New Generation), die Neue Gesellschaft, die Neuen Familien usw. Ähnliches gilt für das Denken und die Wissenschaften; auch da hat sich Chiara immer etwas Neues erhofft, das aus dem Charisma der Einheit hervorgeht: „Neben einer erneuerten, einer ‚neuen' Theologie ... bedarf es auch einer Naturwissenschaft, einer Soziologie, einer Kunst, einer Politik, die neu sind; neu, weil sie von Christus, von seinem Geist erneuert sind."[391] Sie war überzeugt: „Die Welt verändert man nur mit dem Heiligen Geist. Und diesen Geist können wir haben, wenn wir mit Jesus in unserer Mitte leben, mit dieser Potenz an Licht, an Freude, an Frieden."[392] Mit prophetischem Weitblick hat sie uns erahnen lassen, dass eine gemeinsam gelebte Spiritualität die unterschiedlichsten Bereiche prägen kann – wie die Wasser einer unerschöpflich sprudelnden Quelle, die alles „überfluten".

* * *

---

390   C. Lubich, *Ansprache anlässlich der Verleihung der Ehrendoktorwürde in Theologie* seitens der Universität Trnava, Slowakei, 23.6.2003, in: AGMF, ACL, Discorsi.
391   C. Lubich, *Der Schrei der Gottverlassenheit*, 113.
392   C. Lubich, *Antwort an die Fokolare des fünften Jahres*, Montet, 3.8.1989, in: AGMF, ACL, Discorsi.

Was ist auf diesem Hintergrund heute unsere Aufgabe in Kirche und Welt?

Chiara führte in dem Zusammenhang die sogenannten „*Inondazioni*"[393] an („Impulse mit Breitenwirkung", wörtlich: Überflutungen [mit Heiligem Geist]), Initiativen im Bereich der Politik, der Kunst, der Wissenschaft, der Medizin usw., und erläuterte: Wichtig sei in erster Linie, dass tatsächlich der Heilige Geist „da ist", dass wir ihm Raum geben; dann könne man hoffen, dass *er* in all diesen Bereichen die prägende Kraft ist.[394]

Natürlich sind nicht wir es, die den Heiligen Geist hervorbringen. Er ist die dritte göttliche Person, er ist die lebendige Liebe schlechthin, von jeher und für immer. Aber, so gibt uns Chiara zu verstehen, er liegt an uns, die gegenseitige Liebe so entschieden zu leben, dass Jesus unter uns sein kann und mit ihm sein Geist. In diesem Sinne können wir uns für die Fokolar-Bewegung insgesamt wünschen, dass wir – ob groß oder klein – überall dort, wo wir leben, Wegbereiter und Träger des Heiligen Geistes sind, sodass das Göttliche nicht nur in der Kirche, sondern auch in dem Teil der Welt, der uns in irgendeiner Form anvertraut ist, erstrahlen kann. Dass wir, wo wir auch hinkommen, sein Licht verbreiten und so der Menschheit, die uns umgibt, unseren Beitrag geben, um miteinander weiterzugehen und neu den Sinn unseres Lebensweges zu finden.

Dieser Weg ist, wie schon öfter gesagt, „die heilige Reise" unseres Lebens, als Einzelne und als Werk, ein Weg, der von der Dreifaltigkeit ausgeht und zur Dreifaltigkeit zurückkehrt, be-

---

393   Vgl. hierzu oben S. 87, Anm. 157 (Anm. d. Red.).
394   Vgl. C. Lubich, *Antwort an die Angehörigen der Bewegung aus Polen, Russland und Litauen*, Warschau, 5.3.2000, in: AGMF, ACL, Discorsi.

gleitet von Maria. Maria, die einst im Abendmahlssaal abermals den Heiligen Geist „angelockt" hat und auf diese Weise an der Entstehung der Kirche beteiligt war, ist auch heute präsent, auch in unserer Bewegung, um auch durch uns den Leib Christi zu verlebendigen – zum Wohl der Menschheit.

Möge der Heilige Geist, angezogen von Maria in ihrem Werk, uns immer mehr Kirche als Gemeinschaft werden lassen, mit dem Auftrag, die Welt zu verwandeln!

Castel Gandolfo, 12. September 2018

Jesus in der Mitte:
unsere Gegenwart und Zukunft

Wir kommen zum letzten Schwerpunkt der Fokolar-Spiritualität: „Jesus in der Mitte". Es ist der Zielpunkt, in den alle anderen münden, und er ist der Ausgangspunkt, weil er das Wesen, das Charakteristische dieser Spiritualität ausmacht.

Chiara erkannte sehr bald: Auch wenn jeder Schwerpunkt der Spiritualität eine spezifische Etappe unseres Weges bezeichnet, finden sie alle im Licht des Charismas der Einheit ihre Erfüllung, wenn sie im Blick auf die wunderbare Verheißung Jesu gelebt werden: „Wo zwei oder drei in meinem Namen versammelt sind, da bin ich mitten unter ihnen" (Matthäus 18,20). Daher unterstreicht Chiara: „Jesus in unserer Mitte ist der höchste Ausdruck der Spiritualität der Einheit."[395]

Ich erinnere mich eine Konferenzschaltung mit Chiara im Jahr 2004. Fast wie in einem Vermächtnis erklärte sie, warum „Jesus in der Mitte" in unserem Statut als letzter der zwölf Schwerpunkte genannt wird: „Seit Langem bin ich zutiefst davon überzeugt, dass das Leben der Spiritualität der Einheit vor

---

395   C. Lubich, *Ökumenisches Bischofstreffen*, Rocca di Papa, 26.11.2003, in: AGMF, ACL, Discorsi.

allem *ein* Ziel hat: Sie soll helfen, die Gegenwart Jesu in unserer Mitte zu ermöglichen, ihm in der Welt auf geistige Weise ‚das Leben zu schenken‘, wie Paul VI. sagen würde, ‚so wie Maria es ihm dem Leib nach geschenkt hat‘.“[396]

Wenn wir uns nun dem Thema „Jesus in unserer Mitte“ zuwenden, so wünsche ich mir, dass wir diese Wirklichkeit so angehen, als würden wir ihr zum ersten Mal begegnen; als wüssten wir nichts darüber, damit wir die Bedeutung und die Dimension der Gegenwart Jesu inmitten der Seinen in ihrer ganzen Tiefe erfassen – für den Einzelnen und vor allem für die Gemeinschaft, für Kirche und Menschheit. Tun wir es mit der Lauterkeit und Offenheit eines Kindes, das zum ersten Mal diese Erfahrung macht.

Ich kann nur einige Aspekte dessen darlegen, was Chiara uns hinterlassen hat. Denn sie hat sehr viel über „Jesus in der Mitte“ gesagt und geschrieben. Es gibt umfangreiches Material, auch Buchpublikationen mit Texten und Beiträgen von ihr sowie eine Arbeit von Judith Povilus zu dem Thema.[397]

WER IST „JESUS IN DER MITTE“?

Spontan denken wir an die *Episode der Emmausjünger* im Lukasevangelium (24,13-35). Dort wird erzählt, dass sich in den Tagen unmittelbar nach der Passion und dem Tod Jesu zwei Jünger auf den Weg nach Emmaus machten, einem kleinen Ort in Palästina, etwa elf oder zwölf Kilometer von Jerusalem entfernt.

---

396 C. Lubich, *Conversazioni in collegamento telefonico*, Rom 2019, 679.
397 J. M. Povilus, *Jesus in der Mitte. Jesu Gegenwart unter den Menschen in der Fokolar-Spiritualität*, München ²1990.

Unterwegs sprachen sie über all das, was sich ereignet hatte. Irgendwann schloss sich ihnen ein Dritter an. Es war Jesus, doch sie erkannten ihn nicht. Er sah, wie traurig sie waren und fragte sie: „Was sind das für Dinge, über die ihr auf eurem Weg miteinander redet?" Sie antworteten: „Bist du so fremd in Jerusalem, dass du als Einziger nicht weißt, was in diesen Tagen dort geschehen ist?" Und sie erzählten von der Tragödie, die sie erlebt hatten, von Jesu Kreuzigung und Tod. Und was tat Jesus? Zunächst machte er ihnen Vorwürfe und sagte: „Ihr Unverständigen, deren Herz zu träge ist, um alles zu glauben, was die Propheten gesagt haben! Musste nicht der Christus das erleiden und so in seine Herrlichkeit gelangen?" Und er erklärte ihnen die Schrift.

So erreichten sie das Dorf Emmaus. Dort versuchte Jesus, sich zu verabschieden, aber sie drängten ihn und sagten: „Bleibe bei uns; denn es wird Abend."

Da ging Jesus hinein, setzte sich mit ihnen zu Tisch und brach das Brot. Dabei erkannten ihn die Jünger, doch er entschwand ihren Blicken. Erst jetzt begriffen sie die außerordentliche Erfahrung, die sie gemacht hatten, und sagten zueinander: „Brannte nicht unser Herz in uns, als er unterwegs mit uns redete und uns den Sinn der Schriften eröffnete?"

Eine persönliche Erinnerung

1964 nahm ich in Grottaferrata am Ausbildungskurs für Fokolarinnen teil. Eines Tages kam Chiara, um über „Jesus in der Mitte" zu sprechen. Ich hatte diese Erfahrung noch nicht gemacht und war begeistert. Ich war erst ein paar Tage dort und hatte noch nie mit den Fokolaren gelebt, außer während der Mariapoli. Ich schrieb Chiara von meiner Freude, und sie wählte für mich den Namen *Emmaus*.[398] Das traf mich wie ein Blitz, denn schlagartig erhellte sich mir mein Leben, ging mir der Sinn von vielem auf: Ja, es war tatsächlich „Jesus in der Mitte" gewesen, der mich fasziniert hatte, als ich 1959 einer Gruppe von Universitätsstudenten in Rom begegnete und durch sie das Charisma der Einheit kennenlernte; er erklärte mir die Gegenwart, weil ich bei diesem Schulungskurs in Grottaferrata spürte, wie er die Atmosphäre unter uns prägte und mich Tag für Tag formte; und er erklärte meine Zukunft: Ich merkte, dass mein Leben nur das eine Ziel hatte, wie die Emmausjünger mit „Jesus in der Mitte" zu leben und vielen anderen zu helfen, ebenfalls diese unglaubliche Erfahrung zu machen.

„Jesus in der Mitte" war und ist der Leitfaden meines Lebens. Ich kann bezeugen, dass ich die gleichen Auswirkungen erlebte, von denen Chiara sprach, als sie die Geschichte von den Emmausjüngern kommentierte.

„Er erklärte die Schrift": Es ist ein neues Licht, das uns in den Ereignissen, den Dingen, den Menschen den Plan Gottes erkennen lässt, der klar wird und sich verwirklicht.

„Das Herz brannte in uns": Er schenkt den Mut, Herausforderungen und Schwierigkeiten anzugehen; den Eifer, das neue Leben, das er in uns und unter uns bewirkt, weiterzugeben.

„Sie kehrten nach Jerusalem zurück": Er gibt uns den Anstoß, den anderen mitzuteilen, was wir erlebt haben, die Gemeinschaft zu suchen und mit anderen zusammen diese außerordentliche Erfahrung zu machen.

---

[398] Es kam vor, dass jemand aus der Fokolar-Bewegung Chiara um einen „neuen Namen" bat, der das „neue Leben", das er gefunden hatte, zum Ausdruck bringe. Zuweilen gab Chiara, zumal in den ersten Zeiten und wenn sie jemand tiefer kennengelernt hatte, diesem von sich aus einen neuen Beinamen (Anm. d. Red.).

Jesus unter uns ist, wie Chiara bei einer Begegnung mit Bischöfen im Jahr 2003 sagte, „Freude in Fülle ... Er macht unser Leben und das aller, die die Einheit leben, zu einem ständigen Fest"[399]. „Man erfährt ... innere Sicherheit, eine nie gekannte Freude, einen neuen Frieden, Lebensfülle, ein unverwechselbares Licht. Denn Jesus gesellt sich als unsichtbarer Bruder zu uns und verwirklicht so sein Wort: ‚Wo zwei oder drei in meinem Namen versammelt sind, da bin ich mitten unter ihnen' (Matthäus 18,20)."[400]

Ein anderes Mal verglich Chiara „Jesus in der Mitte" mit einem Gast: „Wenn wir erfahren, dass ein besonderer Gast eine Zeitlang bei uns wohnen möchte, werden wir sicher dafür sorgen, dass er nicht vor verschlossenen Türen steht, sondern seinen Besuch sorgfältig vorbereiten. Wir wissen, dass Jesus selbst alle Tage bis zum Ende der Welt bei uns ist."[401]

Und sie erklärte uns immer wieder, wie wir ihm Raum geben können: „Wie Holzscheite ein Feuer nähren, solange sie sich verzehren, ist es nötig, sich Augenblick für Augenblick darum zu bemühen, dass die übernatürliche Einheit mit den Brüdern und Schwestern nicht abnimmt. Dazu braucht es ein Leben der christlichen Tugenden (Geduld, Klugheit, Milde, Armut, Reinheit usw.)."[402] Wenn wir unsere Berufung zur Einheit lebendig halten und uns miteinander einsmachen, „ermöglichen bzw. erleichtern wir Jesus das Leben unter uns"[403], so Chiara.

---

399 C. Lubich, *Santità di popolo*, 95.
400 C. Lubich, Ökumenisches Bischofstreffen, 26. November 2003, in: AGMF, ACL, Discorsi.
401 C. Lubich, *La vita, un viaggio,* 52.
402 C. Lubich, *Einheit als Lebensstil,* 76.
403 C. Lubich, *La vita, un viaggio,* 53.

„Jesus in der Mitte" ruft zur Gemeinschaft

In unserem Umfeld, etwa am Arbeitsplatz oder in der Verwandtschaft, treffen wir häufig auf Menschen, die rechtschaffen sind, aber nicht das Bedürfnis haben, an Gott zu glauben. Mancher spürt vielleicht die Notwendigkeit, findet aber inmitten einer weithin entchristlichten Gesellschaft nicht die Kraft, sich ergreifen zu lassen, bleibt immer auf der Suche, wartet vielleicht auch unbewusst darauf, eines Tages Jesus zu begegnen.

Unsere Spiritualität, deren Herzstück „Jesus in der Mitte", der Auferstandene inmitten der Seinen, ist, scheint besonders geeignet, diese Erwartung zu erfüllen. Denn „Jesus zeigt uns ..., dass er nicht der Vergangenheit angehört. Er hält sein Versprechen: ‚Siehe, ich bin bei euch alle Tage bis zum Ende der Welt' (Matthäus 28,20). Er ist auch heute unter den Brüdern und Schwestern gegenwärtig: lebendig, lichtvoll in seiner Liebe. Diese Wirklichkeit weiterzugeben ist unsere Aufgabe."[404] Bestärkt von der Erfahrung seiner Gegenwart unter uns, sind wir gerufen, ihn allen Menschen zu bezeugen, denen wir begegnen, „um auch mitten in der Welt ein Fest zu bereiten, damit die Fülle der Freude für alle erfahrbar wird"[405]. Das ist unsere Berufung.

Die Norm der Normen

Tatsächlich spricht die schon mehrfach zitierte Präambel des Allgemeinen Statuts der Fokolar-Bewegung von „Jesus in der Mitte", von seiner Gegenwart: „Die beständige gegenseitige Liebe, die die Einheit und die Gegenwart Jesu in der Gemeinschaft ermöglicht, ist für die Angehörigen des Werkes Mariens

---

404 C. Lubich, *Costruendo il „castello esteriore"*, 14.
405 C. Lubich, *Santità di popolo*, 96.

die Grundlage ihres Lebens in jedem seiner Aspekte: Sie ist die Norm aller Normen, die Voraussetzung für jede andere Regel." Für alle, die sich gerufen wissen, zur Fokolar-Bewegung zu gehören, ist „Jesus in der Mitte" die Lebensregel; er ist ihr Zuhause, die Atmosphäre, in der sie leben.

Eine Entdeckung

Ausgangspunkt für die Entdeckung von „Jesus in der Mitte" war seit den Anfängen der Bewegung die gelebte gegenseitige Liebe; so wollten die ersten Fokolarinnen miteinander auf Gott zugehen. Chiara erzählt: „In der allerersten Zeit sind wir von Gott in eine ganz bestimmte Richtung gewiesen worden: auf den Weg der Liebe. Doch ich war auf diesem Weg nicht allein unterwegs, sondern zusammen mit den ersten Fokolarinnen ... Dieser Weg der Liebe führte zur gegenseitigen Liebe unter uns. Unser Gesetz wurde das neue Gebot Jesu: ‚Liebt einander, wie ich euch geliebt habe!' – mit allen Schattierungen, die diese Liebe enthält."[406] Dies war der Hintergrund einer verblüffenden, intensiven, „unglaublichen" Erfahrung, wie Chiara sie nannte. Sie gebraucht das Bild von den zwei Polen des elektrischen Stroms: Das Licht geht nicht an, solange der Stromkreis nicht geschlossen wird; in der gegenseitigen Liebe schloss sich „der Stromkreis"; es „entstand Licht"[407]: Sie erfuhren die besondere Gnade der Gegenwart Jesu unter Menschen, die in seinem Namen vereint waren.

406   C. Lubich, *„Jesus in der Mitte"*, bei der Schule der Fokolarinnen, Grottaferrata, 26. Februar 1964, in: AGMF, ACL, Discorsi.
407   Ebd. Vgl. auch C. Lubich, *Ein Weg in Gemeinschaft*, 16f.

Loreto

Wollen wir in unserer Geschichte nach einer ersten Idee, einer Vorahnung von „Jesus in der Mitte" suchen, müssen wir ins Jahr 1939 zurückgehen, vier Jahre bevor die Fokolar-Bewegung entstand.

Chiara, damals 19 Jahre alt, fuhr zu einer Tagung katholischer Studentinnen nach Loreto, einem kleinen Ort in Mittelitalien. Sie war beeindruckt von der großen Wallfahrtsbasilika, die in ihrem Innern die *Casetta* („das Häuschen") birgt, das gemäß der Tradition die heilige Familie beherbergt hat und später von Nazaret nach Loreto gebracht wurde. Chiara ging während des Kurses mehrfach zu diesem „Häuschen". Und immer, wenn sie an der rauchgeschwärzten Wand kniete, empfand sie etwas Neues, Göttliches, das sie zutiefst anrührte und fast erdrückte. Sie dachte über das Leben von Maria und Josef mit Jesus unter ihnen nach. Erst nach Jahren begriff sie, warum sie damals so tief bewegt gewesen war: „Es war der Ruf zu einem Leben in Gemeinschaft mit Jesus in der Mitte nach dem Vorbild der Familie von Nazaret: jungfräulich lebende Menschen – Maria und Josef – mit Jesus mitten unter ihnen. Für uns bedeutete das natürlich eine geistige Gegenwart Jesu unter uns."[408]

Der Schlüssel: Jesus der Verlassene

Wir dürfen nicht vergessen, dass die Gegenwart Jesu unter uns nicht ein für alle Mal gegeben ist; es ist nicht so, dass wir ihn morgen wieder „vorfinden", wenn er jetzt unter uns ist. Nein! Jesus ist Leben, Dynamik. Durch unsere eigenen Schwächen und die der anderen kann die Liebe unter uns abnehmen und

---

408   C. Lubich, Ökumenisches Bischofstreffen, 26. November 2003, in: AGMF, ACL, Discorsi.

damit verhindert werden, dass er Wohnung unter uns nimmt. Was ist da zu tun? Dann, so Chiara, heißt es, „wieder neu dafür zu leben, dass Christus unter uns zugegen sein kann. Das setzt voraus, dass wir einander in Liebe dienen, Verständnis füreinander haben, an den Schmerzen und Lasten, den Freuden und Ängsten unserer Brüder und Schwestern teilnehmen, dass wir jene Liebe haben, die alles zudeckt und verzeiht: die typisch christliche Liebe"[409]. Bei einer anderen Gelegenheit sagte sie: „Fehlt das Licht von Jesus in der Mitte, die Glut, mit der er die Herzen erfüllt, die Begeisterung der Anfangszeit? Sagen wir es einander mit Freimut und fragen wir vor allem uns selbst, wo wir womöglich nicht wachsam waren in der Liebe."[410]

Vielleicht merken wir, dass unsere Begeisterung abgenommen hat ... Dann heißt es, alles andere hintanzustellen und in erster Linie wieder Jesus unter uns Raum zu geben. Chiara hat uns ermutigt: „Bemüht euch darum, dass Jesus unter euch ist! Dann wird er euch an der Hand nehmen und euch erklären, wie ihr weitergehen könnt. Er wird euch die Faszination des göttlichen Abenteuers zurückschenken, das ihr in seinem Namen unternommen habt."[411]

Auch Papst Franziskus ermutigt in seinem Apostolischen Schreiben *Evangelii Gaudium*, „neu zu beginnen, denn Jesus begegnet uns mit einem Feingefühl, das uns niemals enttäuscht und uns immer die Freude zurückgeben kann. Fliehen wir nicht vor der Auferstehung Jesu, geben wir uns niemals geschlagen, was auch immer geschehen mag! Nichts soll stärker sein als sein Leben, das uns vorantreibt!" (EG 3).

---

409   C. Lubich, *La vita, un viaggio*, 26f.
410   C. Lubich, *In cammino col Risorto*, 103f.
411   A. a. O., 104.

Wir sind gerufen, jedes Mal neu zu beginnen und uns in dem Geheimnis zu verankern, dem wir die Treue versprochen haben: in Jesus dem Verlassenen. Ihm haben wir uns verschrieben; „mit Entschlossenheit" wollen wir „jedes Kreuz auf uns nehmen, vor allem das der nicht vollkommenen Einheit, damit der Auferstandene unter uns Raum gewinnt"[412]. Jesus der Verlassene ist der Schlüssel für jede Art von Einheit; er ist der sichere Weg, damit Jesus immer wieder neu unter uns auferstehen kann. Wir wollen ihn umarmen in dem Schmerz, den wir aufgrund der fehlenden Einheit empfinden, und uns neu daranmachen, den Bruder, die Schwester mit dem Maß Jesu zu lieben.

Chiara erklärte einmal einer Fokolarin: „Damit Jesus unter uns sein kann, muss ich dich lieben, in der Bereitschaft, für dich das Leben zu geben. Und das ist keine bloße Absichtserklärung: Wenn es gefordert wäre, würde ich es tun. Wir müssen wirklich ‚uns selbst sterben': Dich lieben bedeutet, mich zurückzunehmen, um mich in dich hineinzuversetzen; mich bemühen, ein ‚Nichts aus Liebe' zu sein, um dich zu verstehen, deine Freude, deinen Schmerz, deine Probleme, alles. Und für dich gilt das Gleiche."[413] Wenn wir ganz Liebe sind für den andern – nach dem Beispiel des verlassenen Jesus, wie Chiara sagt –, dann ist es Jesus, der in uns lebt. Chiara erläutert: „Wenn ich Liebe bin, bin ich Jesus. Damit Jesus in unserer Mitte sein kann, müssen wir schon vorher Jesus sein ... Dann kommt es zur gegenseitigen Liebe, dann ist Jesus unter uns."[414]

---

412   A. a. O., 104.

413   C. Lubich, *Aus einer Antwort an die Gemeinschaft der Bewegung in Rom*, Marino, 9. April 2000.

414   A. a. O.; vgl. Gal 2,20: „Nicht mehr ich lebe, sondern Christus lebt in mir."

„Jesus inmitten der Seinen! Er selbst kann dann der Welt, die ihn noch nicht kennt, sagen: ‚Ich bin der Weg, die Wahrheit und das Leben'."[415]

Er ist der größte Schatz, den unser Herz besitzen kann. Chiara beschreibt es in einer bekannten Betrachtung: „Wenn wir eins sind, ist Jesus unter uns. Darauf kommt es an. Das ist mehr wert als jeder andere Schatz, den unser Herz besitzen kann: mehr als Mutter, Vater, Geschwister, Kinder. Es zählt mehr als das Haus, die Arbeit, das Eigentum, mehr als die Kunstwerke einer großen Stadt wie Rom, mehr als unsere Geschäfte, mehr als die Natur um uns mit ihren Blumen und Wiesen, mit dem Meer und den Sternen: mehr als unsere Seele. Er ist es, der den Heiligen seine ewigen Wahrheiten eingibt und so die Geschichte jeder Epoche prägt. Auch jetzt ist seine Stunde; nicht so sehr die Stunde eines Heiligen, sondern seine: Es ist die Stunde von Jesus unter uns, von ihm, der in uns lebt, die wir in der Einheit der Liebe seinen Mystischen Leib bilden."[416]

„JESUS IN DER MITTE" UND DIE EINHEIT DER KIRCHEN

Die Liebe zu Jesus dem Verlassenen drängt uns, in jeder Art von Uneinheit *ihn* zu erkennen. Ein großer Schmerz unserer Zeit ist die Uneinheit unter den Christen. Auch darin können wir Jesus den Verlassenen lieben, auch da heißt es, Jesus unter uns Raum geben.

Und was bewirkt er unter den Christen? Durch die Taufe macht Jesus uns zu Zellen seines Leibes. Mit ihm in der Mitte

---

415   C. Lubich, *Kommentar zum Wort des Lebens* für Januar 2001, in: C. Lubich, *Neue Stadt*, 01/2001.

416   C. Lubich, *Text* [November 1949]. Vgl. C. Lubich, *Alle sollen eins sein*, 33.

können wir beitragen zur vollen Einheit unter den Kirchen.[417]
Er aktiviert das sakramentale Band der Einheit, das uns durch
die Taufe geschenkt ist; in der gegenseitigen Liebe wird es lebendig, und das, so Chiara, ist unter allen Christen möglich:
„Jesus zwischen einem Katholiken und einem Protestanten, die
die gegenseitige Liebe verwirklichen, zwischen Anglikanern
und Orthodoxen, zwischen einer armenisch-apostolischen und
einer reformierten Christin – wie viel Frieden, wie viel Licht
für den rechten Weg in der Ökumene kann daraus schon jetzt
erwachsen!"[418]

Es stimmt, wir sind auf dem Weg und es ist ein Schmerz für uns
alle, wenn wir nicht gemeinsam zum Tisch des Herrn treten
können. Doch wir glauben daran, dass uns durch „Jesus in der
Mitte" ein Weg gezeigt wird, um schneller zu diesem Ziel zu gelangen. Er in unserer Mitte möchte uns, möchte seine Kirche zu
einer tieferen Einheit führen. Und diese Einheit ist *er*. Er wird
sie uns schenken, wenn die Zeit dafür gekommen ist. Jetzt sind
wir alle aufgerufen, unseren Teil zu tun, dass er in und unter
unseren Kirchen wirken kann. Nicht zufällig unterstreicht Chiara, dass das Kernstück unserer Ökumene „Jesus in unserer Mitte" sei.[419]

Ähnliches sagte Papst Franziskus bei einer Begegnung mit
Justin Welby, dem Erzbischof von Canterbury und Primas der
Anglikanischen Gemeinschaft. Er unterstrich, dass die Einheit

---

417 Vgl. C. Lubich, *Spiritualität der Einheit in der Verschiedenheit*, Rocca di Papa,
   13. November 2004, in: AGMF, ACL, Discorsi.
418 C. Lubich, *Ansprache beim ökumenischen Gebet in St. Anna*, Augsburg,
   29.11.1998, in: *Die Trennungen überwinden* (Fokolar-Bewegung Dokumente
   Nr. 6), 47.
419 Liverpool 17.11.1965, zit. in: J. Povilus, *„Gesù in mezzo" nel pensiero di Chiara
   Lubich*, Rom 1981, 106.

sich auf unsere Gemeinschaft der Liebe mit dem Vater, dem Sohn und dem Heiligen Geist gründe, da Christus selbst verheißen hat: „Wo zwei oder drei in meinem Namen versammelt sind, da bin ich mitten unter ihnen" (Matthäus 18,20). Deshalb mahnt Papst Franziskus: „Gehen wir ... auf die Einheit zu, als Geschwister geeint in der Liebe und beständig ausgerichtet auf Jesus Christus, unseren älteren Bruder!"[420]

Chiara verwies auf die Notwendigkeit einer größeren Liebe, einer „Liebe zu den anderen Kirchen und gegenseitigen Liebe zwischen den Kirchen; einer Liebe, die dazu führt, dass jede ein Geschenk für die anderen wird"[421].

Das war die Erfahrung, die sie selbst gemacht hat und zu der sie uns führen wollte, damit wir lebendiger Teil der Christenheit sind, ein Herz und eine Seele, soweit das möglich ist.

„Die Brüder und Schwestern verschiedener Kirchen, die zu unserer Bewegung gehören, lernten wir auf diese Weise natürlich tiefer kennen. Gemeinsam lebten wir die gleiche Spiritualität, die Jesus und sein Licht unter uns gegenwärtig sein ließen. Dadurch ging uns neu auf, dass wir durch die gemeinsame Taufe alle Glieder am Mystischen Leib Christi sind. Wir erkannten, dass wir das Alte und das Neue Testament, die Dogmen der ersten Konzilien, das nizäno-konstantinopolitanische Credo, die griechischen und lateinischen Kirchenväter, die Märtyrer und noch vieles andere wie z. B. das Leben der Gnade, Glaube, Hoffnung und Liebe gemeinsam haben."[422]

---

420 Papst Franziskus, *Begegnung mit Justin Welby, dem Erzbischof von Canterbury und Primas der Anglikanischen Gemeinschaft*, 14. Juni 2013.

421 C. Lubich, *Ansprache beim ökumenischen Gebet in St. Anna*, Augsburg, 29.11.1998, in: *Die Trennungen überwinden* (Fokolar-Bewegung Dokumente Nr. 6), 45.

422 C. Lubich, *Spiritualität der Einheit in der Verschiedenheit*, Rocca di Papa, 13. November 2004, in: AGMF, ACL, Discorsi.

Wir waren uns dieser Reichtümer früher nicht wirklich bewusst oder kannten sie nur theoretisch. Jetzt leben wir miteinander bewusst all das, was wir als Kirchen gemeinsam haben.

Was Kirchenväter und andere über „Jesus in der Mitte" sagen
Als Chiara in den 70er-Jahren die Referate über „Jesus in der Mitte" vorbereitete, freute sie sich, auch bei den Kirchenvätern, mit denen sie sich intensiv beschäftigte, Hinweise auf die Gegenwart von „Jesus in der Mitte" zu finden. Sie entdeckte, dass auch sie von der Gegenwart Jesu unter den Christen sprechen und die Bedingungen dafür erläutern.

Johannes Chrysostomus nennt als Voraussetzung die Liebe zum Mitmenschen aus Liebe zu Jesus, eine Liebe nach dem Maß Jesu, der sein Leben für seine Feinde hingegeben hat. Was Jesu Wort „Wo zwei oder drei in meinem Namen versammelt sind, da bin ich mitten unter ihnen" (Matthäus 18,20) betrifft, fragt er: „Gibt es wohl zwei oder drei, die in seinem Namen versammelt sind? Ja, aber selten. Jesus spricht nicht von irgendeiner Versammlung. Er meint: Wenn jemand in mir den Hauptgrund für seine Liebe zum Nächsten sieht, dann bin ich mit ihm."[423]

Origenes nennt als Bedingung die Übereinstimmung im Denken und Fühlen unter den Menschen, sodass die Eintracht erreicht wird, die „vereint und den Sohn Gottes enthält"[424]. Er betont weiter: „Wo Christus zwei oder drei im Glauben an seinen Namen vereint sieht, geht er hin und ist mitten unter ihnen, angezogen von ihrem Glauben und herbeigerufen von ih-

---

[423] *In Matth., Hom.* 60, 3, in *PG* 58, 587.
[424] *Comment. in Matth.*, XIV, 1s., in *PG* 13, 1187.

rer Einmütigkeit."[425] Und Theophylakt, Bischof von Bulgarien: „Tatsächlich freut sich Gott weniger über die große Menge, als vielmehr über das ‚Wo zwei oder drei ...‘"[426] Und er bemerkt: „Jesus sagt nicht: ‚Ich werde sein‘, er verspätet sich nicht, zögert nicht, sondern ‚ich bin‘, das heißt: ‚Ich bin bereits zur Stelle.‘"[427]

Ich habe auch bei Autoren verschiedener Kirchen nach Aussagen gesucht, die diese Gegenwart Christi unterstreichen.

Der griechisch-orthodoxe Patriarch von Antiochia, Ignatios IV. Hazim (1921–2012), schreibt: „Die Neuheit der Auferstehung besteht darin, dass sie ein neues Prinzip der Gemeinschaft in unsere Strukturen einführt: die Gemeinschaft in Gott ..., die das Leben schlechthin, trinitarisches Leben ist, das sich durch die Berührung des Heiligen Geist ausbreitet."[428]

Der Schweizer reformierte Theologe Karl Barth (1886–1968) erklärt: „Wo zwei oder drei in meinem Namen zusammengeführt sind ..., da bin ich in ihrer Mitte. Was bedeutet das? Bestimmt nicht, dass er darum, weil sie auf seinen Namen hin zusammenkommen, als Dritter oder Vierter zu ihnen hinzu und in ihre Mitte träte, sondern umgekehrt: dass sie von ihm damit zusammengeführt werden, dass er in ihre Mitte tritt."[429]

Calvin, Humanist und Theologe der Reformation (1509–1564) mahnt: „Die sich gemeinsam versammelt haben, sollen alle Hindernisse wegräumen, die den Zugang zu Christus ver-

---

425 *In Cantica Cantic.*, 41, in *PG* 13, 94.
426 *Expos. in Proph. Os.*, in *PG* 126, 587.
427 *Enarr. in evang. Matth.*, 18,19-20, in *PG* 123, 343.
428 Ignatios Hazim, *La Resurrezione e l'uomo d'oggi*, Ave minima 1970, 25.
429 K. Barth, *KD IV/3, 905, § 72. Der Heilige Geist und die Sendung der christlichen Gemeinde.*

sperren, sich aufrichtig nach ihm sehnen, sich seinem Wort in Gehorsam fügen und seinem Geist die Leitung überlassen."[430]

Der deutsche evangelisch-lutherische Theologe Dietrich Bonhoeffer (1906–1945) unterstreicht: „Christus hat den Weg zu Gott und zum Bruder freigemacht. Nun können Christen miteinander in Frieden leben, sie können einander lieben und dienen, sie können eins werden. Aber sie können es auch fortan nur durch Jesus Christus hindurch."[431]

Hanna Hümmer, die zusammen mit ihrem Mann die Christusbruderschaft Selbitz gegründet hat, formuliert folgendes Gebet: „Herr Jesus Christus, Dein Wort sagt uns, dass Du unter uns bist. Wir danken Dir, dass wir das immer wieder vor Augen haben. Du baust unter uns Deine Gemeinde, ... Du bist da. Von Dir haben wir das Licht."[432]

Peter Dettwiler, verheirateter Fokolar und reformierter Theologe aus Zürich, sieht in Architektur und Ausstattung der reformierten Kirchen Hinweise auf die Gegenwart Jesu. Er schreibt: „Der reformierte Kirchenraum weist auf Jesus in unserer Mitte hin – und zwar gerade in seiner Schlichtheit und Nüchternheit – ohne Symbole, ohne Bilder, sogar ohne Kreuz. Es ist eine Armut, in der ein Reichtum enthalten ist: Alles konzentriert sich auf das Wort Gottes und auf die Gemeinschaft mit Jesus in unserer Mitte. Die Leere fordert dazu heraus, je neu auf das Wort Gottes zu hören und je neu die Gemeinschaft mit dem Auferstandenen in unserer Mitte zu suchen und aufzubauen."[433]

---

430 J. Calvin, *Auslegung der Heiligen Schriften*. 13. Band. Evangelien-Harmonie, 2. Teil, Neukirchen 1974, 109f.

431 D. Bonhoeffer, *Gemeinsames Leben,* [24]1993, 20.

432 H. Hümmer, *Lass leuchten Herr Dein Angesicht. Gebete*, Selbitz 1971, 205.

433 P. Dettwiler, *Jesus in der Mitte aus reformierter Sicht*. Vgl. P. Dettwiler, *Wem gehört Jesus? Kirche aus reformierter Sicht*, Frankfurt a. M. 2002.

Dies ist nur eine Auswahl; gewiss gibt es weitere Texte über die Gegenwart Jesu unter den Seinen, zumal aus jüngerer Zeit. Wir können jedenfalls feststellen, dass die Gewissheit der Gegenwart Jesu in den Kirchen weit verbreitet ist. Die große „Chance", die Chiara in der Verheißung und Wirklichkeit des „Wo zwei oder drei ..." sieht, kommt freilich im Allgemeinen weniger ins Blickfeld, sie ist offenbar eine typische Auswirkung des Charismas der Einheit: jene reale geistliche Gegenwart Jesu, der Wohnung nimmt unter zwei oder drei Personen, die durch die gelebte gegenseitige Liebe in Einheit verbunden sind, wer immer sie sein mögen und wo immer sie sich befinden.

Die „Physiognomie" der Fokolar-Bewegung

Ihre eigentliche Gestalt findet die Fokolar-Bewegung in dieser Präsenz Jesu; es ist „Jesus in unserer Mitte, Wirkung der Einheit. Kein Gebot, keine Ermahnung, kein Begriff, keine Regel. ER ist es, eine Person, die auf geistige Weise unter denen lebt, die durch die Liebe in seinem Namen vereint sind."[434] Wer der Fokolar-Bewegung begegnet, sollte „nicht so sehr einer Gemeinschaft, einer Spiritualität, einem Werk in der Kirche oder einer Bewegung begegnen", schon gar nicht geht es darum, „einen Exerzitienkurs, eine Katechese oder einen Ritus kennenzulernen", sondern: *„dem lebendigen Jesus zu begegnen"*.[435] Ja, wir sind berufen, „der Welt auf geistige Weise immer wieder neu Jesus zu schenken, so wie Maria ihn dem Leib nach geschenkt hat"[436]. Das ist ja die Berufung unseres Werkes: „eine

---

434   C. Lubich, *Costruendo il „castello esteriore"*, 13.

435   C. Lubich, *Tagebuch*, José C. Paz, 19 April 1998.

436   C. Lubich, *Maria trasparenza di Dio*, Rom 2003, 54.

Präsenz von Maria in der Welt zu sein und gleichsam ihr Wirken fortzusetzen"[437]. Chiara sagte einmal: „Es gibt Werke, die nach einem Heiligen benannt sind ... Warum heißt unser Werk ,Werk Mariens'?" Weil Maria weiterhin wirken will, auch durch unsere Bewegung. Als sie auf Erden lebte, hat sie weder einen Orden noch ein Kloster gegründet. Sie hat Jesus zur Welt gebracht! Und was ist nun ihr Werk in unserem Werk? Weiterhin der Welt – geistigerweise – Jesus zu schenken, seine Präsenz. „Jesus in der Mitte", so Chiara, „ist der Grund dafür, dass unser Werk ,Werk Mariens' ist ... "[438]

Jesus in der Mitte der Seinen kann selbst inmitten der Tragödien, die viele Menschen heute erleben, auch im Klima der Abwesenheit Gottes, das der praktische Atheismus oder schlicht die Gleichgültigkeit gegenüber allem Religiösen erzeugt, sein Licht schenken; er kann diese Menschheit, die leidet, die auf der Suche ist, erleuchten, ihr den Sinn des Lebens zurückgeben und sie auf eine alle umfassende Geschwisterlichkeit hin orientieren.

„JESUS IN DER MITTE" UND DIE OFFENHEIT AUF DIE WELT HIN

Jesus in der Mitte, seine Gegenwart, ist der größte Schatz, den wir der Welt anbieten können. Eine der Auswirkungen seiner Gegenwart unter den Seinen ist, dass sie eine Gemeinschaft entstehen lässt: Er vermag die Menschen zu faszinieren und sie mit auf den Weg des gelebten Evangeliums zu nehmen. Das war

---

437 *Allgemeines Statut der Fokolar-Bewegung*, Kap. I, Art. 2.
438 C. Lubich, *„Jesus in der Mitte"*, bei der Schule der Fokolarinnen, Grottaferrata, 26. Februar 1964, in: AGMF, ACL, Discorsi.

schon die Erfahrung in der Anfangszeit der Fokolar-Bewegung. Chiara berichtete von damals: „Nie dachten wir daran, ‚Apostolat zu machen'. Dieser Begriff gefiel uns nicht. Manche hatten ihn missbraucht, ja entstellt. Wir wollten einfach lieben, Jesus in den Mitmenschen lieben. Und sehr bald merkten wir, dass dies echtes Apostolat war. Sieben, fünfzehn, hundert, fünfhundert, tausend, dreitausend und mehr Menschen jeder Berufung, aus jedem Lebensstand: Jeden Tag nahm die Zahl derer zu, die sich um Jesus in unserer Mitte scharten. Das Leben der Einheit, die gegenseitige Liebe, setzt freilich die Liebe zum Gekreuzigten voraus. Jesus sagt: Wenn ich am Kreuz erhöht sein werde, werde ich alle an mich ziehen ... Vollkommene Einheit war und ist bereits lebendig unter diesen Menschen in ganz Italien und darüber hinaus. Einheit nicht nur auf geistige Weise im leidenschaftlichen Bestreben, immer mehr Jesus ähnlich zu werden, sondern auch Einheit im Praktischen. Man hat alles gemeinsam: materielle Güter, Häuser, Wohnungen, Hilfeleistungen, Geldmittel."[439]

Von den Auswirkungen eines solchen Lebens war schon die Rede: Es ist eine Erfahrung von Frieden, ein Stück Himmel auf Erden. Chiara erzählte über die Anfangszeit in Trient, dass es „in der ganzen Stadt" praktisch „keine Behörde, keine Schule, kein Geschäft, keinen Betrieb" gegeben habe, wo nicht ein Bruder, eine Schwester arbeitete, die dieses Leben „der Einheit" teilte. „Von ihnen strahlt – wie von der Sonne – das Leben der Liebe aus, das eine neue, übernatürliche Atmosphäre schafft, Hass und Groll auslöscht. Viele Familien finden wieder zusam-

---

439   C. Lubich/I. Giordani, *Erano i tempi di guerra* ..., Neuausgabe, Rom 2007, 46f.

men, andere beginnen ein neues Leben ..." Für Chiara war es, als würde eine neue Zeit anbrechen, in der „Jesus das einzige Prinzip, der einzige Weg, das einzige Ziel ist. Jesus ‚in' uns. Jesus ‚unter' uns ... Das ist christliche Gemeinschaft"[440].

Auch heute geht es darum, so zu leben, dass Jesus stets unter uns sei. „Wenn wir eins sind, werden viele eins sein und die Welt wird eines Tages die Einheit erleben können."[441]

Wie aber können wir auf diese Einheit zugehen? Chiara hat uns nahegelegt, überall lebendige Zellen der Einheit zu bilden: in der Familie, im Wohnblock, mit den Menschen am Arbeitsplatz, an der Universität, in der Schule; mit Menschen, mit denen man einen Schmerz, eine Sorge teilt; möglichst mit allen Menschen „Feuer entzünden, alles dafür tun, dass ‚Jesus in der Mitte' überall lebendig ist"[442].

MIT JESUS IN DER MITTE AUF DEM WEG DER GEMEINSAMEN HEILIGUNG

Wenn er, der Heilige schlechthin, in unserer Mitte ist, ist er auch in jedem, in jeder von uns und „wird uns mit seiner Heiligkeit anstecken"[443]. Das Leben mit ihm unter uns zeigt einen neuen, einen gemeinschaftlichen „Weg der Heiligung". Chiara knüpft in diesem Zusammenhang an ein Bild aus der klassischen Spiritualität an: dem Bild der „inneren Burg", das sich auf die unabdingbare persönliche Dimension des geistlichen Lebens bezieht. Sie spricht analog von der „äu-

---

440 A. a. O., 47f.
441 Vgl. C. Lubich, *La vita un viaggio*, 16f.
442 Ebd.
443 C. Lubich, *Colloqui con i Gen*, anni 1966/69, Rom 1979, 95.

ßeren Burg", die es zu entdecken, zu beleuchten, ja zu errichten gilt:[444] Überall soll Jesu Gegenwart erfahrbar werden können, alle Lebensbereiche soll sie durchdringen. Die Spiritualität der Einheit, die Gott der Kirche heute schenkt, will auch die Gesellschaft entsprechend prägen; wir sollten deshalb zu „Experten" im Leben mit Jesus in unserer Mitte werden.[445]

Denken wir an die Emmausjünger. Wie diese sind auch wir gerufen, Zeugen seiner Gegenwart zu sein und mit Freude zu verkünden: „Wir haben ihn mit den Augen der Seele gesehen, ihn in dem Licht entdeckt, das uns erleuchtete. Wir haben ihn berührt in dem Frieden, der uns erfüllte. Wir haben in unserem tiefsten Innern seine Stimme wahrgenommen, seine unverwechselbare Freude verkostet, als Geschenk des Himmels eine neue Willenskraft erfahren. Und wir können allen versichern, dass er das Glück, die Fülle des Glücks ist."[446]

„Ich habe ihn gesehen, berührt, gespürt, gekostet ..." – so viele Menschen wie möglich sollten diese Freude erfahren können, auch durch uns und unser Leben. Gewiss ist es dazu nötig, reifer zu werden und mehr in die Tiefe zu gehen, aber es ist das, wozu wir berufen sind. Andere haben vielleicht die primäre Aufgabe, „den Menschen Brot, Unterkunft, einen Rat, Unterweisung oder ein Dach über dem Kopf zu geben", und auch für die Angehörigen der Fokolar-Bewegung kann „sich einsmachen heißen, Hunger und Durst zu stillen, Arbeit zu beschaffen, jemanden zu besuchen, lästige Menschen zu ertragen oder ganz einfach an der Situation des anderen Anteil zu nehmen.

---

444   C. Lubich, *Ein Weg in Gemeinschaft,* 17.
445   Vgl. C. Lubich, *Una via nuova,* 29.
446   C. Lubich, *Costruendo il „castello esteriore",* 93.

Doch in jedem Fall", so Chiara, „ist es unsere Aufgabe zu helfen, Frieden und Licht zu bringen, und vor allem die Freude zu schenken, damit die Welt sich freuen kann."[447] Und wie können wir „Freude in die Welt bringen"? Indem wir ihr schenken, was sie mehr als alles andere braucht ...: die lebendige Gegenwart von Jesus in der Mitte. In seiner Gegenwart ist das Wort des Evangeliums mit Händen greifbar und für alle als Wahrheit erfahrbar: „Ich bin bei euch alle Tage bis zum Ende der Welt" (Matthäus 28,20).

* * *

Ich bin Gott sehr dankbar – jetzt im letzten Jahr meines Mandats als Präsidentin – die Zukunft des Werkes Mariens mit vorbereiten zu können, und auch jeder und jedem Einzelnen zu helfen, zum Alpha und Omega unserer Spiritualität zurückzukehren: zum Leben mit Jesus in unserer Mitte, der angezogen wird durch unsere gegenseitige Liebe. Er ist es, der tiefe Freude schenkt und – auch durch uns – die Welt verwandeln kann!

Seggau (Österreich), 8. August 2019

---

447   C. Lubich, *Jesus der Verlassene und die Einheit*, 28f.